美国问题观察译丛

The Paranoid Style
in American Politics

美国政治中的偏妄之风

理查德·霍夫施塔特（Richard Hofstadter） 著

汪堂峰 译

图书在版编目(CIP)数据

美国政治中的偏妄之风/(美)理查德·霍夫施塔特(Richard Hofstadter)著;汪堂峰译.—上海:上海财经大学出版社,2024.1
(美国问题观察译丛)
书名原文:The Paranoid Style in American Politics
ISBN 978-7-5642-4221-3/F.4221

Ⅰ.①美… Ⅱ.①理…②汪… Ⅲ.①政治制度-研究-美国 Ⅳ.①D771.221

中国国家版本馆 CIP 数据核字(2023)第 244641 号

□策划编辑 陈 佶
□责任编辑 石兴凤
□封面设计 张克瑶

美国政治中的偏妄之风

理查德·霍夫施塔特 著
(Richard Hofstadter)

汪堂峰 译

上海财经大学出版社出版发行
(上海市中山北一路 369 号 邮编 200083)
网　　址:http://www.sufep.com
电子邮箱:webmaster@sufep.com
全国新华书店经销
上海华业装潢印刷厂有限公司印刷装订
2024 年 1 月第 1 版 2024 年 1 月第 1 次印刷

710mm×1000mm　1/16　16 印张(插页:2)　252 千字
定价:82.00 元

目 录

写在古典书局版前面的话/001

导言/001

第一部分：美国右翼研究

美国政治中的偏妄之风/003

伪保守主义者的反抗(1954年)/031

伪保守主义再探(1965年)/049

戈德华特与伪保守主义政治/068

第二部分：现代史上的若干问题

古巴、菲律宾与"天定命运"/105

反托拉斯运动究竟是怎么回事？/136

自由白银和"硬币"哈维的思想/172

致谢/229

写在古典书局版前面的话

一

本文集的首篇论文——一项关于政治怪人与狂热分子的研究,可能是20世纪美国最杰出的历史学家之一理查德·霍夫施塔特(Richard Hofstadter)最负盛名的作品;当然,也是写得最及时的作品。

1963年11月,理查德·霍夫施塔特在牛津大学"赫伯特·斯宾塞讲座"(Herbert Spencer Lecture)上首次作了《美国政治中的偏妄之风》("The Paranoid Style in American Politics")演讲①,也就是在同月,约翰·F.肯尼迪总统遭到暗杀。次年,《哈泼斯杂志》(Harper's Magazine)刊登了该演讲的删节版。霍夫施塔特长期以来一直担心第二次世界大战后美国右翼极端主义的兴起——其中最引人注目的是20世纪50年代早期麦卡锡分子(McCarthyite)的狂热,同时也包括约翰·伯奇协会(John Birch Society)等大量新的右翼组织的涌现。这次演讲就来自他的这种担心。有评论人士认为,这些纷乱是欧洲法西斯主义在美国的延伸。对于这种看法,霍夫施塔特表示不敢苟同。他坚持认为,这些纷乱只可能根源于美国历史。在追根溯源的过程中,霍夫施塔特发现,我们的政治生活中存在一种积习极深的、散发着腐臭气息的综合征,并将其宽泛地称为"偏妄"。他认为,偏妄之风长期以来一直困扰着美国激进运动,不管

---

① 原文中出现全称"The Paranoid Style in American Politics",译著随原文译为"美国政治中的偏妄之风";原文中出现简称"The Paranoid Style",译著随原文译为"偏妄之风"。——译者

是左派还是右翼,皆是如此,甚至波及一些美好的事业,包括反奴隶制运动。不过,通常情况下,偏妄之风总是出现在坏事上。

"偏妄之风"这个主题酝酿于共和党中间派德怀特·D.艾森豪威尔(Dwight D. Eisenhower)担任美国总统时期。霍夫施塔特认为,在政治边缘力量中,至少当时存在某些这方面的冲动,故以"偏妄之风"作为主题,对这些冲动加以了分析。艾森豪威尔总统曾私下称20世纪50年代中期的右翼极端分子为"蠢蛋",并预言,如果哪个政党采取了他们的立场,"你就再也不会听说我们政治史上的那个政党了。"[①]在1958年撰写的一篇没有发表的文章中,霍夫施塔特谈到"极端右翼的煽动潜力有限",并特别提到"这一信仰的狂热者在整个公众中只占很小一部分"。[②] 然而仅仅过了六年,也就是《偏妄之风》一文登上《哈泼斯杂志》那年,右翼狂热分子控制了艾森豪威尔领导下的政党,并提名巴里·戈德华特(Barry Goldwater)竞选总统。

霍夫施塔特仔细研究了戈德华特的竞选活动,且就其令人担忧的偏妄气质写了一篇论文《戈德华特与伪保守主义政治》(Goldwater and Pseudo-Conservative Politics),并将其适时收入了自己的新论文集。同时收入这本论文集的还有他重新修订过的《偏妄之风》,以及他早些年对有关右翼极端主义的一项简略研究的某些新思考。今天阅读这些选文,你会看到一位忠诚的温和派自由主义人士就站在你面前,他之所以具有这种倾向,那是因为他认识到,尽管戈德华特在1964年大选中惨遭碾压,正如他在书中所言,美国民主中一些最糟糕的瘟症(distemper)已经成为"我们政治中一股极难对付的力量",而且极有可能是一支经久的常态力量。

事实上,尽管霍夫施塔特生前并没有看到这一切完全发生,但这些瘟症最终还是席卷了美国政治生活。自称具有先见之明的历史学者,都是江湖骗子,然而,在预判未来事物的发展潮流方面,很少有哪部历史著作——更别说是论

[①] Dwight D. Eisenhower to Edgar Newton Eisenhower, November 8, 1954, in Louis Galambos and Daun van Ee, eds., *The Papers of Dwight David Eisenhower* (Baltimore, MD, 1970—2001), XV, 1147.

[②] Hofstadter, "The Contemporary Extreme Right Wing in the United States: A Memorandum" (1958), written for the Fund for the Republic, p. 95, in "Right Wing", Box 24, Richard Hofstadter Papers, Columbia University. 感谢碧翠丝·凯维特·霍夫施塔特·怀特(Beatrice Kevitt Hofstadter White)允许我引用她已故丈夫的档案文件以及她的其他诸多善举。

文集——可以超过霍夫施塔特的这部作品《美国政治中的偏妄之风》(*The Paranoid Style in American Politics*)。

二

两获普利策奖，同时也是哥伦比亚大学德威特·克林顿讲座教授(DeWitt Clinton Professorship)的理查德·霍夫施塔特，在1965年已经被公认为他那一代最敏锐、最富有创见的历史学家(至今仍是这样)。① 霍夫施塔特撰写的美国政治史与他所谓政治文化方面的书籍和论文，其读者远远超出了学术界，而他那些苛刻的专业同行对他也一直十分尊敬。

一些批评者力图将霍夫施塔特归入对美国历史作"共识论"(consensus)解释的支持者行列。"共识论"与一种自鸣得意的甚至是保守的政治观点相关，这种政治观点否认国家存在不公，吹嘘国家的团结和谐。然而，无论是他这个人，还是他的学术研究，都没有表现出对这个国家一丝飘飘然的感觉，他这个人也贴不上保守主义标签。他年轻时信奉马克思主义，一度加入共产党(虽然时间不长)，但他并没有因此心生痛恨和懊悔。当时，许多幻想破灭的左派分子就是出于这种痛恨和懊悔，而转向政治右翼。(他后来在1965年版的《偏妄之风》一文中猛烈抨击了那些"从偏妄的左派转向偏妄的右翼，始终死死抱住两者背后的摩尼教徒式的心理不放"的前左派。)作为一个探索不止、秉持怀疑态度的自由派知识分子，他不肯用一种教条去替换另一种教条，而是选择在政治写作和历史写作中对所有教条进行尖刻的批评，用讽刺幽默的语言去锉掉它们的锐气。他对教条主义思维的厌恶，坚定了他对美国政治中这种思维刨根究底的决心。这种厌恶与决心的结合，驱策他在20世纪50年代和60年代写下了许多

---

① 有一个方法可以用来验证霍夫施塔特的持久影响力，那就是其作品在初版后几十年内仍在不断再版的数量。截至本文写作，这些著作包括《社会达尔文主义：美国思想潜流》(*Social Darwinism in American Thought*)(1944年初版)、《美国政治传统及其缔造者》(*The American Political Tradition and the Men Who Made It*)(1948)、《改革时代：从布赖恩到罗斯福》(*The Age of Reform: From Bryan to F. D. R.*)(1955)、《美国生活中的反智主义》(*Anti-intellectualism in American life*)(1963)、《政党制度的思想基础：合法反对在美国的兴起，1780—1840》(*The Idea of a Party System: The Rise of Legitimate Opposition in the United States, 1780—1840*)(1969)，以及遗著《1750年的美国：一幅社会肖像》(*America at 1750: A Social Portrait*)(1971)和这里的《美国政治中的偏妄之风》(*The Paranoid Style in American Politics*)。

佳作，其中就包括这部《偏妄之风》收录的文章。

颇具讽刺意味的是，霍夫施塔特最接近于提出"共识论"，恰恰是他在早期从坚定的左派立场出发撰写的一部著作当中。出版于1948年的《美国政治传统及其缔造者》(The American Political Tradition and the Men Who Made It)是他的第二部著作。该书对从开国元勋到富兰克林·德拉诺·罗斯福为止的十二位著名政治人物进行了评析，并强调指出自由派人士和保守派人士中均同样盛行的一种共识，即建立在共同致力于维护私有财产和创业精神基础之上的、经久不变的自由主义共识。然而，与当时其他许多年轻的历史学者不同，霍夫施塔特对这种共识非常失望，认为这是对社会现实的一种非理性的逃避。他没有称颂丹尼尔·J. 布尔斯廷(Daniel J. Boorstin)后来所称誉的"美国政治的天才之作"，而是对他所形容的那些温情脉脉的政治神话进行了无情的讽刺，指出这些神话只是维持了一个国家其乐融融的和谐假象。

霍夫施塔特会在未来几年当中调整他在这些问题上的看法，有时甚至会做出极大的调整，但他总能对美国过去和当前政治中存在的各种欺骗和自我欺骗保持敏锐的洞察力。

三

《美国政治传统》确立了霍夫施塔特作为新一代美国历史学家领袖的声誉。他的前面是小阿瑟·M. 施莱辛格(Arthur M. Schlesinger Jr.)。以往的主流看法将安德鲁·杰克逊(Andrew Jackson)的民主解读为一场反对东部特权的西进运动，施莱辛格1945年出版的《杰克逊时代》(The Age of Jackson)推翻了这种进步主义(progressive)解释；之后，则是C. 范·伍德沃德(C. Vann Woodward)于1951年出版的《新南方的起源》(Origins of The New South, 1877—1913)。此前，大多数历史学家对南方的历史兴味索然，伍德沃德的著作开启了南方历史研究的时代，并就平民主义(populism)和进步主义(progressivism)的历史提出了崭新的看法。虽然霍夫施塔特、施莱辛格和伍德沃德在背景、气质和风格上差别极大，但是三位学者文笔优美的历史著作都是写给普通读者看的，而不只是写给他们的历史学家同行看的。三位学者对过去的解读，都是为了让人们明白当今的重要问题。三位学者都是自由主义价值观的捍卫者,都反对极端左派和极端右翼。

霍夫施塔特分别于 20 世纪 50 年代和 60 年代初撰写的两部主要著作,让他两度获得普利策奖,巩固了他作为一个历史学家和一位知识分子的声望。在 1955 年问世的《改革时代:从布赖恩到罗斯福》(*The Age of Reform*:*From Bryan to F. D. R.*)中,霍夫施塔特完全接受了新政,认为它是一种老练的、见多识广的、务实的努力,旨在遏制现代美国资本主义的具体弊病。但他也将"新政人"(New Dealers)与早期的平民主义者和进步主义人士进行了对比。他认为,平民主义者既为温情脉脉的杰斐逊式乡村神话所吸引,又受到了偏狭的阴谋论蛊惑,而新政人则是完美的现实主义者和已经适应了城市工业时代的实验者。进步主义人士谈论改革时,背后都掩藏着一种强烈的愿望,即挽回他们北方新教贵族这一社会身份,并恢复诚实、正直的高尚品德,以对抗冷漠、愚钝的商人和腐化堕落的移民政治小卒。新政人尽管在某些方面与进步主义者相似,但他们明白在现代企业社会里,老的个人主义具有各种各样的局限,他们更感兴趣的是遏制资本主义的弊病,而不是纯洁道德与政治。1963 年出版的《美国生活中的反智主义》(*Anti-intellectualism in American life*),从更广泛的角度叙述了整个国家对 18 世纪以来严肃、高雅的思想和思想家的偏见。霍夫施塔特断言,福音派新教复兴运动、平民主义政治、现代商界人员对实用知识的崇拜,都推动了美国人对心智生活尤其是对非正统思想的怀疑。

霍夫施塔特关于右翼极端主义的思想就是在他写这两本书的时候发展起来的,因此,这里面有很多重合之处,也就不足为奇了。霍夫施塔特比其他一些杰出的自由派历史学家更热衷于社会科学,以期从中找到可以阐明政治文化史的理论概念,这一点也不足为怪。[①] 在重读马克斯·韦伯(Max Weber)、西格蒙德·弗洛伊德(Sigmund Freud)和卡尔·曼海姆(Karl Mannheim)的经典作品

[①] 例如,施莱辛格在 20 世纪 50 年代转向对罗斯福新政进行大规模的历史叙述,并在 1961 年进入肯尼迪政府任职之前,出版三卷本巨著《罗斯福时代》(*The Age of Roosevelt*)。此间伍德沃德则撰写了一部关于南方种族隔离的、具有鲜明修正主义色彩的著作《吉姆·克劳的奇异生涯》(*The Strange Career of Jim Crow*)。该书于 1955 年出版,后被小马丁·路德·金博士牧师(Reverend Dr. Martin Luther King Jr.)形容为"民权运动的圣经"。施莱辛格和伍德沃德对社会科学方法兴趣寥寥。尽管如此,20 世纪 60 年代,还是有许多历史学家在霍夫施塔特的鼓励下向社会科学张开了怀抱,有些历史学家甚至比他们对社会科学的态度还要热切。

的过程中,他发掘出了大量价值。通过与具有历史思维的社会科学家(包括他在哥伦比亚大学的朋友和同事)之间的交往,他找到了知识分子之间的同志情谊和相互间的启发与激励。恰巧,他们中有几个——特别是哥伦比亚大学的丹尼尔·贝尔(Daniel Bell)和西摩·马丁·李普塞特(Seymour Martin Lipset)以及芝加哥大学的大卫·里斯曼(David Riesman)——也在研究当代右翼政治的起源和影响。这些学者对话与合作的成果,便是1955年出版的《激进右翼》(*The Radical Right*)。霍夫施塔特一年前发表的文章《伪保守主义者的反抗》(The Pseudo-Conservative Revolt)也收入了这部选集作品。这篇文章就是后来"偏妄之风"主题的肇始。

四

《伪保守主义者的反抗》对麦卡锡主义(以及类似不顾后果的右翼鲁莽形式)和传统的、务实的美国保守主义进行了区分。霍夫施塔特断言,尽管新右翼分子装作是保守派人士,但他们实际上表达了"对我们社会及其运转方式的一种深刻的尽管在很大程度上是无意识的仇恨"。他们自称为保守派,是为了提高他们在政治上的声望,但他们想摧毁的远远超过了他们想保存的。霍夫施塔特借用来自法兰克福学派(Frankfurt School)的流亡人士、社会理论家西奥多·W.阿多诺(Theodor W. Adorno)的术语,称他们为"伪保守主义者",以指这种力图否认自己的激进主义的右翼激进分子。在受迫害感和对即将到来的政治崩溃的恐惧的驱使下,伪保守主义者以镇压颠覆的名义成为颠覆者。他们拒绝出自理智的妥协,视其为背信弃义。只有对敌人取得彻底胜利,他们才会定下心来,而敌人的队伍,则从战后一身泥污的共产主义者和社会主义者等左派人士,一直排到据信是卖国的艾森豪威尔政府。

新右翼分子对最高法院和联合国、对所得税和社会福利立法的疯狂攻击,均无法从任何阶级角度或是经济角度加以解释。经济上的利己主义也解释不了为何伪保守主义狂热能牢牢抓住那么多中低收入家庭的美国人——如果右翼极端分子经过长时间斗争后在社会上占据上风,这些选民的物质生活不仅不会得到改善,在某些方面还会遭受损失。霍夫施塔特认为,在伪保守主义世界里,利益政治已经让位于他所称的"身份政治"。霍夫施塔特将身份政治定义为由美国生活独特的社会无根性和不安全感所造成的、一种"源于对身份的渴望和其他个人动机的投射性文饰(rationalization)"①的冲突。在那种冲突中,伪保守主义者表现出一种愤怒的专制气质。在极度的政治焦虑时刻,这种专制气质尤为强烈。

《伪保守主义者的反抗》聚焦于两类美国群体。霍夫施塔特指出,这两类群体处在巨大的社会压力之下:其一是没落的老盎格鲁—撒克逊新教徒家庭,他们觉得自己正在失去威望和地位;其二是各种移民群体,尤其是来自德国和爱尔兰的天主教徒,他们心心念念欲求而难得的需求,就是对照美国(即北方新教徒)标准的中产阶级体面生活。霍夫施塔特对这些群体怎样以及为何被动员起来对付两个据传的"邪恶敌人"提出了引人注目的解释。然而,这篇文章尽管雄心勃勃,但也漏掉了很多东西,其中包括在新右翼中重要性日益增加的新教基要主义——这股力量与传统主流、上层新教徒或是天主教族裔都格格不入。由于转向社会科学,脑海里盘旋的又主要是麦卡锡主义,霍夫施塔特竟也冷落了历史,特别是忽视了20世纪50年代之前早就存在的右翼那些"总有刁民想害朕"的不安全和非理性的心理构造——从18世纪90年代痴迷阴谋论的强硬派上层联邦党人的心理爆发,以致出台《关于处置外侨和煽动叛乱的法令》(Alien and Sedition Acts),到20世纪30年代"电台牧师"(radio priest)②查尔斯·考夫林神父(Father Charles Coughlin)暴躁的反犹咆哮——以及这些情况对于理解后来发生的事件所起的作用。

1958年,福特基金会建立的一个旨在同威胁思想自由和言论自由进行斗争的基金小组共和基金(Fund for the Republic),请霍夫施塔特再来讨论这个问题,并委托他撰写一份关于当代美国右翼的机密报告。霍夫施塔特在这里用"偏妄"来形容极端主义思想,用以强调某些政治论证风格的心理层面——这让基金小组里有些学者感到很惊愕,他们过于从字面上去理解他对这个术语的使用,仿佛宣称自己就是半个临床专家。该报告专设一个很长的章节,来勾勒右翼极端主义大致的来龙去脉,从19世纪20年代的反共济会运动开始一直到一

---

① "文饰",心理学名词,指个体针对不愉快困境所采取的心理防御机制,即个体试图利用似乎合理的途径来使不可能接受的情境合理化或保护这种情境。——译者
② 查尔斯·考夫林神父主要通过电台广播传教,影响甚大,故有此"民间封号"。——译者

个世纪后三K党的复兴。霍夫施塔特还讨论了极端主义者用阴谋论来想象历史的倾向,即把历史想象"成一种道德剧。在剧中,一些邪恶的、极有权势的人会误导、利用和背叛容易上当受骗的公众,只有极少数几个右翼思想家警告人们当心正在发生什么,并抗议、谴责和劝阻此事"。

在随后几年里,历史学家们发现了更多有关美国政治中反颠覆的旋律这方面的情况——而与此同时,激进右翼也在共和党内部悄然复苏。尤其是1960年理查德·M.尼克松(Richard M. Nixon)以微弱差距输给约翰·F.肯尼迪,为右翼夺取党的机器,团结在新英雄戈德华特参议员周围,扫清了道路。霍夫施塔特在他关于反智主义的著作出版之后,又回到了右翼极端主义主题。共和基金报告从历史角度分析了"偏妄"政治,这是一次观念上的突破。霍夫施塔特的思想还在继续发展。霍夫施塔特还收集、保存了当时一些更加怪诞的右翼言论的剪报。1964年戈德华特竞选总统期间,这卷档案变得很厚很厚。

五

《偏妄之风》一书的前半部分,是作为历史学家的霍夫施塔特最鲜明的政治写作。霍夫施塔特是一个特别喜欢独处的人,是一个专注于写作的作家,非常讨厌站在聚光灯下,尽管他的历史著作经常触及当下的政治问题,但他通常都会回避公共争论(在这方面,他与同为自由派历史学家的阿瑟·施莱辛格大不相同)。但右翼的突然复兴,尤其是戈德华特现象,让他破了例。霍夫施塔特随即明确把他对历史的洞察力用于当下社会,去书写历史学家、评论家西奥多·德雷珀(Theodore Draper)后来所称的"当下史"(present history)。[1]

即使采取了公开的政治立场,霍夫施塔特也没有放弃历史学家的技艺。他在《偏妄之风》一书后半部分收录的三篇之前发表的论文——这三篇文章如今主要是专家学者在读,表明他关于现代右翼的文章与他传统的历史研究之间存在诸多共同之处。通过对美西战争(Spanish-American War)起源的重新评估,霍夫斯塔特认定美国存在一场广泛的国家意识危机,正是这场危机,将

---

[1] Theodore Draper, *Present History: On Nuclear War; Détente, and Other Controversies* (New York, 1983).

一种由人道本能和侵略本能混合在一起的东西带到了舞台中心。传统自由主义者曾经对经济权力的不断集中展开了猛烈抨击,后来却转向从自由主义角度为大企业进行辩护。《反托拉斯运动究竟是怎么回事?》一文探讨了前者如何让位于后者的细节,考察了其中出现的种种颇具讽刺意味的情况。那篇关于平民党宣传家威廉·"硬币"·哈维(William "Coin" Harvey)的文章,让大家看到了各种各样的"阴谋论"以及针对这些"阴谋"的不切实际的万能之计,这些东西在威廉·詹宁斯·布赖恩(William Jennings Bryan)1896年那场注定失败的总统竞选中扮演了十分重要的角色。三篇论文所呈现出来对教条的怀疑,对悖论的警觉,对文化冲突、情感冲突以及经济冲突的敏感,表明霍夫施塔特这些惯常的历史学论文同作为全书主要部分的前半部分文章在思想上是一致的。

霍夫施塔特在本书开篇第一章——《美国政治中的偏妄之风》的最终版本——拓展了先前研究的历史范围,将其追溯到18世纪末,延伸到20世纪50年代后期的约翰·伯奇协会(John Birch Society)。霍夫施塔特从他所举的所有历史例证中找到了几个共同的要素:一幅中心图像——有一个惊天大阴谋控制着全部历史;一个令人胆战心惊的看法——反对派是十足罪恶的超人化身,拥有超常的欺骗能力;一个饱受批评的见解——他们认为自己是拯救未来的余剩民①,虽满身鲜血但从未屈服。霍夫施塔特在这篇文章中仍然使用身份政治概念,但出现在这篇文章中的偏妄之风,更接近于其他人所说的"文化政治"或"象征政治",在此,对道德正直的呼吁和对道德混乱与衰落的恐惧,取代了对经济利益和社会正义的诉求。②

《偏妄之风》一文和霍夫施塔特的其他佳作一样,剖析并描述了作为一种文化事实的美国政治,特别关注政治思想和政治纲领对政治气氛、政治腔调和政治风格的影响,反之亦然。他对心理学、政治学和社会学的借鉴让他在智识上

---

① "Remnant","余剩民",基督教里拯救未来的"后代"。——译者
② 照这一视角,散播文化政治的人,也会把经济问题视为道德问题和信仰问题。因此,霍夫施塔特在文章中探讨的伪保守主义者会从伦理角度来讨论财政问题,并将大把大把的社会开支描述为对节俭、慎重和其他美德的无礼抛弃(相比之下,军费开支是维护国家安全的迫切需要)。这么多的社会开支在使用上又向不受欢迎的少数族裔严重倾斜,这就加剧了伪保守主义的狂热。特别是在民权运动爆发后,这种狂热尤甚,而在南方的白人选民当中,这情况最为严重,但道德方面的驱动力从来不单纯是掩盖种族偏见或怨恨的借口。

获益良多，但最终霍夫施塔特还是抵抗住把历史学变为社会科学的回溯性分支学科的诱惑（20世纪60年代许多人都没有经受住这种诱惑）。霍夫施塔特通过公开声明放弃临床意向，并把自己的工作比作是文化批评家的工作——在谈到偏妄之风时，写道，"我对这个术语的使用，跟艺术史家谈论巴洛克风格或矫饰主义风格一样。"——向世人表明，在经历了同社会理论及其有关阶级结构、身份结构以及权力结构的假设之间富有启发性的甚至是必不可少的接触之后，他完好无缺地从中摆脱出来。霍夫施塔特总是鼓励历史学者和社会科学家之间进行对话，甚至合作，并继续和他人一道共同编辑了两本将社会学和历史学结合在一起的学术论文集。但在《偏妄之风》一文中——他差不多所有的作品都是这样——霍夫施塔特又回到了那种开放式的人文历史写作。[①]读者了解了这段历史，或许会更容易看透以往和当下的——也许还有未来的——狂热分子和教条主义者。

六

霍夫施塔特将他的"偏妄之风"这个概念大力用于戈德华特竞选运动和围绕着它的右翼极端主义。我在阅读现藏于哥伦比亚大学的霍夫施塔特档案文件中现存的有关右翼政治的研究档案时，闭上眼睛就可以想象出他收集材料时的那种既沮丧又满足的心情。霍夫施塔特收集材料时将网撒得极广，从报纸上的文章到戈德华特控制的共和党全国委员会（Republican National Committee）的官方竞选公报，无所不包。有一份新闻报道说，有位教授声称是苏联监工暗杀了肯尼迪总统，因为他们嫌弃他在让共产党接管美国方面行动太过迟缓。另一份报道则将联邦枪支管制法描述为"颠覆势力为使我们成为世界社会主义政府的一部分而采取的进一步行动"。这里还可以看到极端保守主义书友会推荐的警告人们共和国即将崩溃的图书书目——其中有几份书目的开列者是菲利斯·施拉夫利（Phyllis Schlafly）。这位名叫施拉夫利的人，以前是参议员罗伯

[①] 有关霍夫施塔特对社会科学的持续兴趣，参见他与西摩·马丁·李普塞特（Seymour Martin Lipset）合编的《社会学与历史学的研究方法》(*Sociology and History: Methods*)（New York, 1968）和《特纳与边疆社会学》(*Turner and the Sociology of the Frontier*)（New York, 1968）。

特·塔夫脱（Robert Taft）孤立主义的追随者，后成为戈德华特积极分子和政治宣传册作家，并将在接下来几年内名噪一时。①

最重要的是，霍夫施塔特使用了戈德华特的各种公开言论。在1998年戈德华特去世后的几年内，其政治形象已经呈现出越来越温和的趋势，其中部分原因在于，他晚年站在自由论者立场上直言不讳地反对共和党那烈火硫黄式（fire－and－brimstone）的福音派派系，让他看起来像是一位自由派人士。（20世纪90年代，戈德华特竟然称自己属于"自由派"，当然，他只是半开玩笑。）更何况，即使是1964年其伪保守主义运动达到顶峰的时候，戈德华特作为一位履职政客，过的也是一种分裂的生活，"一半生活在我们的日常政治世界里"，霍夫施塔特写道，"另一半则生活在伪保守主义者稀奇古怪的傍门智识世界里（intellectual underworld）。"②

明白是非的戈德华特总是敏于拒绝极端右翼那些更加张扬的过激言行。比如，糖果制造业巨头、约翰·伯奇协会创始人罗伯特·韦尔奇（Robert Welch）声称艾森豪威尔总统是共产党阴谋集团的一个自觉、阴险的代理人，戈德华特却不认可这种说法。然而，不顾后果的戈德华特，又得靠极端右翼的那种霍夫施塔特所称的"敌意情绪"为生。就是这个戈德华特，谴责两党奉行威慑和遏制的反共冷战政策是软弱的绥靖政策，要求美国哪怕冒核战争的风险，也要对苏联取得彻底、完全的胜利；就是这个戈德华特，宣称"反对党的主导哲学——现代'自由主义'哲学"危及了美国的自由，并导致国家的道德品质"腐烂与腐朽"；就是这个戈德华特，在最高法院做出促进种族平等的判决后，认为法院的裁决"不一定"是这片土地上的法律，并暗示不服从这些裁决是容许的，或许还是必要的；还是这个戈德华特，竟提出对待敌人要毫不妥协——且看他那句名闻天下的宣言："捍卫自由的极端主义不是罪恶"；同样，"追求正义时温和节制不是美德！"

---

① 霍夫施塔特在讨论戈德华特的文章中讨论了施拉夫利1964年的竞选小册子《我们有选择 不要应声虫》（*A Choice Not an Echo*）以及约翰·A. 斯托默（John A. Stormer）的共和党右翼经典著作《没人敢称之为叛国》（*None Dare Call It Treason*）。霍夫施塔特称这两位是"鼓吹偏妄的大师。……他们的阴谋论观点比戈德华特较为模棱两可的言论更充分地表达了伪保守主义背后的内心狂热"。

② "intellectual underworld"指各种稀奇古怪的旁门左道知识，如水变油、吃核桃补脑以及社会认知领域中各种反常规的认知如本书中重点批判的偏妄认知等。这类认知大多不具备科学性，虽然不排除少部分认知具有一定道理。——译者

最终，戈德华特获得了不到39％的普选票和不到10％的选举人票——这个支持率，在美国历史上到彼时为止的所有总统候选人中，排在倒数第二位。有些戈德华特阵营的共和党人说，选举结果证明，这个国家正如他们领导人此前所说的那样，腐败透顶。另一些戈德华特阵营的共和党人则阴郁地谈到温和派共和党人如何与自由派新闻媒体联手，在戈德华特竞选团队背后捅刀子。在霍夫施塔特看来，对戈德华特失败的这些文饰，证实了戈德华特事业的非现实感。但霍夫施塔特一如既往，并没有为选举结果带来的如释重负和心满意足而不能自已；相反，他就这次选举在更大范围内产生的政治影响，得出了精斟细酌的慎重结论。霍夫施塔特认为，戈德华特打断了"务实保守主义"的脊梁骨，帮助选出了国会中占多数的自由派议员和一位自由派总统。然而，他补充道，右翼分子的热情和组织天赋使他们能够"让自己起到的作用远远超出其人数比例"。

七

丹尼尔·贝尔在写给霍夫施塔特的信中对《偏妄之风》一文的其中一份修订稿给予了高度评价："写得真漂亮。"[1]不止是丹尼尔·贝尔，历史学家们都是这么看的。霍夫施塔特的朋友C. 范·伍德沃德曾对《改革时代》提出了诚恳而坚定的异议，认为该书过分强调了平民党运动中的阴谋论主题。如今，伍德沃德对霍夫施塔特在《偏妄之风》一书中如何回应批评的做法大加赞赏，对该书如何拓宽他的视野深表钦佩。伍德沃德盛赞这本书是"我们对美国政治中一股强大而且看来是持久的力量所作的最客观、最周全、最权威的分析"。[2]

这股"看来是持久的力量"恰恰竟然又在不断蓄势。1965年，约翰逊总统推出了他的"伟大社会"（Great Society）计划，但美国插手越南冲突的行动也升级了。3年后，民主党内部在战争和民权问题上的分歧打破了新政联盟；在接下来的四十年里，该党多半处在不受待见的状态，一些缺乏共同目标的利益集团彼

---

[1] Daniel Bell to Richard Hofstadter, n. d. [ca. 1965], in "Paranoid Style——Notes & Drafts", Box 25, Hofstadter Papers.

[2] C. Vann Woodward, "Cranks and Their Followers", *New York Times Book Review*, November 14, 1965, p. BR3.

此争斗不休。党内一些左翼人士纷纷接受了这样一种看法,即美国处在冷酷无情而又无所不能的白人男性企业精英——这是一个包括比尔·克林顿(Bill Clinton)总统这样中间偏左的民主党人在内的全球主义阴谋集团——的控制之下。这是一种左翼偏妄之风,同以往霍夫施塔特描述的右翼偏妄之风极为相似。在 2000 年的总统选举中,出来搅局的候选人拉尔夫·纳德(Ralph Nader)宣称,两大政党的总统候选人彼此没有什么区别。纳德给怨愤的民主党左翼留下了深刻印象,并在佛罗里达州从他们那里赢得了足以搅局的选票,最后给了激进的最高法院裁定乔治·W. 布什(George W. Bush)获胜的机会。[①] 这样,在保守主义的幌子下,美国进入了现代最激进的右翼总统任期。

不过,就像 20 世纪 50 年代一样,这种偏妄之风与其说是左翼现象,不如说是右翼现象。在《偏妄之风》一书中,霍夫施塔特没有注意到罗纳德·里根(Ronald Reagan),后者在 1964 年大选的最后几天发表了支持戈德华特的著名演说,一跃成为全国性的政治人物。"他们说我们为复杂问题提供简单答案",里根宣称:

> 嗯,也许就是有一个十分简单的答案——但这个简单答案可不容易——而只是简单纯粹:请你和我一道鼓起勇气告诉我们那些当选的官员,我们希望,我们国家的政策建立在我们大家都心知肚明在道德上没有问题的事物的基础上。[②]

作为代言人、候选人、加利福尼亚州州长和总统——但也许最重要的是,作为前民主党人以及富兰克林·D. 罗斯福的仿效者——里根将为伪保守主义带来其所没有的热情与乐观。像戈德华特一样,里根是一个务实的政治人物,在让现实服从自己意志的过程中,他懂得妥协的重要性,这让他的追随者偶尔感到有些沮丧。但里根也是伪保守主义者傍门智识世界的常客,并把联邦政府当

[①] 西恩·韦伦兹此处的意思是,要不是因为拉尔夫·纳德带走了民主党的很多选票,艾伯特·戈尔肯定会拿下佛罗里达州,而不至于同小布什打得难解难分,从而给美国最高法院裁定小布什获胜的机会。2000 年美国大选时,戈尔和小布什在佛罗里达州的选票旗鼓相当。最后,美国最高法院裁定小布什获胜,这样小布什便拿到了佛罗里达州 29 张选举人票,最终以 271 票对 267 票的微弱优势战胜戈尔,当选为美国第 43 任总统,戈尔则成为美国历史上第四位赢得普选票却输掉选举人票的总统候选人。——译者

[②] Ronald Reagan,"A Time for Choosing: An Address on Behalf of Senator Barry Goldwater, October 27, 1964",文本见 http://millercenter.virginia.edu/scripps/digitalarchive/speechDetail/32。

作集体主义怪物,从而进一步助长了伪保守主义者对联邦政府的憎恨。在入主白宫的过程中,里根建立了一个由右翼新教基要主义者、郊区天主教徒、前南方种族隔离主义者以及阳光地带①共和党企业家组成的新联盟,这些人似乎专擅偏妄的政治。

从20世纪80年代和90年代直到进入新世纪,报纸的头条总是充斥着与《偏妄之风》一文中描述的组织和代言人惊人相似的相关报道。譬如菲利斯·施拉夫利女士,其人1964年是戈德华特的狂热支持者,如今已是一位全国知名的人物。她的"鹰论坛"(Eagle Forum)成为共和党右翼的重要交流中心,其立场包括从反对合法堕胎,到强烈要求美国退出联合国和国际刑事法院。② 再譬如规模庞大、叱咤风云的基督教联盟(Christian Coalition),该组织属于共和党的铁杆盟友,由前党内初选候选人帕特·罗伯逊(Pat Robertson)牧师领导,其人在1991年出版的一本小册子《世界新秩序》(*The New World Order*)中抛出了共济会和光照派的各种大阴谋。③ 罗伯逊惊呼,这些阴谋集团正企图通过自由派人士等开展活动,建立起单一的世界政府,摧毁信奉基督教的美国。譬如,还有20世纪90年代的民兵运动,这些民兵运动一个个声称有陌生的黑色直升机在空中盘旋,据信是联合国入侵美国的先头部队。爱达荷州共和党代表海伦·切诺韦斯(Helen Chenoweth)还就此事举行了听证会,并邀请当地民兵领导人出席作证。

1995年,右翼极端分子炸毁了俄克拉何马市联邦大楼。克林顿总统对这种偏妄的仇恨政治予以痛斥,并宣称:"仇恨自己的国家这种行为里,绝没有任何爱国之意。"④但3年后,众议院右翼共和党人出于对克林顿政治上智胜他们的

---

① 阳光地带(sunbelt),指美国南部北纬37度以南地区,这些地区日照时间较长,故名。——译者

② 最近有位研究右翼基督教政治学的学者将施拉夫利描述为"基督教国教主义者和受基督教国教主义影响的基督教右翼分子名人"的一员。基督教国教主义者如今已经在共和党内确立了自己的政治地位,他们坚信基督教教义将重新主导美国政治和美国政府。基督教国教主义者来源甚广,从声称美国是一个基督教国家的教徒,到认为基督徒应该发挥更大政治影响力的教徒,再到想用《圣经》律法取代美国宪法的彻头彻尾的神权政治人物,均属此列。参见 Frederick Clarkson,"The Rise of Dominionism: Remaking America as a Christian Nation", *Public Eye Magazine*, Winter, 2005, 见 http://www.publiceye.org/magazine/v19n3/clarkson_dominionism.html。

③ 基督教联盟1994年声称自己拥有120万活跃成员。

④ Bill Clinton, "Remarks at the Michigan State University Commencement Ceremony in East Lansing, Michigan, May 5, 1995", 见 http://www.presidency.ucsb.edu/ws/print.php?pid=51317。

能力及其中间派自由主义立场的愤怒,利用他在双方自愿发生的不正当男女关系上的误导性言论,以此为借口,对他发起了弹劾。这次弹劾违背了宪法,但居然成功展开了调查。按照弹劾的策划者、众议院多数党党鞭汤姆·迪莱(Tom DeLay)的说法,这事得以促成,是因为克林顿没有迪莱后来所称的所谓符合体统的"圣经世界观"(biblical worldview)。迪莱在讲这件事的时候满纸透着古老阴谋论的弦外之音。①

由于里根政府废除了联邦通信委员会(The Federal Communications Commissions)的"公平原则"(Fairness Doctrine)②,因此电视广播成为散布各种右翼阴谋论,以及对所有自由派人士尤其是民主党人进行人格暗杀的渠道。③ 曾经受人尊敬的新闻机构纷纷成了王牌"脱口电台",这已经算是够糟的了;可更糟糕的是,《纽约时报》(New York Times)、《华盛顿邮报》(Washington Post)以及其他各大报刊,纷纷以调查性报道为名,允许自己的新闻专栏成为右翼怪人和政治操弄者发表煽惑言论的演讲台,为这帮思想怪人的公信力背书。

在宣称美国卷入了一场"文化战争"之后,右翼吹鼓手——包括诺曼·波德霍雷茨(Norman Podhoretz)和罗伯特·博克(Robert Bork)等著名写手——描述了一个被自由主义搞得如此不堪的美国,用博克的话来说④,这个国家如今正"无精打采地走向蛾摩拉"(Gomorrah)⑤。(自1980年以来,保守派基本

---

① Tom DeLay,引自 Alan Cooperman, "DeLay Criticized for 'Only Christianity' Remarks", *Washington Post*, April 20, 2002, p. Ao5。

② 公平原则是美国联邦通信委员会过去强制执行的一项政策。依据该项政策,持有公共许可证的广播公司,在焦点议题报道中,必须给予各种意见和观点以同等发表机会。该政策在罗纳德·里根政府任内,被联邦最高法院裁定违宪而于1987年正式废除。——译者

③ 有些右翼谈话节目主持人头脑里老在琢磨的,可不只是象征暴力。理查德·M. 尼克松(Richard M. Nixon)那臭名昭著的"水管工"部门前成员,被控犯有与"水门事件"有关的罪行并在联邦监狱服刑四年半的G. 戈登·利迪(G. Gordon Liddy)在1994年再次声名狼藉。在他的一档全国性联合电台节目中,利迪呼吁持枪人士向酒精、烟草和火器管理局(Bureau of Alcohol, Tobacco, and Firearms)好管闲事的官员开枪射击。"射脑袋! 射脑袋!"利迪对着麦克风喊道,"杀了这帮狗娘养的!"利迪后来称,他只是在谈论酒精、烟草和火器管理局人员对守法公民错误部署致命武力的事——他说,这种情况"一次次"出现。这种狡辩当然没有任何说服力。尽管遭到了广泛批评,利迪在事件发生后仍在直播,而且似乎比以前更受欢迎。在笔者撰写本文时,他的脱口秀节目在150个地方电台联合播出,天狼星卫星广播和XM卫星广播竟也在播放。

④ Robert H. Bork, *Slouching Towards Gomorrah : Modern Liberalism and American Decline* (New York, 1996)。

⑤ 蛾摩拉(Gomorrah),罪恶之都。据《圣经·旧约·创世纪》记载,该城因居民邪恶、堕落、罪恶深重被神毁灭。——译者

上主导了美国政治,但这一事实竟丝毫不能让右翼的世界末日论调变得稍许温和一些。)伪保守主义激进分子摩尼教徒式的政治心理与乔治·W. 布什政府的反智主义和文化政治完全融合在一起。与之相随的,还有霍夫施塔特早就察觉到的一种建立在鬼鬼祟祟、无比自信和权力意志基础上的反向布尔什维克主义。

八

理查德·霍夫施塔特于 1970 年英年早逝,享年 54 岁。霍夫施塔特的去世,不仅意味着一位重要的历史学家的逝去,也使这个国家失去了一位本可以洞彻美国政治生活过去四十年来的各种诱惑、陷阱和反常的雄辩批评家。假如他还活着,仅靠他发出声音,当然不太可能改变这个国家的政治基调或政治方向——只是令人沮丧的是,即使我们的政治空气中弥漫着他所关注的偏妄之风,经受着这种偏妄之风的毒害,大家对他的警告仍旧充耳不闻。这本书现在重新出版,真是太好了。《美国政治中的偏妄之风》这部作品在霍夫施塔特令人叹为观止的智识遗产中占据了显著位置,也是其中非常有影响、非常有用的一个部分。想要理解仍在我们国家政治生活中流淌的那些有毒暗流,这本书是一个很好的起点。我们可以由此出发,去探求民主世界出岔子、走错路的教训。

西恩·韦伦兹(Sean Wilentz)
新泽西　普林斯顿
2007 年 12 月 18 日

导　言

　　一本论文集的作者面临的最艰巨、最微妙的任务,在于撰写一篇导言,这样方才可以让各种作品的主题和论证看上去比实际写作时更加统一。把文章收录在一本书里,这么做的结果,往最好的地方想,也仅只是,找文章更容易,保存也更长久。对于任何这类文集来说,要把其中各篇文章统一起来,再怎么样也只能是个人的一孔之见,谈不上正规。也许正因如此,人们很少这么认为:既然文章均出自同一个人的手笔,都是同一个人的思想产物,因而肯定都会打上某种印记;论文集的各部分至少在思想风格和关注点上肯定有一个可以将各篇文章统一起来的根本思想意图。

　　这本书里的文章是我在 14 年的时间内陆续写出来的。在这段时间里,我对历史和政治问题的看法,无论是从总体上看,还是在这里涉及的某些细节方面,并不总是一致。一些悬而未决的矛盾之处,无疑仍然存在。因此,把这些文章串起来的,不是某个一以贯之的论点,而是一组彼此相关的问题和方法。这些文章可以分为两组:一组是关于 20 世纪 50 年代和 60 年代极端右翼缘何兴起的分析;另一组涉及的是现代某些典型问题的起源,当时美国人在思想上开始响应工业主义和世界权力。所有这些文章探讨的都是公众对美国出现的危急状况或是长期困境的反应。无论是大企业对竞争突然形成的威胁,还是 19 世纪 90 年代的恐慌以及由此导致的长期以来的货币争端和不同民众之间敌意的尖锐化,抑或是我们新生的帝国主义带来的道德冲击,或者是基要主义的复兴对世俗政治的影响,甚或是冷战对公众意识的影响,均属此列。

　　由于这些研究涉及我们整个的政治文化风格,以及其中盛行的某些特殊的思想风格和表达风格，这些文章更多的是在讲述政治的外在背景，而不是其内在结构。它们更关注政治的象征层面，而不是制度的形成和权力的分配。这些研究的聚焦点是：公众群体是如何对国内问题作出反应的，是如何把这些问题变为自己的问题的，是如何给自己分派解决国家问题的任务的，以及是如何以独特的表达风格来表达他们对这些问题的回应的。就这一点来讲，我的关注有点片面，因此我在这里有必要作出澄清（这些文章的写作意图最有可能被误解的，就在此处），我之所以强调外在背景而不是内在结构，并非因为我认为两者当中外在背景更重要。我没有那么极端。我这么做，除了我乐于分析思想风格之外，还在于我有两个坚定的看法：其一，我们的政治写作和历史写作直到最近都还是倾向于强调结构，由此带来的代价就是基本上忽略了外在背景。其二，了解各种政治风格以及政治的象征层面，是在公共问题上定位自己和他人的一条极有价值的途径。

早先的政治观处理的问题是：谁得到了什么、何时得到的、怎样得到的？（Who gets what, when, how?）这种政治观把政治看作一个竞技场。在这个竞技场里，人们会尽可能理性地界定自己的利益，通过精心算计，最大限度地充分实现这些利益。哈罗德·拉斯韦尔（Harold Lasswell）有一本探讨政治本质的经典之作，书名就是这一全部由单音节词汇组成的问题[1]，但他恰恰是美国第一批对书名中所隐含的理性假设感到不满，转而去研究政治生活中情感和象征层面的学者之一。因此，在早先的政治观上，再添加一条新的政治观就很重要。这条新的政治观就是：谁察觉到什么公共问题、以何种方式、为什么察觉到了？对于当今一代历史学者和政治学者来说，下述情况已经越来越清楚：人们在政治中不仅会寻求自己的利益，而且会表达自己，甚至在一定程度上定义自己；政治生活就是身份认同、价值观、恐惧和渴望的传声板（sounding board）。研究政治的外在背景，可以让这些东西浮出水面。

毫无疑问，正是我们这个时代发生的各种大事，特别是某些来势极为不祥、情况极其糟糕的事件，让研究社会问题的学者坐立不安，开始马不停蹄地寻找新的理解方式。但其他学科取得的研究成果，也让当今一代历史学家对我们前

---

[1] 此即拉斯韦尔1936年出版的《政治学：谁得到了什么、何时得到的、怎样得到的？》（Politics: Who Gets What, When, How?）。——译者

辈历史学家基本上都只是将其作为背景的人类行为的那些重要方面，有了进一步察觉和认识。哲学家、人类学家和文学评论家对人类思维中的象征层面和虚构层面日益增长的兴趣，已经进入历史写作当中，随之而来的是对文本分析的潜在价值越来越敏感。将心理学深度用于政治分析，尽管有风险，但至少已经让我们强烈地意识到，政治可能是一个感情和冲动的投射舞台，这些感情和冲动同显性议题之间的联系极其有限。民意调查结果令我们对公众就辩论当中的议题作出回应的信心大不如前，令我们更清楚地认识到，辩论当中的议题，基本上只有成为引人注目的象征行为的客体，或是令人难忘的陈述的对象，或被具有象征意义的公众人物采用时，公众才会对它们作出反应。我们对政治中非理性的一面感觉越来越强烈，这让我们对过去在选民行为问题上一系列曾经自信满满的论断不由得心生怀疑。

简单地说，人们对公共事件这出大戏做出了反应。但是，摆在他们面前、在他们看来的这出戏，同那些涉及实际物质利益和谁掌握权力的问题，不是一回事。即使是那些行使权力的人，也不免受到戏剧内容的影响。不管怎样，他们都得把大众的感情生活纳入考虑，这种感情生活不是他们完全可以创造出来的，也不是他们完全可以操纵的，而是他们不得不去应对的。政治竞争本身深受人们对它的感知和感觉方式的影响。

这并不意味着实际的政治利益可以被心理分析完全抹掉或是简化为思想史上的小插曲。它只意味着历史学家和政治科学家总是在或隐或显地使用心理假设来开展工作；意味着历史学家和政治科学家应当尽可能有意识地去使用这些心理假设；意味着这些心理假设应当足够精密，能够充分考虑政治行动的复杂性。我无意否认金钱和权力问题的现实性，甚至无意否认其在现实中的首要地位，我只是想转向关注它们产生的人性情境——解决这些问题也脱离不开这个情境——帮着阐明它们的现实性。

接受这一切并不意味着抛弃旧的政治史观念中任何有价值的东西，只是意味着这一观念应该用另一种观念来加以补充。这另一种观念增强了我们对政治生活的感觉，并让我们得以充分了解各种政治活动。由弗洛伊德和韦伯、卡西勒(Cassirer)和曼海姆等富有才智的大脑所激起的思想潮流，已经开始推动美国的历史写作走向各种探索。对我国人口中各种亚群体的思想与表达风格、象征性举动和各自独有的精神特质等的价值与功能所进行的分析,已经产生了一些引人注目的研究成果。亨利·纳什·史密斯(Henry Nash Smith)将这些手法用于分析作为神话和象征的边疆的角色与地位,奥斯卡·汉德林(Oscar Handlin)将其用于分析本地人和移民群体之间相互冲突的精神气质,戴维·波特(David Potter)将它拿来分析美国富豪阶级在文化上的影响,李·本森(Lee Benson)、马文·迈耶斯(Marvin Meyers)和约翰·威廉·沃德(John William Ward)用它去分析杰克逊民主问题,戴维·B. 戴维斯(David B. Davis)运用它来分析美国中期(the middle period)①的社会政治,戴维·唐纳德(David Donald)和斯坦利·埃尔金斯(Stanley Elkins)用它来分析奴隶制问题,埃里克·麦基特里克(Eric McKitrick)利用它去分析战后南方重建(Reconstruction),C. 范·伍德沃德和 W. J. 卡什(W. J. Cash)拿去分析南方认同问题,欧文·安格(Irwin Unger)则运用它来分析货币改革者和其反对者之间迥然相异的心态。

本书体现了我自己一些类似的思考。多年来,我一直对那篇论述偏妄之风的文章中描绘的阴谋心理很感兴趣。今天,这种心理特别值得注意,因为它在我称之为伪保守主义者的极端右翼身上表现得十分明显,他们认为我们这一代人生活在一个巨大的阴谋集团的控制之下。但这种思想风格并不只是局限于右翼。就像过去一样,今天在左派那里也依然可以见到,只不过有所变调和差异而已。它还时不时地在从反共济会到平民主义等民主运动中反复出现。譬如,"硬币"哈维对美国历史的解释,便阐述了一种阴谋论观点。这种观点与约翰·伯奇协会创始人的观点存在许多共同之处,虽然这两位中,前者是在为受压迫者和被欺凌者的利益说话,而另一位则对粗犷的个人主义心醉神驰。

"硬币"哈维的思想观念,显示了贯穿这些文章的另一个政治趋势——把一种从宗教那里衍生出来的世界观加以现世化,用基督教意象来处理政治问题,并用基督教传统中某一面的黑暗符号系统来渲染它们。"硬币"哈维对这个凡俗世界的展望,乃是基于一种信仰,即社会问题可以简单地归结为善恶两种势力之间的较量。这种信仰他在晚年讲得非常明确。他那近乎迷信的摩尼教信仰,他那认为邪恶势力如果不尽快遏制,将带来一场可怕的社会灾难的坚定看

---

① 美国中期大致指的是从建国后到内战这一段时期。约翰·威廉·伯吉斯(John William Burgess)曾著有《美国的中期(1817—1858)》(*The Middle Period* 1817—1858)一书。——译者

法,同今天极端右翼中盛行的观念简直别无二致。(不幸的是,在我们今天,极端右翼的看法更具备成为自证预言的能耐。)当然,取代国际银行家组成的辛迪加成为他们眼中邪恶化身的世界共产主义力量,确是一个更加波澜壮阔的现实。但我想说的是,这种解释世界的模式,有着同样的夸张、同样的十字军心态,以及如下这种同样的意识:我们所有的弊病都可以追溯到一个单一的根源,因而可以通过采取某种终极行动以铲除邪恶之根的办法来将它们悉数消除。他们认为,如果有人弄清了处在中心位置的阴谋诡计,而人们却没有尽快听从他们的警告,我们就完蛋了:世界将无法避免《启示录》(Book of Revelation)中所预兆的那样一种大灾变。

福音派的信仰不单是借由其摩尼教和启示录中的残余来影响我们对政治的思考。现代"保守主义"依然浸透了新教的清苦精神——根据这种古老的信念,经济生活应该像宗教生活一样,为人们提供一种系统的品格训练机制。正如我在对反托拉斯运动、伪保守主义和戈德华特竞选运动的研究中力图让大家看到的那样,我们对国家的担心在很大程度上可以追溯到这样一种恐惧,即企业竞争的衰落会毁了我们的国家品格;我们的享乐主义大众文化,以及随着我们日趋浓烈的自由主义和相对主义思想氛围一道出现且可归入这种思想氛围的道德松弛,也会带来同样的影响。

这几篇论文中,还有另一个值得关注的主题,那就是我们的种族怨恨史。在美国,种族之间的怨恨有时几乎就取代了阶级斗争,而且不管怎样,总是一直在影响美国的国家品格。我们如今再次强烈意识到了种族正义这个不容忽视的问题。但今天特别尖锐的美国黑人问题,其实只是我们国家操着各种语言的人口所面临的众多种族问题当中最大、最困难的一个而已。我们的种族混合,又在美国的阶级结构上构造了一套独特、复杂的身份系统,这就使得实现对美国的完全认同成为一个经常性的难题,从而对美国产生了深远的政治影响。我们所谓的"二等公民"的诅咒,在美国政治中总是反复出现。

最后,还有一篇文章论述了充满义愤之情与侵略欲望的公众是如何影响外交决策的。19世纪90年代公众围绕我们对古巴和菲律宾的政策展开的争论,接二连三地显示出,美国人的使命感中既有侵略的一面,也有良善的一面。在讨论戈德华特的竞选运动时,我再次试图展示当代对我们外交政策的终极追求，是如何与我们的国家经验相联系的，特别是如何与我们从一个在西半球差不多完全拥有支配权的大陆强国，向一个野心超出自己能力范围的世界大国的转变这种独特的国家经验相联系的。

由于全书花了这么大篇幅来探讨当代右翼势力及其背景，此处可能有必要做个澄清。我在书中突出右翼，不是要有意夸大右翼狂热分子的规模或者其代表性，而只是反映了我对当代事件的历史背景经常燃起的写作兴趣。我希望我在这些研究中再三交代清楚这个问题，那就是，美国右翼只代表了美国一小部分民众。任何人如果对我们政治生活的观察，仍然让他对我这个判断产生怀疑，都可以把右翼在公共问题上的典型态度和政策方针列在纸上，做成一份清单，然后将这份清单与民意调查中公众对相关问题的反应进行比较，来检验这一判断。当然，民意调查并非绝对可靠，但在这里，民意调查的结果，就像在其他很多情况下那样，可以通过另外的方式得到验证——例如，通过考察越来越多的右翼参议员和其他具有类似信仰的政客，我们发现，近年来，他们的职业生涯被选民缩短了。尽管如此，右翼势力——从麦卡锡主义到戈德华特主义——已经让我们这个时代深深感觉到了它的影响。毋庸置疑，右翼势力能对社会产生如此大的影响，在一定程度上靠的是巨大的热情、雄厚的财力和热心的活动，以及日益完善的组织。但我认为，这种影响同我们国内生活与外交政策中的某些实际问题也有一定关系，与美国某些广泛流传、根深蒂固的思想观念和情感倾向同样具有某些联系。这就是我试着去阐明右翼某些主题时要向大家交代的背景。

理查德·霍夫施塔特
1965 年 6 月

·第一部分·

美国右翼研究

美国政治中的偏妄之风

本文是笔者1963年11月在牛津大学"赫伯特·斯宾塞讲座"(Herbert Spencer Lecture)所作发言的修订、扩充稿。讲座内容删节版,见1964年11月的《哈泼斯杂志》(*Harper's Magazine*)。

一

美国的政治生活尽管很少受到极端尖锐的阶级冲突的影响,却再三成为各色异常愤怒的人士的舞台。这一点今天在极端右翼身上表现得最为明显。他们已经向世人显示了——特别是在戈德华特竞选运动中——从少数派人士的怨愤和激情中,究竟可以迸发出多大的政治影响。这类运动的背后,存在着一种思想风格,这种风格有着漫长而多彩的历史,而且并非只有从右翼身上才可以见到。我把这种风格称为偏妄,原因很简单,因为没有别的词汇像它这样能充分唤起我脑海中那种极度的夸张、怀疑和阴谋幻想的形象。我使用"偏妄风格"这一表述,并不是要从临床意义上来做讨论,只是借用一个临床术语来做其他用途。我既没有能力也没有意愿把过去或现在的任何人物归为真正的疯子。

偏妄风格这个概念如果只适用于心理极度失常的人，其实没有什么现实意义或历史价值。正是因为几乎正常人都会使用偏妄的表达方式，这一现象才值得注意。

我在谈论偏妄风格时，对这个术语的使用，跟艺术史家谈论巴洛克风格或矫饰主义风格一样。它首先是一种看待世界和表达自我的方式。韦伯斯特(Webster)将临床上的偏妄定义为一种慢性精神障碍，其特征是系统化的被迫害幻觉和认为自己重要、伟大的幻觉。在我看来，被迫害的感觉在偏妄风格中居于核心位置，而且确实在各种不切实际的阴谋论中被加以系统化。但是，政治上的偏妄型代言人和临床上的偏妄狂之间，有一个至关重要的区别。虽然他们总是表现得过度兴奋、过度怀疑、过度放肆以及不切实际，都带有末日论色彩，但临床上的偏妄狂会认为，他所生活的那个充满敌意和阴谋的世界，是特意冲着他来的；偏妄风格的代言人则认为它针对的是一个国家、一种文化、一种生活方式，而国家、文化和生活方式的命运则不独与他自己休戚相关，也影响着千千万万的人。由于他通常并不认为自己是某个针对个人的阴谋单独挑出来的个体受害者①，因此他在某种程度上要更加理性，也要无私得多。他觉得自己的政治热情是无私的、爱国的，这一点其实大大增强了他那种大义凛然的感觉和道德上的义愤。

"偏妄风格"当然是个贬义词，我在使用这个词的时候，取的就是贬义。偏妄风格大多喜好用不正当的原因来解释问题，不喜欢给出正当的理由。但这并不是说，我们在主张一项合理的计划或议题时，完全不可以采取偏妄的方式。不可否认，我们不可能因为我们认为自己在某个论点的陈述中听到了典型的偏妄口气，就据此确定该论点的是非曲直。风格与人们以什么样的方式去相信和提倡某些观念有关，与这些观念的内容真假没有关系。②

---

① 当然，这个常规也有例外，特别是在最激进的右翼鼓动者中，例外就更加明显，尤见 Leo Lowenthal and Norbert Guterman: *Prophets of Deceit: A Study of the Techniques of the American Agitator*(New York,1949), Ch. 9, 但这些例外的重要性有待商榷。不过, N. 麦康纳基(N. McConaghy)就思维方式和精神病模式之间的关系提出了一些颇为有趣的看法，参见 N. McConaghy. "Modes of Abstract Thinking and Psychosis", *American Journal of Psychiatry*, CXVII (August, 1960), 106—110。

② 米尔顿·罗克奇(Milton Rokeach)在《开放与封闭的心灵》一书中，试图系统区分信奉的内容和信奉的方式。不管怎样，重要的是记住，虽然所有信仰体系可以采取偏妄的信奉方式，但有某些信仰似乎完全是采取这种信奉方式的。Milton Rokeach: *The Open and Closed Mind* (New York, 1960)。

用几个简单的、相对没有争议的例子，就可以完全清楚地说明这一区别。肯尼迪总统遇刺后不久，一项由康涅狄格州参议员托马斯·E.多德（Thomas E. Dodd）牵头提出的，加强联邦对通过邮件出售枪支的控制的议案，引起了广泛关注。听证会就该议案举行听证时，三名男子从亚利桑那州的巴格达（Bagdad）出发，驱车 2 500 英里，前往华盛顿作证反对该项议案。现在有许多理由反对《多德法案》（Dodd bill），无论人们认为这些理由多么缺乏说服力，它们都带有传统政治论证的色彩。但其中一位亚利桑那州男子拿出来反对该项法案的理由，可以看作是代表性的偏妄论点。这位人士坚持认为这是"颠覆势力为使我们成为世界社会主义政府的一部分而采取的进一步行动"，有"制造混乱"以帮助"我们敌人"夺取政权的危险。①

再举一例，众所周知，反对城市供水加氟运动已经成为各种各样思想稀奇古怪的人，特别是那些对投毒成天提心吊胆的人的猫薄荷。② 我们可以设想，科学家也许会在某个时候找到确凿的证据，证明加氟这种做法，总的来说是有害的，而这样的发现也会证明反加氟论者的实质立场是完全正确的。但与此同时，在反加氟论者当中，有些人以典型的偏妄方式指控，加氟是打着公共卫生的幌子推进社会主义，或通过在供水中加入化学物质来腐蚀国人的大脑，使人们更易受到社会主义或共产主义的影响。这些看法是验证不了的。

因此，扭曲的风格可能是一种信号，提醒我们当心可能会出现失真的判断，就像艺术中丑陋的风格暗示着艺术品位可能存在根本缺陷一样。我在这里感兴趣的是，是否有可能借助人们的政治修辞技巧来弄清政治的异常状态。在这方面，偏妄风格令人印象最深刻的事实之一，是它代表了我们公共生活中一种古老的、反复出现的表达方式。这种表达方式经常与疑窦丛生的社会不满运动联系在一起，而且即便采用这种表达方式的人们目的截然不同，其内容也基本上大同小异。我们的切身体会也表明，这种表达方式根深蒂固，似乎无法根除，尽管其在不同运动中呈现出的强度高低起伏、强弱不一。

我选择用美国历史来解释偏妄风格，只是因为我刚好是研究美国的，这对

---

① *Interstate Shipment of Firearms*, Hearings before the Committee on Commerce, U. S. Senate, 85th Cong. ,1st and 2nd sess. (1964), p. 241;试比较 pp. 240—254,passim(January 30,1964)。

② catnip,猫薄荷,能让猫产生幻觉的一种植物。——译者

我来说研究起来很方便。但这种现象并不限于美国人的经历,也不限于我们同时代的人。以耶稣会(Jesuits)或共济会(Freemasons)、国际资本家、国际犹太人或共产党等形式呈现出来的,无所不包的阴谋论观念,在现代史上许多国家里,都是常见的现象。① 只需想想肯尼迪总统遇刺事件在欧洲引起的反应,我们就可以想起,即兴的偏妄演绎才华并非美国人所独有。② 更重要的是,可以说在现代历史上,偏妄风格只有一次取得了完备的胜利,这唯一一次胜利的情况,不是发生在美国,而是发生在德国。这种偏妄是法西斯主义和受挫的民族主义的共同要素,尽管它吸引了许多很难谈得上是法西斯主义者的人,而且也经常出现在左派报刊上。苏联著名的"大肃反"以司法形式采取的天马行空般、破坏性极大的做法,也是一种偏妄风格。在美国,只有少数派群体掀起的运动青睐这种风格。当然,我们也可以说,基于美国历史的某些特点,偏妄风格在我们中间,比在西方其他许多国家里,涉及的范围更广,在力道上也更强劲。不过,我在这里并不打算进行这样的比较,只想证实这种风格在现实中的确存在,并举例说明它在历史上确曾频繁反复出现。

我们可以从几个有关美国的例子开始。下面是参议员麦卡锡1951年6月谈到美国危险处境时的讲话:

> 除非我们相信政府中的高层人物正在密谋把我们推向灾难,否则我们该怎么解释我们目前的处境?这肯定是一个惊天阴谋的"杰作",这个阴谋规模之大,足以令人类历史上此前任何类似冒险行动都相形见绌。这个臭名昭著的阴谋如此肮脏、邪恶,一旦最终败露,它的主谋将永远受到所有襟怀坦荡之人的咒骂。……一系列环环相扣的决策和行动居然成就了失败战略(the strategy of defeat),我们可以从中得出什么结论?用能力不足来解释,是讲不通的。……我们的决策本应该服务于国家利

---

① 弗朗兹·纽曼(Franz Neumann)的论文"Anxiety and Politics",载 *The Democratic and the Authoritarian State*(Glencoe,Ill,1957),pp. 270-300。关于欧洲迥然不同的背景下呈现出的偏妄风格,有两项研究值得关注。参见 Fritz Stern: *The Politics of Cultural Despair*(Berkeley,1961)和 Stanley Hoffmann:*Le Mouvement Poujade*(Paris,1956)。

② 对肯尼迪遇刺案的阴谋论解释在欧洲比在美国更为流行。但据我所知,在这方面,没有哪个欧洲人可以比得上伊利诺伊大学雷维洛·P. 奥利弗(Revilo P. Oliver)教授的独创力。他认为,虽然肯尼迪为共产党阴谋付出了大量心血,但他未能按期完成"1963年实现对美国的有效占领",并"迅速成为一个政治负担",因此必须拿枪干掉他。*The New York Times*,February 11,1964。

益……但我们的部分决策居然是受概率定律摆布的!①②

现在让我们回到五十年前,看一份由平民党领导人于1895年签署的宣言:

早在1865至1866年,欧洲和美国的黄金赌徒便共同策划了一桩阴谋。……这些阴谋人士一直让人们为一些不甚重要的事争争吵吵了将近三十年,他们自己则毫不松懈地追逐着他们唯一的核心目标……他们利用国际黄金集团手下的秘密团伙全都熟知的各种背信弃义的手段、政治权术和奸计,来打压人民的安定幸福和国家的财政与商业独立。③

接下来是1855年得克萨斯报纸上发表的一篇文章:

……欧洲的那些君主和罗马教皇此时此刻正在密谋毁灭我们,并威胁要废除我们的政治、公民和宗教机构,这已是臭名昭著的事实。我们完全有理由相信,腐败已经渗透进我们的行政机构(Executive Chamber),我们的政府首脑已经被具有传染性的天主教毒汁污染。……教皇最近派遣他的政府使节来我们国家执行一项秘密任务,从而唤起了全美天主教会恣意妄为的胆量。……教皇手下的这些仆从正在大肆侮辱我们的参议员,申斥我们的政治家,鼓吹教会和国家之间狼狈为奸,用卑鄙的诬蔑对除天主教政府之外的所有其他政府恶语相向,并对所有新教徒进行恶毒至极的诅咒。美国天主教徒每年从国外获得20多万美元,用于宣传他们的信经。除此之外,他们还从国内募

---

① "The laws of probability",概率定律,由数条定律组成,其中一条定律是,某一现象如果可能存在甲、乙两种解释,而这两种情况又相互对立,则甲、乙两种情况不可能同时发生,但其中必有一种情况发生。麦卡锡在这里首先假设有一个让美国不断走向失败的战略,即所谓失败战略。从表面上看,呈现在美国公众面前的是一系列环环相扣的决策和行动,这些决策和行动理应走向成功的战略得以实现。既然这些决策和行动如此环环相扣,说明决策者和执行者的能力不成问题,但这些决策和行动造成的却是对失败战略(the strategy of defeat)有利的局面。对此该作何种解释?根据上述概率定律,既然能力不成问题,就不能用能力不足来解释。于是有且只有一种情况,那就是这一系列决策和行动必定是阴谋的产物,而决策和行动环环相扣的特征,更是说明了阴谋设计的精心与高明。这样,麦卡锡就通过概率定律坐实了本段前半段的结论。——译者

② *Congressional Record*,82nd Cong.,1st sess.(June 14,1951),p. 6602;类似的段落可参见麦卡锡的著作,*McCarthyism: The Fight for America*(New York,1952),p. 2.

③ 弗兰克·麦克维在《平民党运动》一文中重印了这份宣言,Frank McVey. "The Populist Movement",*Economic Studies*,I(August,1896),201—202. 1892年平民党纲领断言:"有人在欧美两个大陆上组织了一个庞大的反人类阴谋集团,这个集团如今正在迅速占领全世界。如果不立即同它正面交锋并打倒它,结果将是社会的剧烈动荡、文明的毁灭或绝对专制主义的确立。"

集到巨额款项。……①

最后这个例子摘自1798年马萨诸塞州的一次布道：

> 在国外，邪恶狡猾之徒带着满腔热情，积极采取行动，利用并持续探索秘密、系统的措施，有计划、有步骤地破坏这个宗教［基督教］的基础，打翻它的圣坛，进而断绝全世界接受其对社会的良性影响。……这些不敬神的阴谋家和伪哲学家已经在欧洲很大一部分地区完全达到了他们的目的，并拥有在基督教世界其余所有地区完成他们计划的手段。他们为肯定能取得成功得意扬扬，将反抗完全不放在眼里……②

以上这些引文——从第一篇到最后一篇，每两篇之间都跨越了大概半个世纪的间隔——为我们展现了该种思想风格的基调。在美国历史上，我们可以在很多地方发现这种风格。举例来说，在反共济会运动、本土主义和反天主教运动当中，在某些认为美国正为奴隶主的阴谋所控制的废奴主义（abolitionism）代言人那里，在对摩门教感到惊慌害怕的许多作家中间，在某些编造了一个国际银行家大阴谋的绿币党和平民主义作家那里，在揭露第一次世界大战期间军火制造商的阴谋当中，在大众左翼新闻出版界，在当代美国右翼这里，在今天种族争议的双方及至白人公民委员会（White Citizens Councils）和黑人穆斯林（Black Muslims）③中间，都可以发现这种风格。我不打算去描绘所有这些运动中偏妄风格的各种变化，而是把视野限定在我们历史中几个最重要的事件上。在这里，偏妄风格将会充分呈现出它夺目的原型。

二

我们可以从这么一件事出发，开始我们的讨论。18世纪末，某些地区突然对巴伐

---

① 转引自十字架保罗修女会（Sister Paul of the Cross）McGrath: *Political Nativism in Texas*, 1825—1860 (Washington, 1930), pp. 114—115, 原文见 *Texas State Times*, September 15, 1855。

② Jedidiah Morse. *A Sermon Preached at Charlestown*, November 29, 1798……(Worcester, Mass., 1799), pp. 20—21.

③ "White Citizens Council"（"白人公民委员会"），1954年建立的种族隔离主义组织。"Black Muslim"（"黑人穆斯林"），20世纪30年代美国兴起的黑人组织。该组织宣扬黑人至上，反对白人，并视基督教为白人宗教而大加抨击，号召黑人改奉伊斯兰教，建立黑人自治国家。20世纪50年代之后，主张逐渐温和。——译者

利亚光照派(Bavarian Illuminati)所谓的颠覆活动产生了恐慌。这种恐慌是伴随着西方对法国大革命的普遍反应而来的。在美国,主要是在新英格兰地区和老牌神职人员当中,某些人对杰斐逊式民主兴起的反应,进一步加剧了这种恐慌。光照派由因戈尔施塔特大学(University of Ingolstadt)法学教授亚当·维索兹(Adam Weishaupt)于1776年创立。今天看来,该派教义就是启蒙运动理性主义的又一变种,只不过添加了一份反教权主义色彩罢了。这种敌意似乎是对18世纪巴伐利亚反动的教权主义氛围的不可避免的反应。这是一个多少有些天真、有些乌托邦性质的运动,其愿望是最终把人类置于理性法则之下。1780年之后,许多人皈依该派,其中包括德意志各邦赫赫有名的王公贵族,而且据说像赫尔德(Herder)、歌德(Goethe)和裴斯泰洛齐(Pestalozzi)这样的人都拥戴它。虽然光照派教团因其所在公国的迫害,遭到严重破坏,但是其人道主义的理性主义似乎在共济会的地方组织中已经产生了相当广泛的影响。大家闭上眼睛就可以想象到,它对一些怀有阴谋论心态的激进分子是有吸引力的。

美国人最早是在1797年从爱丁堡出版的一本书(后在纽约再版)里了解到光照派的。该书标题为《共济会、光照派和读经社团在秘密集会中反对欧洲所有宗教和全体政府的阴谋之证据》(*Proofs of a Conspiracy Against All the Religions and Governments of Europe, carried on in the Secret Meetings of Free Masons, Illuminati, and Reading Societies*),作者是苏格兰一位知名科学家约翰·H.罗比森(John H. Robison)。罗比森原本只是英国共济会的一个漫不经心的追随者,但欧洲大陆发生的共济会运动激发了他的想象力。在他看来,这场运动远不像英国共济会那样天真单纯。书中罗比森的叙述一丝不苟,从共济会的德国源头,到维索兹运动的起源和发展,全被他拼接在一起。罗比森的作品在大多数时候似乎尽可能地呈现了事实。但在评估光照派教义的道德属性和政治影响时,罗比森作出了典型的偏妄一跃,跃进了幻想。[①] 罗比森认为,这个组织的成立,"目的非常明确,就是为了铲除所有宗教机构,推翻欧洲所有现存政府"。他声称,法国大革命那些最活跃的领导人就是这个组织的成员;它已经成为"一个在整个欧洲酝酿和运作的庞大而邪恶的项目",在促成法国大革命方面发挥了核心作用。罗比森将这场运动看作是一场放荡的反基督教运

[①] 偏妄风格的特征,不在于叙述中有没有确凿的事实,而在于叙述的某个关键时刻,是否突然从叙事跳到想象,纯粹从想象出发,在两件完全不相干的事件之间建立联系。——译者

动,它惯于腐化妇女、培植肉欲、侵犯别人的财产。这个组织的成员计划制作一种可致流产的茶——这是一种诡秘的物质,"喷在脸上会致人失明或死亡"。他们还计划制作一种听上去像臭气弹的装置——这是一种"用致瘟喷雾喷满卧室的方法"。① 罗比森的轻信不仅表现在这些事情上,还表现为他坚信光照派虽然坚决反对基督教,但也遭到了来自耶稣会的严重渗透。

差不多就在罗比森的作品出现的同时,伦敦出版了由耶稣会士巴吕埃尔神甫(Abbé Barruel)——巴吕埃尔在法国政府1773年取缔耶稣会后被驱逐出法国——撰写的厚厚四卷本著作《回忆录:雅各宾主义的历史》(*Mémoires pour servir à l'histoire du Jacobinisme*)。这部著作被译成英文后,在英国和美国同时出版。作品详尽阐述了同罗比森类似的观点,并描绘了一个破坏宗教和秩序的反基督教(anti-Christians)、共济会和光照派的"三重阴谋"。"我们将让大家看到",巴吕埃尔写道,

> 国家和他们的领导人迫切需要知道的,究竟是什么。我们要对他们说:法国大革命中发生的一切,甚至是最可怕的犯罪,都是经过预谋、策划、决定、命令的。这一切都是早在各种阴谋还未在秘密团体中织就之前,由独自掌握了织就阴谋主线的人策划和制造的滔天之恶的结果。他们知道如何选择和加快实施阴谋的有利时机。在每天发生的日常事件中,有些事尽管我们几乎看不出是阴谋活动的结果,但它们的背后确实隐藏着一个目标以及执行任务的秘密行动者。这些事就是他们操弄出来的,他们知道如何利用环境,甚至知道如何创造环境,凡是有利于他们实现主要目标的事情,都是他们指挥、操纵的。当时的情况也许为革命提供了借口和机会,但革命的宏阔事业,包括它所犯下的滔天大罪、令人发指的种种暴行,始终都与环境没有关系,而是自成一体,属于长期酝酿和精心策划的阴谋。②

---

① Robison: *Proofs of a Conspiracy* (New York, 1798), pp. 14, 376, 311. 有关美国人对光照派教义的反应,这里有一项详细研究,参见 Vernon Stauffer: *New England and the Bavarian Illuminati* (New York, 1918)。

② *Mémoires pour servir à l'histoire du Jacobinisme* (Hamburg, 1803), I, ix—x. 在《民主革命时代:斗争》中,罗伯特·R. 帕尔默(Robert R. Palmer)把诸如罗比森和巴吕埃尔这些人的作品置于对法国大革命的普遍反应的大背景下,并对他们的幻想背后朴素的现实要素作了公允的评价。*The Age of the Democratic Revolution: The Struggle* (Princeton, 1964), 尤见 pp. 51—54, 141—145, 163—164, 249—255, 343—346, 429—430, 451—456, 540—543; 试比较 J. Droz: *L'Allemagne et la Révolution française* (Paris, 1949)。关于阴谋论在美国革命背景下扮演的角色,参见伯纳德·贝林(Bernard Bailyn)在《美国革命宣传手册》"导言"中所作的评论。Introduction to *Pamphlets of the American Revolution* (Cambridge, Mass., 1965), I, 60—89.

这些观念很快就在美国蔚然成风,尽管我们都不能确定有没有光照派的某个成员来过这里。1798年5月,在位于波士顿的马萨诸塞州公理会教会机构供职的著名牧师迦地大·摩尔斯(Jedidiah Morse),在这个年轻的国家正急剧分裂为杰斐逊派和联邦党人、分裂为亲法派和亲英派之际,适时做了一场对这个新生国家意义重大的布道。当时,在读了罗比森的作品后,摩尔斯深信,美国也是光照派发动的一场雅各宾式阴谋的受害者,并认为国家应该团结一致,保卫自己,抗击这个国际阴谋集团耍出的各种诡计。他的警告引起了整个新英格兰地区的注意,这里的联邦党人对日益上升的不信神势头或是杰斐逊式民主浪潮忧心忡忡。耶鲁大学校长蒂莫西·德怀特(Timothy Dwight)在摩尔斯布道之后,于7月4日发表了题为"美国人在当前危机中的责任"(The Duty of Americans in the Present Crisis)的演讲。在讲话中,他用热情洋溢的言辞,对反基督徒展开了滔滔不绝的声讨。

> 这些基督的敌人——也是基督徒——犯的罪,不管是数量还是程度,都罄竹难书,不堪言状。所有这些恶龙的毒心歹念和不信神、野兽的残忍和贪婪以及假先知的欺诈和诓骗,足以列出一份密密麻麻的名单。没有哪个人的个人利益或国家利益不受侵犯;没有哪种对上帝不恭的看法或行动被他们漏掉过……我的同胞们,我们要不要参与这些犯罪?我们要不要把这些罪孽引进我们的政府、学校和家庭?我们要不要让我们的儿子成为伏尔泰(Voltaire)的门徒、马拉(Marat)的龙骑兵,让我们的女儿成为光照派的鬻妾?①

这个调子被其他人接了过去。在新英格兰地区的讲道坛上,对光照派的谴责声很快就洋洋盈耳,就好像这个国家正淹没在光照派的汪洋大海之中一般。如果有人还记得,当年美国确实普遍认为有些民主共和党(Democratic-Republican)的小团体具有雅各宾性质,普遍认为是他们煽动了威士忌叛乱(Whiskey Rebellion)②,就可以更容易理解这些谴责缘何如此普遍。正如一位传教士所言,现在人们"普遍相信",

> 今天正在揭开一个惊天大阴谋。这是人类有史以来用诡计和刻

---

① New Haven,1798,pp. 20—21.
② 威士忌叛乱,亦称威士忌暴乱或威士忌起义,1791—1794年间发生于宾夕法尼亚州西部的一场反对政府开征威士忌消费税的抗税运动。——译者

毒发明出来的最庞大、最穷凶极恶、最邪恶无边的阴谋。它的目标是彻底摧毁所有宗教和社会秩序。这个阴谋一旦得逞,整个地球就会变成污秽的海洋、暴力和谋杀的场所、苦难遍野的地狱。①

从这些作者身上,我们可以看出偏妄风格核心的先入之见——有一个庞大、阴险、异常有效的国际阴谋网络,专门从事最邪恶的犯罪活动。当然,这其中也有某些辅助性的主题,不过它们出现的频率相对较低。但在继续描述偏妄风格的其他主题之前,且让我们再看一些它的历史表现形式。

19世纪20年代末和30年代的反共济会运动接过了对阴谋论的痴迷,并进一步扩展了阴谋的涉及范围。乍一看,这场运动似乎只是对早期巴伐利亚光照派的强烈抗议中呈现出的反共济会主题的延伸或重复,而且他们的确经常引用像罗比森和巴吕埃尔之类作家的著作,以证明共济会的邪恶性质。但是,18世纪90年代的恐慌主要限于新英格兰地区,而且同极端保守的观点相关;而后来的反共济会运动则影响了美国北部的许多地区,并且同大众民主和乡村平等主义气味相投。② 虽然反共济会人士恰巧也是反杰克逊主义者(杰克逊是共济会会员),但杰克逊主义者在讨伐合众国银行(Bank of the United States)的行动中表现出来的对机会将向普通人关上大门的恐惧、对贵族把持机构的极度憎恶,在反共济会运动中同样也可以看到。

反共济会运动虽然产生于人们的自发活动,但很快就沦为变动不居的党派政治下手的对象。一大批并不认同反共济会原初看法的人,纷纷跻身并利用这场运动。比如,这一运动吸引了几位颇有名望的政治家的支持,他们对这一运动的根本偏向并不怎么认可,可作为政客却又不能忽视它。但即便如此,它依旧是拥有巨大能量的民间运动,为其注入真正动力的是来自农村的众多狂热拥护者,他们对它坚信不疑。

---

① Abiel Abbot, *A Memorial of Divine Benefits* (Haverhill, Mass., 1798), p. 18.
② 19世纪,所有这些反××运动,针对的对象千差万别。共济会基本上是社会上层阶级的事情。天主教徒大多是贫穷的移民。摩门教徒则从当地农村中产阶级中汲取力量。颇具讽刺意味的是,这些针对的对象本身彼此之间也有类似的敌对情绪。共济会具有强烈的反天主教情结。摩门教不仅反对天主教,在一定程度上也反对共济会。然而,恶意诋毁他们的那些人,却毫不犹豫地将忠实于各自信仰的敌人拴在一起。例如,人们有时会听说,耶稣会士已经渗透进共济会;天主教的威胁也经常被拿来看作是摩门教的威胁。所有这些运动都让那些痴迷于隐秘的人产生了兴趣,这些人成天想着在世界范围内就终极价值问题展开你死我活的殊死较量。这种基于仇恨的普世教会主义(ecumenicism),对精准的辨识力破坏极大。

就反共济会运动的产生而言,刚开始的时候,肯定存在对共济会这个团体的大量怀疑,这些怀疑也许是反光照派情绪的残余。但不管怎样,这场运动是由1826年一个叫威廉·摩根(William Morgan)的人神秘失踪引发的。摩根是前共济会会员,居住在纽约州西部,当时正在写一部揭露共济会的书。毋庸置疑,他是被一小伙共济会会员绑架的,大家普遍认为他已遭杀害,这种看法当然完全合乎情理,虽然没有发现他的尸体。我们不必在此过多着墨案件的详情。摩根失踪后,紧接着又爆发了对共济会其他类似绑架或非法监禁阴谋的指控,这些指控均毫无根据。很快,一个反共济会的政党就在纽约州的政界声名鹊起,不久即发展成为全国性的政党。我们在这里关注的是反共济会的意识形态,不去关注它的政治发展史,因此,这个政党我们此处不表。

作为一个秘密社团,共济会被认为是一个旨在推翻共和政府的长期阴谋集团。在反共济会运动看来,它特别容易走向叛国——例如,著名的阿龙·伯尔(Aaron Burr)阴谋①,据称就是由共济会组织实施的。② 人们还指控共济会拥有一套独立的忠诚系统,在联邦政府和州政府的框架内另立了一个独立帝国,共济会成员对共济会的忠诚与他们对政府的忠诚相互抵触。有人甚至煞有介事地说,共济会早已建起了他们自己的司法权,拥有自己独立的约束和惩罚体系,甚至动不动就执行死刑。反共济会人士对传说中的共济会惊悚

---

① 阿伦·伯尔(Aaron Burr,1756—1836),第3届美国副总统(1801—1805)。1800年总统选举惜败杰斐逊,屈居副总统一职;1804年竞选纽约州州长落选。两次政坛挫折均与亚历山大·汉密尔顿的不利言论和背后运作有关,故一怒之下向汉密尔顿提出决斗,并杀死对方。后被怀疑从事分裂美国的活动,企图在美国西部建立一个以自己为首的国家,于1807年被以叛国罪罪名起诉,但最高法院最终宣布其无罪。伯尔同汉密尔顿之间的恩怨,以及叛国罪审判期间杰斐逊欲置其于死地而发动的舆论攻势,成就了美国史上著名的伯尔阴谋论。判决生效后,伯尔因避民愤迁居欧洲,1812年回国。下一条注释中说的那封所谓密信,指的是詹姆斯·威尔金森(James Wilkinson)将军向法庭出具的据说是伯尔写给他的信件。威尔金森时任美军驻新奥尔良军区司令,兼任路易斯安那领地总督,1806年被以滥用职权的名义解职。当时盛传他与伯尔分裂活动有染,威尔金森作为证人出具了这封信件,证明伯尔确实在从事密谋叛国活动。法庭应伯尔要求,当场进行笔迹鉴定,结果证实是威尔金森的笔迹。在反共济会人士那里,最后演绎出来的就是下一条注释中所说的"暗号信"。——译者

② 1829年9月,亨利·达纳·沃德(Henry Dana Ward)在其《反共济会评论》(Anti-Masonic Review)中指控说,"那封关于阴谋活动的密信是用**皇家共济会总会(Royal Arch)的暗号**写的,这足以证明这些间谍是共济会的高层人员。这也解释了他们为何可以逃避法律的惩处:他们的犯罪证据基本上都只有共济会神秘人士知道,而且都藏在皇家共济会总会的夹墙里,因此他们可以不受亵渎神明的咒誓的追究,也可以逃避根据皇家共济会总会的规定而作出的对上帝不恭的惩罚。" Leland M Griffin. The Anti-Masonic Persuasion, unpublished doctoral dissertation, Cornell University(1950), pp. 627—628.

咒誓十分着迷，甚至会想象，假如他们是共济会会员，而未能履行共济会的义务，则自己将会受到怎样可怕的报复。在他们那里，隐秘和民主之间的冲突是最基本的冲突，因而其他比共济会还无辜的组织，如大学优等生荣誉学会（Phi Beta Kappa），也同样遭到了攻击。

由于共济会会员立誓在危难之际要互相帮助，在任何时候都要像兄弟般那样彼此包容，因此反共济会运动认为，这个规矩让正式法律执行起来形同虚设。来自共济会组织的警察、治安官、陪审团、法官等，肯定都会与同为共济会会员的罪犯和逃犯勾结。新闻出版界也被认为受到了来自共济会的编辑和经营者的"钳制"，只要是涉及共济会不法行为的消息，都会被他们封锁，这就是为什么像摩根案这样令人震惊的丑闻知道的人少之又少的主要原因。最后，每次只要美国有哪个所谓的特权堡垒遭到民主人士的攻击，反共济会就会出来说共济会是特权阶级的兄弟会，说它牢牢控制了商业机会，几乎垄断了所有政治职务，从而将那些勇敢顽强的普通公民——反共济会运动喜欢声称自己就是这类人——排斥在外。

对共济会的这些看法，其中也许存在一定的真相和事实，因而许多杰出的、恪尽职守的领导人也接受了这些看法，至少是部分接受了这些看法。并非所有这些指控和担忧都需被斥为毫无根据而不屑一提。但此处必须强调的是，对这种敌意的表达，通常采用的是末日论和绝对主义的叙事框架。反共济会人士并不满足于仅仅只是把秘密社团说成是个坏东西。大卫·伯纳德（David Bernard）在反共济会材料的标准手册《发现共济会》（*Light on Masonry*）中宣称，共济会是强加于人类的最危险的组织，是"撒旦的发动机……它黑暗邪恶、于世无益、自私自利、败坏道德、亵渎神明、凶残无比、反对共和、反对基督教"[①]。众多雄辩的反共济会讲演者中，有一位称这个组织为"邪恶之作，因为它带有明显的标记，表明它是使徒约翰所预测的邪恶联盟力量之一……这些邪恶联盟力量将把世界联合起来，武装对抗上帝，并在千禧年前夕那个伟大的决战之日被上帝

---

① *Light on Masonry*(Utica,1829),pp. iii, x. *The Address of the United States Anti-Masonic Convention*(Philadelphia,1830)断言(p. 17)："我们控诉的虐待伤害，牵涉人类犯下的最大罪行，因为它们显示出最深的恶意和最具毁灭性的目标。它们预示我们面临的最紧迫的危险，因为来自这次阴谋活动的这些虐待伤害行为，同人类详细记载的任何阴谋活动相比，在数量上都要更多，组织得也更加严密；而且，尽管这个阴谋集团已经暴露了自己，但它所具有的骇人力量丝毫没有减少。"

击败"。①

反共济会另一个吸引现代人注意同时又令其困惑不解的地方,是它对共济会咒誓的性质着了魔。在它看来,共济会咒誓亵渎了神明,因为这些咒誓滥用了同上帝之间的神圣交易,而且也和社会秩序相抵触,因为咒誓另创了一套秘密的效忠模式,这些忠诚同正常的公民义务水火不容。在第一次全国反共济会大会上,有个委员会花了大量时间郑重其事地论证,这类咒誓具有破坏性,决不能把它们当作具有约束力的承诺。许多反共济会人士对共济会会员如果未能履行义务将会受到怎样的责罚特别着迷,他们想象出来的这些惩罚,既别出心裁又血腥十足。据称,一级皇家共济会总会会员的咒誓是,如果失败,那么"我就是假冒共济会会员的骗子,请组织削掉我的右耳,砍断我的右手"。我自己最喜欢的,是一位皇家共济会总会会员请组织"敲掉我的头骨,让我的大脑暴露在灼热的太阳底下"。② 据称,地方分会的仪规也体现了这种血腥性,比如据说喝酒时要求用人的头盖骨盛酒——可别忘了,在禁酒群体中,更是不管用哪种容器盛酒喝,都被看作是犯罪。

三

对共济会阴谋的恐惧尚未平息,有关天主教阴谋颠覆美国价值观的谣传又出现了。在这里,又可以看到人们同样的心态,看到大家同样坚信颠覆生活方式的阴谋,只是现在反派已经换了人。当然,反天主教运动与日益增长的本土主义汇合在一起,它们虽然并不完全一致,但一起席卷了美国人的生活,许多温和派人士对极度的偏妄不以为然,如今则对反天主教运动张开了双臂。更何况,北方人的确有一种狭隘的地方观念,想要维系一个单一种族和单一宗教的社会;新教徒也尤其信奉在社会生活中发挥作用的个人主义和自由。对于这两点,我们不必不假思索就置诸脑后,以为不值一提。除此之外,这场运动注入了大量的偏妄,最有影响的反天主教激进分子无疑非常喜欢这种偏妄风格。

1835年问世的两部著作描述了美国生活方式面临的这一新危险,或许可以

---

① Griffin, op. cit., pp. 27—28.
② *Proceedings of the United States Anti-Masonic Convention*…(Philadelphia, 1830), pp. 57, 58.

被视为表达人们反天主教心态的作品。其中一本名为《威胁美国自由的外来阴谋》(Foreign Conspiracy against the Liberties of the United States),出自反光照派人士迦地大·摩尔斯之子、著名画家、电报发明者 S. F. B. 摩尔斯(S. F. B. Morse)之手。摩尔斯声称,"有一个阴谋,其计划已经开始实施。……它攻击的是我们的软肋。我们的船只、要塞和军队都保卫不了这个地方。"在西方世界,以政治反动和极端蒙昧主义为一方,以政治自由和宗教自由为另一方,双方之间展开了大战。在这场大战中,美国是自由的堡垒,因此不可避免地成为教皇和专制君主们的目标。摩尔斯认为,阴谋的主要策源地是奥地利的梅特涅(Metternich)政府:"奥地利现正在我们国家采取行动。她策划了一个惊天大阴谋。为了在这里闹出些什么事,她制订了一个庞大的计划。……她让自己的耶稣会传教士走遍美国大地,为他们提供资金,为他们提供源源不断的日常补给。"①

"以下事实确凿",另一位新教激进分子写道,

> 耶稣会士正尽力伪装成各种身份,在全美各地徘徊游荡,专门打探哪些地方、哪些方式有利于散布教皇主义(Popery)。② 一位来自俄亥俄州的福音派牧师告诉我们,他发现有个人在他的教区会众中从事阴谋活动。他说,这个西方国家到处都是这样的人,他们用木偶戏卖艺人、舞蹈老师、音乐教师、兜售图画和装饰品的小商贩、手摇风琴艺人以及类似从业者的身份打掩护。③

摩尔斯说,一旦阴谋获得成功,哈布斯堡王朝的某位子弟不久就会被任命为美国的皇帝。接受"所有欧洲专制国家的思想和资金"支持的天主教徒,是唯一可能发挥这种作用的渠道。那些愚昧无知、没有接受过多少教育、理解不了美国体制的移民,会为那些狡猾的耶稣会间谍的努力提供支持。危险迫在眉睫,必须立即作出应对。"这条毒蛇已经开始缠住我们的四肢,它的毒液正在我们身上冷冷地流淌。……敌人不是已经在这片土地上组织起来了吗?难道我们察觉不到他存在的迹象吗?……我们必须觉醒,否则我们就要迷失了。"④

---

① Morse: *Foreign Conspiracy*…(New York, 1835), pp. 14, 21.
② "Popery""教皇主义",对罗马天主教的贬称。——译者
③ 引自 Ray Allen Billington: *The Protestant Crusade*(New York, 1938), p. 120。
④ Morse: op. cit., pp. 95—96.

莱曼·比彻(Lyman Beecher)是哈丽特·比彻·斯托(Harriet Beecher Stowe)的父亲，他的孩子一个比一个知名。[①] 就在同一年，他也写下了一部著作《为西部呼吁》(Plea for the West)。莱曼在书中认为，基督教千禧年也许会在美国各州到来。根据他的判断，一切均取决于哪些势力左右大西部，这个地方是美国的未来所在。新教正在那里同天主教进行一场你死我活的殊死斗争。留给新教的时间已经不多了，"不管我们采取什么措施，都必须赶快去做……"。一波对自由制度怀有敌意的移民大潮正在席卷美国，这些移民接受了"欧洲君主们"的资助，就是他们派到美国来的。移民让美国骚乱和暴力成倍增加，让监狱人满为患，让贫民窟拥挤不堪，让我们的税负翻了两番，还让越来越多的选民"用他们毫无经验的手来掌舵我们的权力"。比彻说，我们完全可以相信，梅特涅知道，美国会有政党愿意加快让这些人群和煽动者入籍，加快让他们获得选举权；会有政党"出卖他们的国家，让他们的国家永远处在奴役当中"。即便"被欧洲天主教国家精选后操控在手"的只占投票人口的1/10，那"也可以决定我们的选举、扰乱我们的政策、煽动和分裂我们的国家、破坏我们联邦的纽带、推翻我们的自由制度"[②]。比彻不赞成侵犯天主教徒的公民权利或者焚烧女修会开办的学校，但他敦促新教徒增强战斗精神，进一步团结起来，以抵挡也许就在不远的将来等着他们的命运。

在反天主教运动中，清教徒一向都会用上色情描写。反共济会人士想象的是狂野的闹酒场面，幻想的是共济会怎样在现实中执行恐怖的咒誓；反天主教徒则炮制出一套无边无际的传说，里面尽是放荡的司祭、利用忏悔机会勾引别人、淫窝一般的男女修道院，如此等等。在《汤姆叔叔的小屋》(Uncle Tom's Cabin)之前，同时代美国读者最多的作品大概是玛丽亚·蒙克(Maria Monk)于1836年出版的《惊天秘闻》(Awful Disclosures)。作者自称在蒙特利尔天主修女院(Hôtel Dieununnery in Montreal)做了五年的修会初学生和修女，之后逃了出来。玛丽亚·蒙克用精心编造和大量臆测的细节，叙述了她在修女院的生活。她回忆说，院长(Mother Superior)告诉她，必须做到"一切服从司祭"。令她"极度惊讶和恐惧"的是，她很快就发现了这种服从的本质到底是什么。她

[①] 莱曼·比彻的子女的确可以说得上是群星闪烁，除赫赫有名的哈丽特·比彻·斯托(斯托夫人)外，还有著名宗教神学家亨利·沃德·比彻、教育家凯瑟琳·埃丝特·比彻等。——译者

[②] Lyman Beecher. *Plea for the West* (Cincinnati, 1835), pp. 47, 62—63.

说,修女院因私通生下的婴儿,在接受洗礼后会被杀死,这样他们也许可以立即进入天堂。《惊天秘闻》中有一个情节,玛丽亚·蒙克在这里以目击者的身份描述了两名婴儿被勒死的事。玛丽亚·蒙克的作品遭到了猛烈的抨击,同时也获得了坚决的捍卫。即便是她住在蒙特利尔附近信仰新教的母亲作证说,玛丽亚孩提时代把一支铅笔撞进了自己的头部,自那以后脑子就一直不太正常,她的书依然有人阅读、有人相信。甚至可怜的玛丽亚在她的作品问世两年后生下一个没有父亲的孩子时,还有读者阅读她的著作,相信里面的故事,虽然阅读的人数确实日渐减少。玛丽亚·蒙克后来因在妓院扒窃被捕,于1849年死在监狱里。①

反天主教与反共济会运动一样,把自己的命运与美国的政党政治缠绕在一起。此处不宜详细追述它的政治事业,这样做会让我们走得太远,但可以肯定的是,它的确成为美国政治生活中一个经久不衰的因素。19世纪90年代,美国保护协会(American Protective Association)用更适合时代的意识形态复兴了这一运动——例如,他们声称1893年的大萧条是天主教徒有意弄出来的,第一步就是刻意制造银行挤兑。该运动的某些代言人散发了一份伪造的罗马教皇通谕,在通谕中,教皇利奥十三世(Leo XIII)指示美国天主教徒,在1893年的某一天把所有异教徒赶尽杀绝。结果,大量反天主教人士每天都在想着肯定会发生一场全国范围内的暴动。有关这场残害和消灭异教徒的天主教战争的神话,一直持续到20世纪。②

四

如果我们现在跳转到当代右翼,那么大家会发现,它与19世纪的那些运动

---

① Maria Monk. *Awful Disclosures* (New York, 1836; facsimile ed. , Hamden, Conn. , 1962);参见R. A. 比林顿(R. A. Billington)为该书1962年版写的引言以及他在《新教十字军》一书中所作的描述,*The Protestant Crusade*, pp. 99—108。

② John Higham. *Strangers in the Land* (New Brunswick, N. J. , 1955), pp. 81, 85, 180. 约翰·海姆(John Higham)在对反天主教近期的领导人亨利·F. 鲍尔斯(Henry F. Bowers)的研究中,发现他"整个大脑总是处在持续兴奋的状态,而且习惯做僵化的绝对判断",满脑子全都是怀疑,全都是想象的危险。在他这里,日常生活中的琐事全都是由唯一一支敌对势力操控的;我们注定要从事一项高贵的事业,正是这种认识支撑我们把抗击敌对势力的斗争进行到底。鲍尔斯处处都能看到拥有无穷力量的外国教会阴谋集团实施阴谋诡计的证据。"The Mind of a Nativist: Henry F. Bowers and the A. P. A. ", *American Quarterly*, IV(Spring, 1953), 21。

之间，存在着某些相当重要的差异。先前这些运动的发言人认为，他们代表的是那些仍然拥有自己国家的事业和个人——他们正在捍卫依然十分稳固的生活方式免遭威胁，他们在这种生活方式中扮演着重要角色。现代右翼却如丹尼尔·贝尔所言①，萦绕他们心际的是一种被剥夺、被驱逐出家园的感觉：美国在很大程度上已经不属于他们和他们这一类人，尽管他们决心力图重新拥有它，努力防止最终出现毁灭性的颠覆行动。美国原先的美德已经被世界主义者和知识分子啃噬殆尽；原先的国家安全与独立已经被叛国密谋摧毁，而这些密谋最强有力的行为者当中，不仅有外来移民和外国人士，还有位于美国权力中心的大政治家。现代激进右翼的前辈们发现了外国阴谋；他们则发现除了外国的阴谋，还有来自国内的背叛。

这些重要的变化可以追溯到大众媒体带来的影响。现代右翼脑海中的反派形象要比他们偏妄的前辈想象的反派形象清晰得多，知名度也要远远高于后者。当代偏妄风格的各类文献，在对个人的描述和人身攻击方面，同样更丰富、更详尽。反共济会人士眼中那些面目模糊的反派人物、耶稣会派出的那些乔装打扮的无名间谍、反天主教人士眼中鲜为人知的教皇代表，以及操纵货币阴谋的轮廓朦胧的国际银行家，如今可以替换为总统罗斯福（Roosevelt）、杜鲁门（Truman）和艾森豪威尔（Eisenhower），国务卿马歇尔（Marshall）、艾奇逊（Acheson）和杜勒斯（Dulles），最高法院大法官弗兰克福特（Frankfurter）和沃伦（Warren）这类著名公众人物，还有以阿尔杰·希斯（Alger Hiss）为首的一批略微逊色但仍旧大名鼎鼎、面目清晰的阴谋家。②

自1939年以来发生的诸多事件，为当代右翼偏妄人士提供了发挥想象的巨大空间。这个空间填满了仍在不断猛增的细节，塞满了证明其看法没错的现实线索和确凿证据。行动的舞台现在是整个世界，而且他不仅可以利用第二次世界大战中出现的事件，也可以援引朝鲜战争和冷战中发生的事件。所有研究战争问题的历史学家都知道，战争在很大程度上就是一部由错误编成的滑稽戏，就是一座摆满不称职的博物馆。但如果有人能把这每一次错误、每一次不

---

① "The Dispossessed"，载 Daniel Bell(ed.). *The Radical Right* (New York, 1963), pp. 1—38.
② 爱德华·希尔斯从大的历史背景出发，对阴谋论权力观的吸引力进行了精辟而又简练的阐述。Edward Shils. *The Torment of Secrecy* (Glencoe, Ill., 1956)，尤见 Ch. 1。

称职,都不看作是错误和不称职,而是把它说成叛国行动,我们便可以看出,有多少引人入胜的解释可供偏妄的想象去选择:在几乎每一个岔路口上,都可以在上层人士中间发现叛国行为——而对那些阅读偏妄学者主要作品的人来说,最后真正让他们不解的,并不是美国怎样被带入现今的危险境地,而是它究竟用了什么法子,可以活到现在。

当代右翼思想的基本要素可以归结为三点:第一,存在一个如今广为人知的阴谋,这个阴谋已经持续了超过一代人的时间,并在罗斯福新政中达到高潮,其目的在于破坏自由资本主义,将经济置于联邦政府的管理之下,从而为社会主义或共产主义铺平道路。许多右翼人士都会同意《所得税:万恶之源》(*The Income Tax: The Root of All Evil*)一书作者弗兰克·乔多罗夫(Frank Chodorov)的看法①,认为这场阴谋活动始于 1913 年通过的宪法所得税修正案,虽然大家在细节上可能会有些争议。

第二个观点是政府高层官员已经被共产党严重渗透,起码从珍珠港事件爆发前夕开始,美国的政策就已经被狡猾的、一贯出卖美国国家利益的险恶之徒主导,一直持续到现在。

最后一个观点是,就像过去耶稣会间谍渗透到美国社会各个角落一样,这个国度如今布满了一张共产党的间谍网,结果是,整个教育机构、宗教机

---

① New York,1954,尤见 Ch. 5。切斯利·曼利对这桩所谓的阴谋的历史作了一个很好的简要总结,参见 Chesly Manly. *The Twenty-Year Revolution: from Roosevelt to Eisenhower*(Chicago,1954)。该书勾画了这场"革命"的方方面面,并发现联合国就是(p. 179)"控制美国内政外交、颠覆美国宪法、在美国建立极权主义社会的惊天阴谋的主要工具"。菲利斯·施拉夫利(Phyllis Schlafly)的《我们有选择 不要应声虫》是出版更近、阅读范围更广的一部作品,在戈德华特竞选运动期间尤其流行。Phyllis Schlafly. *A Choice Not an Echo*(Alton,Ill.,1964)。该书勾画了纽约一小群"诡秘的造王者"(secret kingmakers)的工作,他们在 1936—1960 年间控制了共和党的事务。作者认为,共和党在很多议题上都占据优势,(pp. 23,25—26)"只要我们有一位总统候选人能利用这些议题参加竞选,共和党就不可能输"。然而,共和党人已经输掉了四次总统大选,个中原因就在于,"一小群诡秘的造王者,利用隐蔽的强制工具和各种心理战技术,操纵共和党全国代表大会提名那些回避或是压制这些关键议题的候选人"。约翰·A. 斯托默(John A. Stormer)的《没人敢称之为叛国》是另一部更加重大的当代阴谋论宝鉴[John A. Stormer. *None Dare Call It Treason*(Florissant,Mo.,1964)]。该书描绘了美国诸多生活领域中出现的数不胜数的复杂问题。作者问道(p. 226):"这背后有没有一个摧毁美国的阴谋计划,而对外援助、精心策划的通货膨胀、缔约权的扭曲和裁军全都属于这个计划的一部分?"他巧妙地回答说,这一切无论是出于精心的策划,还是仅只是"被误导的理想主义者"的行为,都没有区别。"事实是,这些'部件'就摆在那儿。不管它们是不是出于地下神秘革命团体的策划,它们都符合这个阴谋模型。……那些制造'部件'的人虽然为数不多,但他们在政府、金融圈、新闻出版界、工会、学校等地方,都取得了令人难以置信的控制权。"

构、新闻出版机构和大众媒体组织全都沆瀣一气,力图让美国爱国志士的抵抗陷入瘫痪。

有关现代右翼的基本情况,我们在此只能进行简短的讨论,其中的细节,远非此处所能及。麦卡锡主义时期最具代表性的文件,可能是1951年6月14日参议员麦卡锡在参议院发表的一份针对国务卿乔治·马歇尔的长篇起诉书。这份起诉书后来做了形式上的改动,以《美国从胜利后退:关于乔治·卡特莱特·马歇尔的真相》(America's Retreat from Victory: The Story of George Catlett Marshall)为题出版。麦卡锡把马歇尔描绘成美国利益遭到背叛的关键人物,其背叛行为从第二次世界大战期间制订战略计划开始,一直持续到制订马歇尔计划。麦卡锡坚持认为,美国遭到的每一次失败或挫败,几乎都与马歇尔有关,而这一切都不是出于意外或是马歇尔的能力不足。马歇尔在介入战争时有一种"令人费解的介入模式":"他的决定始终一成不变地服务于克里姆林宫的世界政策,非常倔强,手段也十分高明。"在他的指导下,战争结束之际美国"似乎在有计划地丢掉和平"。马歇尔的使华报告不能理解为马歇尔能力不足的产物,将其解读成"代表其他利益集团和另一个国家与文明的宣传材料",似乎很有说服力,很精妙。马歇尔和艾奇逊一心想把中国交给俄国。马歇尔计划是"针对慷慨、善良和大大咧咧的美国人民的邪恶骗局"。而最重要的是,美国1945—1951年间相对国力的急剧下降,并非出于"意外",而是"按照某些人的意志和意图,一步一步走过来的"。它不是决策错误的结果,而是叛国阴谋的结果,"这个阴谋的规模之大,足以令人类历史上以往任何此类冒险行动相形见绌"。阴谋的最终目的,是"牵制我们、阻挠我们,最终让我们遭到苏联在美国本土策划的阴谋和俄国外部军事力量的内外夹击"。[1]

如今,已经退居管理二线的糖果制造商小罗伯特·H.韦尔奇(Robert H. Welch, Jr.)继承了麦卡锡的衣钵。韦尔奇的地位没有麦卡锡那么重要,但他手下通过约翰·伯奇协会(John Birch Society)严密组织起来的追随者,发挥了强大的影响力。几年前,韦尔奇宣称,"共产主义势力现在几乎完全控制了我们的

---

[1] Joseph R. McCarthy. *America's Retreat from Victory* (New York, 1951), pp. 54, 66, 130, 141, 156, 168, 169, 171.

联邦政府"——请注意"几乎"这个词的用心和谨慎。他对我们近期的历史进行了全面演绎。在这段历史中,每到关键时刻,共产党人就会现身。1933年,他们发动了对美国银行的挤兑,迫使它们关门大吉;同年,他们策划了美国对苏联的承认,及时把苏联从经济崩溃中解救出来;他们在种族隔离问题上挑起事端;他们接管了最高法院,使之成为"共产主义最重要的代理机构之一"。他们如今正在赢得控制"新闻出版界、宗教讲坛、广播电视媒体、工会、学校、法院和美国立法机构"的斗争。

对历史的密切关注,让韦尔奇先生对公共事务形成了一般人少有的见解。韦尔奇几年前写道,"出于许多方面的理由,并经过大量研究之后,我个人认为(约翰·福斯特·)杜勒斯是一名共产党间谍。"其他明显无辜的人物也同样"暴露"了。阿瑟·F. 伯恩斯(Arthur F. Burns)教授担任艾森豪威尔政府经济顾问委员会主席一职,极有可能"只是为了掩护伯恩斯在艾森豪威尔和他的那些老板之间的联络工作"。艾森豪威尔的弟弟米尔顿(Milton)"实际上是[他]在整个左翼的国家统治集团内部的上司和老板"。至于艾森豪威尔本人,韦尔奇把他描述为"共产党……的全心全意的、自觉的代理人"——正是这句话,让这位糖果制造商一夜之间家喻户晓。他进一步补充道,这个结论"建立在大量显而易见的详细证据的基础上,经得起任何合理的质疑"①。

韦尔奇为自己的观点精心收集了"详细的证据"。有些学术责任感较低的人,和韦尔奇也是同一套说法。这部分人在公众中人数很少,但声音很大。共和党参议员、参议院少数党党鞭托马斯·R. 库切尔(Thomas R. Kuchel)最近透露,他每月收到的 6 万封信中约有 10% 可以归为他所称的"吓死人的邮件"(fright mail)——都是充满愤怒或者痛苦的有关"推翻美国!! 的最新阴谋!!!"方面的信件。给他写信的那些人,其狂热想象真可谓荒诞不经。

---

① *The Politician*(Belmont, Mass., 1963), pp. 222, 223, 229. 人们在引用韦尔奇的话时会出现一些小的差异,因为他在该书后面各处对艾森豪威尔发起的令人难以置信的无休无止的攻击,在表述方面会有所改动。例如,在第 291 页,他说艾森豪威尔"要么是一个心甘情愿的间谍,要么是决心不惜一切代价也要统治世界的匪帮阴谋团伙中一位不可或缺的重要成员"。阿兰·威斯汀(Alan Westin)在《约翰·伯奇协会》一文中对韦尔奇的观点作了干练的总结。他引用的出处,和我这里使用的不是同一个文本,见"The John Birch Society",载 Daniel Bell(ed.). op. cit., pp. 204-206.

有些更令人难忘的"阴谋"瞬间就可以浮现在脑海里,其中包括:35 000名中国共产党的部队带着武器,穿着粉蓝色迷彩服,在墨西哥边境待命,即将入侵圣迭戈(San Diego);美国已经——或将随时——把自己的陆、海、空三军交给联合国的一名俄罗斯上校指挥;几乎每一位美国著名领导人或者自由世界的著名领导人,实际上都是共产党高级特工;美国陆军在乔治亚州举行的代号"水蝮蛇三号"(Water Moccasin III)的游击战演习,实际上是联合国为接管我国开展的一次准备行动。①

五

现在我们可以来提取偏妄风格中的基本元素。偏妄的中心画面是:一个巨大、险恶的阴谋启动了庞大而又微妙的作用机制,来破坏和摧毁某种生活方式。有人也许会反对说,历史上确实存在阴谋行为,这些行为里并没有找到什么偏妄方面的记录。此言不虚。所有政治行为都需要战略,许多战略行为的效果取决于一段时间的保密,而任何秘密的东西通常都可以毫不夸张地被形容为阴谋。偏妄风格与众不同之处,不在于其鼓吹者认为历史上到处都是阴谋或者诡计,而在于他们把一个"浩瀚无边"或"巨大无比"的阴谋视为重大历史事件的原动力。要战胜历史,需要的不是政治上妥协、交换这种通常的做法,而是一场全力以赴的圣战。偏妄的发言人会从世界末日的角度来看待这个阴谋定数,拿全部世界、全部政治秩序、全部人类价值体系的生死来交易。他总是在修筑文明的街垒。他总是生活在转折时刻,要么现在就组织起来抵抗阴谋,否则就永无可能组织抵抗。时间永远都是所剩无几。他像宗教上的千禧年派教徒一样,表现出那些正在经历末世的人才有的焦虑,有时还热衷于为末世大灾变设定一个日期。"时日无多了",韦尔奇1951年说道,"多个方面的证据、各种信息来源都表明,1952年10月是一个生死攸关的时间节点,斯

---

① *The New York Times*, July 21, 1963, Ⅵ, p. 6.

大林将在该月发起进攻。"①偏妄风格的天启论已经有接近绝望的悲观主义危险,但通常都会差那么一丁点距离。这些末日警告激发了人们的激情和战斗精神,让人们不由得想起基督教中类似的主题。这类表达适当的警告发挥的功能,与某个奋兴派(revivalist)在布道中对罪孽的可怕后果的描述,颇有几分相同:末日在一步步逼近,但仍然可以避免。这类警告就是一种世俗版的、魔鬼版的复临论。

作为在阴谋尚未完全呈现在公众面前的情况下,能够察觉到阴谋的一位先行者(avant-garde),偏妄者也是一位富有战斗精神的领袖。他不像职业政客那样,把社会冲突看作一件需要调解和妥协的事情。既然当下事关紧要的总是绝对善与绝对恶之间的冲突,那需要的品质便不是妥协的意愿,而是决战到底的意志。只有取得彻底胜利方可。在他看来,既然敌人邪恶透顶,又永不餍足,那就必须将其彻底消灭——即使不能将其从这个世界上铲除,至少也要让其从偏

---

① *May God Forgive Us* (Chicago, 1952), p. 73. 基督教反共十字军(Christian Anti-Communism Crusade)的弗雷德·C. 施瓦茨(Fred C. Schwarz)博士要更加谨慎一些。他在演讲中把1973年设定为共产党人控制全世界的日子——前提条件是对他们不加阻止。当代大多数偏妄的代言人都谈"共产党人的时间表",他们似乎对其中的重要时间节点了如指掌。
在美国,这种复临论(adventism)中最令人惊叹不已的壮观场面,也许是19世纪30年代在纽约蓬勃发展的威廉·米勒(William Miller)的复临论。米勒出身浸礼会牧师家,专注千禧年预言。一番计算之后,他发出信号,基督将于1843年首度降临,而后又将于1844年10月22日再度降临,就这样,米勒成为一个复临派团体的领袖,拥有大量信众。到了指定日子,米勒派信徒(Millerites)聚集祷告,许多人放弃了尘世的职业,有些人还处置了他们的财产。在那生死攸关的一天之后,米勒运动就衰落了,但其他复临论者仍在继续坚持,只是在设定基督复临日期时更加谨慎。
米勒的作品有一个显著品质,那就是其论证具有严密的逻辑性和系统性,这在他激烈反对共济会、天主教以及其他各种教唆诱惑的过程中都体现得非常明显。他的副手和追随者A. 惠特尼·克罗斯(A. Whitney Cross)曾说,"这个世界已经无法拯救,立法机构腐化堕落,背信弃义,崇拜邪神,罗马天主教(Romanism)、宗派主义、教唆诱惑、欺诈、谋杀和决斗之风日盛。"克罗斯认为,米勒派运动(Millerite movement)并非如某些人可能认为的那样,远离美国新教主流:"米勒派信徒不是可以不屑一提的一群愚昧无知的农民、自由散漫的边远地区居民、经济变革的穷困受害者,也不能被斥为一群对一个因离奇的巧合而声名鹊起的狂热分子神魂颠倒的追随者,当时整个美国新教都非常接近相同的信仰。正如至善论(perfectionism)是奋兴主义(revivalism)的极限一样,他们的学说是逻辑彻底的主要主义正统学说。……所有新教徒都预料1843年会发生什么大事,没有一位正统派批评家在基本原则上对米勒的计算提出任何严肃的异议。" *The Burned-Over District* (Ithaca, N. Y., 1950), pp. 320—321. 该书第17章对米勒派运动进行了一番非常好的描述。
关于当代一个非常有意思的预言崇拜故事,以及有关忠实信徒对预言完全失灵的事实极力抗拒这方面的冷静思考,参见 L. Festinger, H. W. Riecken, and S. Schachter. *When Prophecy Fails* (Minneapolis, 1956).

妄者密切关注的战场上消失。① 这种对彻底胜利的强烈要求，导致他制定极度苛刻、极度不切实际的目标，而由于这些目标完全遥不可及，因而失败就不断加剧偏妄者的沮丧。即使取得了局部成功，他也会像刚开始那样产生一种无力感，而这反过来只会强化自己原来的意识，那就是他所要对抗的敌人浩瀚无边、可怕至极。

这个敌人的面貌如今被清晰地勾画出来。他是邪恶的完美代表、不分是非的超人——为人险恶、无处不在、强大无比、残忍至极、沉溺肉欲、奢靡无度。与我们其他人不同的是，敌人并没有进入广阔无边的历史机制罗网，不会受到自己的过去、自己的欲望和自己的局限的影响。他行动自由、活跃、邪恶。他用自己的意志驱动自己的历史机制——其实是自己生产自己的历史机制，或者用邪恶的方式扭偏历史的正常进程。他制造危机，挤兑银行，酿制萧条，生产灾难，而后享受炮制苦难的快感，并从炮制的苦难中牟取不义之财。从这个意义上说，偏妄者对历史的解释无疑是个人化的。决定性的事件不是被当作历史潮流的一部分，而是被当作某个人的意志的结果。在他眼里，敌人常常拥有某种格外有效的权力来源：控制新闻媒体；通过"操纵新闻"引导公众思想；拥有无限资金；有一个影响思想（洗脑）的新秘诀；有一种特殊的教唆引诱技巧（天主教的忏悔）；正掐着教育系统的脖子。

这个敌人在很多方面似乎都是自我的投射：自我的理想和自我不可接受的方面都可以归到他身上。偏妄风格的一个根本悖论，就是对敌人的模仿。比如，敌人也许是卓有见识的知识分子，但偏妄者会在注释、索引、附录、参考书目等方面，做得比敌人更学术，甚至更学究：麦卡锡参议员不仅作品引证过度，还给大家展示了大量信息；韦尔奇先生收集了称得上是势不可挡的大量证据；约翰·罗比森用一种蹩脚的语言生搬硬套地研究文献；反共济会人士则没完没了、煞费苦心地讨论共济会的仪式——所有这些都内含着对对手的称赞。为打击敌人的秘密组织而建立起来的秘密组织，同样内含着恭维。三 K 党（Ku Klux Klan）身上穿的衣服，模仿的是天主教司祭的祭衣；他们还制定了一套像天主教一样精心设计的复杂仪式和同样精密的等级制度。约翰·伯奇协会模

---

① "这两种制度势不两立，其中一种必须而且必将消灭另一种制度。" Edward Beecher. The Papal Conspiracy Exposed and Protestantism Defended(Boston,1855), p. 29.

仿共产主义小组和准地下活动，组建"先锋"组织，鼓吹发动毫不留情的意识形态战争。形形色色的基督教反共"十字军"的发言人公开表示，他们对共产主义事业所唤起的奉献精神、组织纪律和战略智慧钦佩不已。①

戴维·布里翁·戴维斯（David Brion Davis）在一篇关于内战前各种"反颠覆"运动的精彩文章中，对19世纪本土主义者不由自主地模仿敌人这种手法作了如下评论：

> 本土主义者由于寻求的是参与一项崇高的事业，寻求的是在受传统和权威约束的团体内部实现团结一致，因而宣称信奉民主，信奉平等权利。然而，正是在热情追求自由的过程中，他却煞是奇怪地显露出自己假想敌的许多特征。在谴责颠覆分子对某种意识形态如痴如狂时，他同样不加批判地接受了另一种不同的意识形态；在抨击颠覆分子容不下异议时，他同样在拼命消除不同声音，消灭各种各样的意见；在指责颠覆者所谓的放荡时，他自己也在进行各种性幻想；在批评颠覆者忠诚于某个组织时，他总在设法证明自己对既定秩序的无条件忠诚。本土主义者在组成组织严密的团体和政党时，甚至沿着敌人的方向走得更远。这些团体和党派往往是秘密的，在团体和党派内部，个人必须服从群体的单一目标。尽管本土主义者普遍一致认为，颠覆分子最恶的地方在于手段服从于目的，他们自己却主张采取最激进的手段，来清除国家内部各种恼人的团体，并强制人们对国家盲目忠诚。②

敌人所起的大部分作用，其实不在于能从他那里模仿到什么，而在于能怎样全面谴责他。敌人在性方面常常自由随便、敌人缺乏道德自抑、敌人拥有格外有效的技艺来满足自己的欲望，这些都给偏妄风格的鼓吹者提供了一个机会，可以借此来投射和自由表达他们思想中不可接受的方面。大家通常认为，

---

① 这种做法如今在越来越多的人那里已经成为一种时尚。因协助戈德华特参加历次参议员竞选而屡战成名的斯蒂芬·沙代格（Stephen Shadegg）写道，某人"……就渗透策略写过一本很有价值的书。他在书里说：'只要一个村子里给我找到两到三个人，我就能拿下这个村子。'在1952年和1958年的戈德华特竞选运动，以及我担任顾问的所有其他竞选运动中，我都是按照这样的建议行事。" *How to Win an Election*（New York, 1964）, p. 106. 在写到冷战战略时，戈德华特声称："我建议我们分析和仿效敌人的战略，他们的战略是奏效的，我们目前的战略不管用。" *Why Not Victory?*（New York, 1962）, p. 24.

② David Brion Davis, "Some Themes of Counter-Subversion: An Analysis of Anti-Masonic, Anti-Catholic and Anti-Mormon Literature", *Mississippi Valley Historical Review*, XLVII（September, 1960）, 223.

天主教司祭和摩门教长老对妇女格外具有吸引力，因而享有放荡特权。于是，天主教徒和摩门教徒——后来则是黑人和犹太人——便都对非法性行为情有独钟。很多时候，忠实信徒的幻想都是强烈的施虐受虐心理的发泄通道，比如，反共济会人士对共济会所谓令人发指的惩罚的关注，就栩栩如生地呈现了这一点。对于这种现象，戴维斯评论道：

> 共济会会员切开或是割断受害者的喉咙；天主教徒将还未出生的婴儿从母亲子宫里切除出来，当着父母的面扔给狗吃；摩门教徒强奸并用鞭子狠抽顽抗的妇女，或者用烧得通红的铁去烫她们的嘴。对施虐癖细节的这种痴迷，在许多文献里已经到了病态的程度，这表明了他们极力想将敌人身上所有令人钦佩的品质抹杀得一干二净的强烈决心。[①]

偏妄风格另一个反复出现的方面，是从敌方事业那里叛离过来的人物形象所具有的特殊意义。反共济会运动间或是由前共济会会员发起的，这无疑具有至高无上的意义，而且可以让大家毫无保留地轻易相信他们对共济会的揭露。反天主教利用逃走的修女和叛教的司祭，反摩门教利用从一夫多妻制的后宫里逃出的前妻，我们时代反共运动的先行者利用前共产党员，同样也是如此。给予叛离者特殊的权威，在某种程度上出自对隐秘的痴迷（对隐秘的痴迷，是这类运动最明显的特征）；叛离者是在敌人的隐秘世界里待过的男女，随着他的到来，各种怀疑最后都获得了验证，否则可能会被多疑的世界一直怀疑下去。但我想，叛离者身上附有一种更深层次的末世论意义。善恶之间的精神较量，是偏妄人士眼中世界斗争的原型模式。叛离者鲜活地证明了，在这场精神角力中所有的改变都是从恶转向善，而不可能从善转向恶。叛离者给大家带来了救赎和胜利的好兆头。

在当代右翼运动中，前共产党员发挥了特别重要的作用，他们从偏妄的左派迅速转向偏妄的右翼，虽然在此过程中并非没有痛苦。虽然发生了这种转向，但牢牢占据他们内心的始终都是构成为两者之基础、带有根本性的摩尼教徒式心理。这让人想起了古代那些从异教信仰改宗基督教的人，据说他们在改宗之后，并没有完全放弃信仰他们原来的神，而是把这些神转换成了魔。

偏妄风格的最后一个方面同我前面谈到的那种迂腐特质有关。偏妄文献

---

① Ibid., p. 221.

令人印象最深刻的地方之一，是它几乎无一例外地表现出在论证上的煞费苦心、左推右敲。我们不应受这种政治风格所特有的荒诞结论的误导，以为这种结论没有，好比说，沿着事实轨迹进行充分讨论。恰恰是其结论的荒诞不经，才导致它要上穷碧落下黄泉，不畏艰辛全力寻找"证据"，以证明这种不可置信的事才是唯一可信的事。当然，任何政治倾向都会呈现出高雅、低俗和一般三种形式，偏妄也不例外，同样有高雅、低俗和一般之分，而且自中世纪以来，各种偏妄性的运动对半吊子知识分子极具吸引力。但大量偏妄文献不仅会着眼于某些在许多非偏妄人士看来完全正当的道德追求，而且还会仔细周密到近乎痴迷地收集"证据"。偏妄写作始于某些合理的判断。反共济会人士也确实觉得有一定的道理。毕竟，这个秘密社团是由一些有影响的人物基于特定的义务组成的。可以想见，这个秘密团体会对他们身系其中的社会秩序构成某种威胁。新教人士的个性原则和自由原则，以及本土主义者想要在北美发展出一个同质文明的愿望，同样也确实有一定的道理。就我们这个时代来说，第二次世界大战和冷战中有无数决定可以挑出错误，疑心重的人很容易认为，这些决定不是简单的好心办错事，肯定是叛徒的精心安排。

高雅的偏妄学者的典型做法是，从这些站得住脚的假设出发，仔细收集事实，或至少是那些看起来像是事实的材料，然后把它们组织起来，形成压倒性的"证据"，以坐实有待被确定的特定阴谋。它在逻辑上十分连贯——偏妄的思想方法其实远比现实世界连贯，因为它没有给错误、失败或模棱两可留下任何空间。它在认知上即便谈不上完全理性，至少也具有强烈的理性主义色彩——它相信，它所面对的敌人是邪恶至极的，也是绝对理性的；与此同时，它也力图把加在敌人身上的全部能力加到自己身上，力图解释一切，力图用一个过于雄心勃勃的连贯理论来理解全部现实。它在技术上非常"学术"。麦卡锡 96 页的小册子《麦卡锡主义》中，脚注不少于 313 条；韦尔奇先生对艾森豪威尔荒诞不经的攻击——《政客》(The Politician)，参考书目和注释的分量竟高达 100 页。我们当今时代的整个右翼运动，就是专家、研究小组、专著、脚注和书目的招摇过市。有时右翼分子对学术深度和宏阔世界观的追求，会让他们得出令人错愕万分的结论。比如，韦尔奇先生就指责说，阿诺德·汤因比(Arnold Toynbee)的历史著作之所以受欢迎，是费边主义者(Fabian)、"身在英格兰的工党老板"

以及英裔美国人"自由派权势集团"广大成员秘密策划的结果,目的是盖住奥斯瓦尔德·斯宾格勒(Oswald Spengler)更诚实、更有启发性的工作。[①]

因此,区分偏妄风格,不是看它有没有确凿的事实(虽然偏妄极度热衷于搬弄事实,因而时不时也会捏造事实),而是看它是否会在叙述的某个关键时刻,突然出现基于想象的奇特飞跃。约翰·罗比森关于光照派的小册子就遵循了一个至今已经重复了超过一个半世纪的模式。他耐心地一页一页记录着自己煞费苦心收集到的光照派历史的细节。然后突然间,法国大革命发生了,是光照派带来的。这里缺少的,并不是光照派这个组织的准确信息,而是究竟是什么导致了一场革命的合理判断。对那些认为其合理可信的人来说,偏妄风格貌似可信,在很大程度上就在于其对细节的最精心细致、最一丝不苟以及看似最清晰连贯的应用这种表象,就在于辛苦收集在他们看来可以用作令人信服的证据来证明那些最离奇的结论,就在于为从不可否认的事实向难以置信的想象飞跃而做的精心准备。所有这些艰苦工作的独特之处在于,其对事实证据的热衷,不像大多数学术交流那样具备让偏妄的发言人同他的群体之外的世界进行有效的双向沟通的效果——同那些对他的看法持有怀疑的人们之间,就更谈不上有效的双向沟通了。他并不真心希望自己的证据能够让敌对世界信服。在他那里,极力堆砌证据是一种防御性的举措,这让他接受信息的器官停止了活动,以保护他不去考虑不能强化自己看法的那些干扰因素。他手头拥有自己所需的全部证据,他不是信息的接收者,而是信息的发布者。

由于我大量引用美国的例子,所以我想再次强调,偏妄风格是一种国际现象。它也不限于现代时期。诺曼·科恩(Norman Cohn)研究了11—16世纪欧洲的各种千禧年教派。在其才华横溢的著作《千禧年的追求》(*The Pursuit of the Millennium*)中,他发现了一种持续存在的心理情结。这种心理情结与我一直在思考的东西——由某些明显的成见和幻想构成的一种心理风格——非常相似:"偏妄自大地自视为上帝的选民,自视为至善之人,自视遭到极端迫害,但依然确信自己能够取得最终胜利;赋予对手巨大的、恶魔般的力量;拒绝接受人类存在各种不可避免的局限和缺陷,比如无常、争执、冲突,以及不管是在认识上还是在道德上,都容易犯错;痴迷于不会错的预言。……总是很粗糙的,常常

[①] *The Blue Book of the John Birch Society*(n. p. ,1961),pp. 42—43.

是荒谬的各种系统化的错误解释……冷酷无情地指向一个本质上根本无法实现的目标,一个在任何实际时间点上或任何具体情况下都无法达到而只有在把自己封闭起来的、不受时间限制的幻想王国中才能实现的彻底的终极解决方案。"①

偏妄风格长期在不同地方反复出现,表明在相当一部分少数人口中,可能始终存在一种以偏妄的方式看待世界的心态。但是,采用偏妄风格的运动并不是持续不断的,而是以依次不定期发生的波动形式出现。这一事实表明,偏妄倾向主要是由涉及终极价值体系的社会冲突将其调动起来付诸行动的。也正是这种涉及终极价值体系的社会冲突,而不是可以拿出来进行谈判的利益,将带有根本性的恐惧和仇恨带进了政治行动。灾难或对灾难的恐惧,最易诱发偏妄言论综合征。

在美国的经验中,种族和宗教冲突以及整个价值体系可能由此遭到淹没的威胁,显然是这类好战和多疑心理关注的主要焦点,但在别处,阶级冲突也同样调动了这类干劲。偏妄的倾向是由对立利益之间的对抗引起的,这些利益是(或被认为是)完全不可调和的,因而本质上不受正常的交易与妥协这种政治进程的影响。当某一特定政治利益的代表——也许由于他们的要求极不现实,根本无法实现——被排除在政治进程之外时,情况就更加糟糕。在感到没有机会参加政治上的讨价还价或参与政治决策的情况下,他们发现自己原来关于权力世界的看法——权力世界是万能的、阴险的、恶毒的——完全得到了证实。他们只是通过扭曲的镜头看到了权力的后果,几乎没有机会观察权力的实际运作机制。L. B. 纳米尔(L. B. Namier)曾经说过,"历史研究的最高境界"是获得"一种事情是怎么没有发生的直觉"。② 偏妄人士恰恰未能形成这种意识。他自己当然特别抗拒这种意识,但客观环境也往往令他接触不到也许可以给他带来启发的事件。我们其实都苦于这种客观的历史环境,但偏妄人士却要承受双重苦害,他不仅要和我们其他人一样,苦于现实世界让他无法充分接触来自各方面的信息,还要受到自身各种幻想的折磨。

---

① *The Pursuit of the Millennium* (London, 1957), pp. 309—310;另见 pp. 58—74。在中世纪,千禧年主义盛行于穷人、受压迫者和绝望者当中。据萨缪尔·谢珀森(Samuel Shepperson)观察,从英美经验来看,这类运动从未局限于上述阶层,而是有着更加牢固的中产阶级基础。"The Comparative Study of Millenarian Movements",载 Sylvia Thrupp(ed.). Millennial Dreams in Action (The Hague, 1962), pp. 49—52。

② L. B. Namier. "History", in Fritz Stern(ed.); *The Varieties of History* (New York, 1956), p. 375.

伪保守主义者的反抗(1954年)

1954年春,我应巴纳德学院美国文明项目主任的邀请,就美国社会中存在的异见谈谈自己的看法。由于麦卡锡主义运动当时正处在鼎盛时期,我便选择右翼势力,亦即我所称的伪保守主义者的异见做了发言。作为某种意义上的异见运动,右翼运动特别喜欢标榜自己"保守"。因此在界定右翼运动时,我便试图把这个问题提出来,我的整个论证就围绕着这个问题展开。这篇发言后来发表在《美国学者》(*The American Scholar*)1954—1955年冬季刊上。我写过的类似这般相对简短的文章,还没有哪一篇能比这篇文章引起更多关注,也没有哪一篇被引用的次数或是重印的次数超过了这篇。

我们很快就看到,有几位作者在同一时间内通过各自的研究,对麦卡锡主义及相关现象形成了大致相似的意见。丹尼尔·贝尔在《美国新右翼》(*The New American Right*)(1955)一书中,收入了大卫·理斯曼(David Riesman)和内森·格拉泽(Nathan Glazer)、西摩·M.李普塞特(Seymour M. Lipset)、塔尔科特·帕森斯(Talcott Parsons)和彼得·维莱克(Peter Viereck)等人所写的相关文章,并对相关内容做了介绍。这些文章现在找起来很方便,《激进右翼》(*The Radical Right*)(1963)一书把编者和诸位作者的后续思考同这些文章编在一起,并收入了艾伦·F.威斯汀(Alan F. Westin)和赫伯特·H.海曼(Herbert H. Hyman)新撰写的论文,将早先的分析纳入20世纪60年代的背景当中重新打量。诸位作者对政治和社会的看法尽管存在明显差异,但大家已不可避免地被视为一个学派。但我在接下来的文章中就我们大致趋同的看法发表评论时,仅只代表我自己。

在有些问题上,我不再坚持1954年写的东西。然而,单纯只是修订,实在无法把这篇文章的局限性方方面面都顾及。而且,既然这篇文章是对1954年在我们中的一些人看来当时情况如何的记录,是我们今天与近年前展开对话的一种有效的方法,因此,把它收在这里似乎还是适宜的。基于此,我把这篇文章拿出来重印,只做了一些文字上的小小改动,补充了一些起提醒作用的脚注。修正和进一步拓展它的任务,留给了后面两篇文章,其中第一篇重新论述了这些问题,第二篇展示了伪保守主义政治是如何在1964年戈德华特竞选总统的过程中体现出来的。

20年前,美国政治生活的动力来自自由派人士,来自改革我们经济、社会制度的各种不平等之处和改变我们做事方式的念头,目的是让大萧条的苦难永远不再重演。今天我们政治生活中的动力已经不再来自让新政得以实现的自由主义者。至1952年为止,自由主义者至少拥有了20年的权力。他们可以回头看看20世纪30年代中期那个短暂的激动人心的时期,当时他们大权在握,能够改变国家的经济生活和行政生活。20年后,"新政"自由派人士全然不知不觉地呈现出那些已经进入另一种人格占有①的人所具有的心理状态。而且,相当大一部分支持新政的公众,那些在1933年没有工作、心烦意乱、茫然不知所措的人,随着时间的推移,在社会上为自己找到了牢固的位置,已经成为房主、市郊居民和稳重可靠的公民。他们中许多人仍然对自由派异见怀有深厚的情感,毕竟他们在政治上就是在自由派异见的陪伴下成长起来的,但如今他们的社会地位令他们十分舒适。因此在他们当中主调变成了满足,甚至是某种保守主

---

① "possession""另一种人格占有",心理学名词,指一个人的正常人格被另一种替身人格所占领的心理状态。——译者

义。就阿德莱·史蒂文森(Adlai Stevenson)在1952年激起他们的热情这一点来说,情况并不是尽管史蒂文森在民主党大会上表现出了镇定自若、真实可信的保守主义作风,他还是激起了他们的热情;而是他之所以激起了他们的热情,其中有一部分原因是他在民主党大会上表现出了镇定自若、真实可信的保守主义作风。相比之下,哈里·杜鲁门(Harry Truman)慷慨激昂的言辞,以及偶尔抨击"华尔街"的言论,似乎已经过时,相当令人尴尬。史蒂文森自己也没有逃过这个变化。他在哥伦布(Columbus)发表的一次演讲中说:"奇怪的时间炼金术不知怎的把民主党变成了这个国家真正的保守党——致力于保护一切最好的东西,并以此为根基牢牢确立起自己的地位。"大多数自由主义者现在所希望的,不是继续推行一些雄心勃勃的新计划,而只是尽可能多地捍卫以往取得的成就,并试图维护如今受到威胁的传统言论自由。

然而,今日美国却存在这么一股异见动力,它只占选民极小的一部分,不像新政时代的自由派异见那么强大,但足以为我们的政治生活定下基调,并在全国范围内形成一种极其严厉的反冲。这股新的异见当然不是激进异见——其中几乎没有任何类别的左派激进分子,但也绝不是保守的。与过去大多数自由派异见不同,新的异见不仅不尊重不愿保持划一,而且就建立在对划一性[①]的持续而强烈的要求上。这股新的异见,借用西奥多·W. 阿多诺(Theodore W. Adorno)和他的同事于1950年出版的《权威人格》(*The Authoritarian Personality*)一书中的术语"伪保守主义"来称呼它,最精准不过,因为其倡导者尽管相信自己是保守主义者,并且经常使用保守主义修辞,却对美国的生活、传统和制度表现出严重不满和焦躁不安。他们与古典意义上真正的保守主义的克制和妥协精神没有什么共同之处,对以艾森豪威尔政府为代表的当前占主导地位的务实保守主义也极其不满。他们的政治反应表达了一种对我们社会及其运转方式的深刻的尽管在很大程度上是无意识的仇恨——要不是有来自临床技术和他们自己的表现形式两方面证据的提示,人们恐怕不会将这种仇恨归到他们头上。

[①] "conformism"一般作"因循守旧""墨守陈规""从众"解。此间要表达的是伪保守主义者不仅自己竭力同大家保持划一,更要求其他人同他们保持划一。"nonconformism"指的是不愿刻意同他们保持划一,并非纯粹意义上的特立独行。——译者

阿多诺和同事通过临床访谈和主题统觉测验①发现,这些接受访谈和测验的伪保守主义者竟然对自个儿成功隐瞒了自己的各种冲动倾向,尽管他们也习惯了某种政治表现形式,从而把其中基本上是保守的、偶尔也有激进的观念混杂在一块的这种奇特的混合物结合在一起。这些倾向一旦在行动中释放出来,根本就不保守。阿多诺写道,伪保守主义者在有意识的思考中表现为"因循传统和顺从权威""在无意识领域表现为暴力、无政府冲动和乱糟糟的破坏……。伪保守主义者是这样一种人,他们以维护美国传统价值和制度为名,打着保护它们免遭基本上可以算是虚构的危险的旗号,有意无意地力图废除这些价值和制度。"②

伪保守主义者是些什么样的人?他要的是什么?人们不可能通过社会阶层来识别他,因为伪保守主义念头在社会所有阶层中几乎都可以找到,尽管它的力量可能主要依赖于它对中产阶级中受教育程度较低的成员的吸引力。我们可以描述、刻画伪保守主义意识形态,但无法对它进行定义,因为伪保守主义者在政治问题上的看法往往都支离破碎、前后不一、毫无逻辑。在1952年艾森豪威尔将军战胜塔夫脱参议员的官方消息最终正式发布时,怒气冲冲地从希尔顿饭店走出来高声喊道"这意味着再搞八年社会主义"的那位女士,很可能就是伪保守主义思想方法的绝佳代表。此类代表还包括在一年多前由一些"爱国"组织在奥马哈举行的自由大会上,反对任命厄尔·沃伦(Earl Warren)为最高法院法官,声言"中间路线思维能够而且必将摧毁我们"的那位先生;当着这同一群人的面,说要"让美国空军具备一次性摧毁俄国空军和工业的能力",同时又要"大幅削减军事开支"的那个将军③;几年前认为我们没有必要在朝鲜同共产主义作战,同时却又认为应该把这场战争立即扩大为整个亚洲范围内的反共运

---

① 主题统觉测验(Thematic Apperception Test,TAT)是美国心理学家亨利·默里1935年开发的一种人格测量技术,通过让被测试者观察一套素描图像,来激发其投射出内心的幻想和精神活动,以呈现被测试者的内心自我。——译者

② Theodore W. Adorno et al. . *The Authoritarian Personality* (New York,1950),pp.675—676. 我虽然在很大程度上借鉴了这项富有启迪的研究,但对其使用的方法和得出的结论有所保留。相关方面的评论,参见 Richard Christie and Marie Jahoda(eds.). *Studies in the Scope and Method of "The Authoritarian Personality"* (Glencoe,Ill,1954),特别是爱德华·希尔斯(Edward Shils)的精辟评论。

③ 有关奥马哈自由大会(Omaha Freedom Congress),参见 Leonard Boasberg. "Radical Reactionaries", *The Progressive*,December,1953。

动的那个人；布里克修正案(Bricker Amendment)那些最热烈的支持者。麦卡锡参议员尽管受到了更广大公众的欢迎，但他的许多最热心的追随者也是伪保守主义人士。

伪保守主义者的反抗在各个时期表现出来的不安、怀疑和恐惧，表明了伪保守主义者作为公民所经历的痛苦。他认为自己生活在一个被别人监视、被别人陷害、被别人背叛以及极有可能注定要彻底毁灭的世界里。他觉得自己的各项自由长期以来都遭到了别人随心所欲、野蛮凶残的侵犯。近20年来美国政坛发生的几乎所有事情，他都持反对态度。他痛恨富兰克林·D.罗斯福的思想。他对美国参加联合国深感不安，在他眼里，联合国就只是一个邪恶组织。他认为自己的国家极其弱小，始终都有可能沦为颠覆的牺牲品；但又觉得它拥有无限的力量，因此它在世界上——例如在东方——可能遭遇的任何失败，原因都不可能在于它的能力有限，而必须归因于有人出卖了它。① 他是我们所有公民当中对我们过去卷入战争最不满的人，但对避免下一场战争似乎又最不关心。他自然不喜欢苏维埃共产主义，但对确实可能有助于增强美国对抗俄国的实力的那些切实可行的措施不感兴趣，而且常常是充满深深的敌意。他更情愿把心思放在共产主义力量薄弱的国内舞台，而不甚关心世界舞台上共产主义真正强大的地区和受共产主义极大影响的地区。西欧民主国家似乎比苏联共产党更让他怒火中烧，因此，他不想与这些国家有任何瓜葛，反对所有旨在援助和巩固这些国家的"免费赠送计划"(giveaway programs)。他可能会对美国联邦政府的大部分行动(国会调查除外)以及几乎所有的联邦开支抱持对立情绪。然而，他并不总是像[奥马哈]自由大会上那位发言者那样走得那么远，把我们国家的大部分困难都归因于"这个恶心的、恶臭的第十六[所得税]修正案"。

大量伪保守主义思维都表现为如下这种形式：想尽一切办法设计出各种手段，绝对防范我们自己当官的人背叛。伪保守主义者觉得，这种背叛一直都迫在眉睫。布里克修正案的确可以被看作是伪保守主义的一大主要症状。历史上每一次持不同意见的运动，都要求对宪法做出修改。伪保守主义者的反抗非但不是这一做法的例外，反而似乎把专门从事宪法修订作为自己的事业，至少

---

① 参见 D. W. 布罗根(D. W. Brogan)在《美国万能的幻觉》("The Illusion of American Omnipotence")一文中所做的评论，*Harper's Magazine*, December, 1952, pp. 21—28.

是作为一项投机事业。对美国国家机构普遍存在的潜在敌意，除其他表现形式外，还会表现为如潮水般的提案纷至沓来，要求对美国的根本大法做出重大修改。1954年6月，理查德·罗威尔（Richard Rovere）在一篇观察极其敏锐的文章中指出，修宪几乎成了第83届国会的一大娱乐活动。① 在这届国会上，约有100项修正案提出并提交各委员会讨论。这些修正案中，有几项是要求废除所得税；有几项搜集了各种各样的方案，来限定各项非军事开支在国民收入中所占的固定份额；有一项提案建议对联邦政府在"普惠型福利"方面的所有开支均不予考虑；另有一项提议禁止美国军队在任何海外国家驻扎，除非是驻扎在潜在敌国的领土上；还有一项提案是重新定义叛国罪，要求不仅把企图推翻政府的人包括在内，还要把那些试图以和平手段"削弱"政府的人也囊括进去。最后这一项提案可能会把伪保守主义反抗者也置于叛国罪禁令之下，因为所有这些修正案加起来，即可轻而易举地动摇整个美国社会结构，使之轰然崩塌。

正如罗威尔先生所指出的，大量宪法修正案被搁置在国会的某个角落并不罕见。非同寻常的是，参议院竟乐意对这些修正案给予尊重性的考虑，有些领导成员还摆出独特的民粹主义论点，来证明把它们提交给国家立法机构的正当性。国会平常几乎不需要去考虑一个以上的修正案，但在第83届国会上，竟有六项宪法修正案被提交到参议院，并全部获得简单多数票，其中四项获得了可以提交给众议院并最终交付国家立法机构表决所需的2/3的多数票。这里还必须再多说几句。这六项受到如此礼遇的修正案，可能除了布里克修正案这个例外，竟然没有一项可以归入最极端的提案行列。但是参议员们一个个低头弯腰，有些人甚至急于推卸责任，说是服从"这个国家的人民"。这足以表明他们感受到的要求国家发生某种变化的压力有多么大！要求国家发生某种变化，表达了人们否定过去、要求同过去决裂的模糊愿望，这构成了伪保守主义反抗的基础。

就今日美国而言，我们有很多极为紧迫的问题亟待回答，其中在这里可以问的是，所有这些情绪都是从哪里产生的？最方便使用的现成答案是，新的伪保守主义就是原来的极端保守主义和原先的孤立主义，只不过由于当代世界的巨大压力而得到了进一步强化而已。这个答案虽然可能是正确的，但却给人一

---

① Richard Rovere. "Letter from Washington", *The New Yorker*, June 19, 1954, pp. 67—72.

种似曾相识的错觉,无法加深我们的理解,因为美国孤立主义和极右思想的特殊思维模式本身并未得到很好探讨。仅举一例,譬如我们说,因为过去20年来税收负担非常沉重,所以有些人希望废除所得税修正案。这么说解决不了问题,因为它无法解释为什么三个处在同一纳税档次上的人,有一个会默默忍受,继续支持充足的军队编制和社会福利立法;另一个则就事论事,以平常心态支持当下务实的保守派领导;而第三个却发现,只有愤怒的阴谋指控和伪保守主义的极端要求,才能让自己感到满足。

毫无疑问,决定个人政治风格的环境是复杂的。虽然我在这里是要讨论伪保守主义中某些被忽视的社会心理因素,但我不想显得好像要否认这里面存在重要的经济、政治原因。比如,我知道有钱的守旧派人士企图利用伪保守派组织者、发言人和伪保守派团体来宣传他们的公共政策观念,而某些伪保守派"爱国"团体的组织者也常常在这项宣传工作中找到了一种谋生手段,从而将偏妄倾向转化为一种职业资产(vocational asset),这可能是人类已知的作业疗法中(occupational therapy)①最有悖常理的形式之一。其他一些情况——我们这个时代急剧的通货膨胀和沉重的税收、我们政党体系中的失衡、美国城市生活的恶化、党派政治着眼于私利与权术的考虑——也起了作用。但所有这些似乎都无法解释伪保守主义的广泛吸引力,无法解释它那强烈的情感、浓厚而广泛的非理性,或是它生成的一些奇特的观念。它们也无法解释,为什么那些通过有组织的运动获利的人可以在一大批人中找到这样一个现成的追随者,以及为什么伪保守主义的普通信徒如此热衷于厉声指责,热衷于给国会议员和编辑写信,热衷于投入如此多的感情、怀抱坚定不移的理想主义,去从事那些显然不会给他们带来物质回报的事业。

埃尔默·戴维斯(Elmer Davis)②在他最近出版的一本著作《但我们生而自由》(*But We Were Born Free*)中提出了一个大胆的心理学假设,来试图解释这

---

① 作业疗法(occupational therapy,OT),是采用有目的的、经过选择的作业活动(工作、劳动乃至文化娱乐活动等各种活动),对由于身体上、精神上存在功能障碍或者残疾,以致不同程度地丧失生活自理和劳动能力的患者,进行评价、治疗和训练的过程。该方法着眼于帮助患者尽可能恢复或过上正常、健康、有意义的生活。作业疗法早期主要用于治疗精神病患者,后由对精神病的治疗发展到对残疾的康复治疗。——译者

② 埃尔默·戴维斯(Elmer Davis,1890—1958),美国著名新闻播音员兼作家,第二次世界大战期间任美国战时情报局局长。——译者

种情绪。如果我理解不错的话,他的结论是,面对国际共产主义……那些不能以更为理性的方式面对的人,便"拿比自己权势小的邻居出气,就像一个男人在家里不敢站起来跟妻子对吵,便用脚去踢猫来缓解自己的情绪"①。这一看法的优点是既简单又合理,而且可以直接用来说明一部分伪保守主义大众的情况。但是,尽管我们也许会打消对那个踢猫的人的好奇,仅止于认为是他个人发展中养成的某种个人特质导致他走到这一步,我们还是不禁要问,被伪保守主义冲动所驱使的人成千上万,这些人中间是否存在某些共同的情况,有助于解释他们所有人齐心一致去踢猫的行为?

我们所有人的生活都深受国际共产主义力量的影响。但为什么有些美国人力图正视它的本来面貌,将其视为世界舞台上的问题,而另一些人则力图把它基本上简化为维护国内一致性的问题?为什么我们中有些人喜欢到民主世界寻找盟友,而另一些人似乎更喜欢威权主义盟友甚或根本就不想要盟友?为什么伪保守派人士对他们自己的政府——无论其领导权掌握在罗斯福、杜鲁门还是艾森豪威尔手中——表现出如此持久的恐惧和怀疑?伪保守主义者为何要超出共和党多少才算得上是常规的党派攻讦,跨出我们是过去20年来政府治国无方的受害者这一论点,而提出令人不安的指控,说我们竟然一直都是连绵不绝的阴谋和背叛——"二十年的叛国"——的牺牲品?况且,与伪保守主义政治极为相似的政治类型在美国由来已久,而且这段历史可以追溯到苏联政权还没有强大到足以进入我们精神视界之前的时代,这难道不是事实吗?比如,据可靠估计,在20世纪20年代的高峰时期,会员人数从400万增加到450万的"3K"党,果真是与伪保守主义者的反抗完全不一样的现象吗?

我倾向于认为——我在这里也只是提出一个推测性的假设,伪保守主义在很大程度上是美国生活中的无根性和异质性的产物,以及首先是美国生活中对身份的那种独特的争抢和对牢靠的认同的那种独特的访求的产物。通常情况下,一个人的国家认同感或文化归属感同他的社会身份完全不沾边。然而,在美国的历史发展过程中,这两个在进行分析的时候很容易区分的东西,在现实中却被混为一谈,而正是这一点,让我们争取身份的斗争尤其辛酸和紧迫。在这个国家,一个人

---

① Elmer Davis. *But We Were Born Free* (New York, 1954), pp. 35—36,参见 pp. 21—22 及其他各章节。

的身份,即他在所在社会的声望等级中所处的相对位置,同他对社会的原始归属感,即所谓的他的"美国精神"(Americanism),已经紧密结合在一起。作为一个在我们的社会制度方面极其民主的民族,我们没有明确、一致、可识别的身份系统,因而我们的个人身份问题亟待解决。由于我们不再像大约80年前那样种族相对同质,因此我们的归属感长期以来一直具有高度的不确定性。我们为"熔炉"引以自豪,但对我们被熔化之后会变成什么,一点把握也没有。

我们一直都为我们国家高度的职业流动性感到自豪——与其他国家相比,我们更乐于接受这种高度的职业流动性。一个在社会结构中起点很低的人,可以通过这种流动性上升到拥有中等财富和身份的位置;一个从中等地位起步的人,可以因此上升到显赫的位置。我们一直认为,这从原则上来讲是值得称赞的,因为它是民主的;从实用角度看,它也是可取的,因为它激励许多人去努力奋斗,而且无疑同我们经济生活的活力与效率具有莫大的关系。美国的职业流动模式,虽然经常被夸张得神乎其神,就像霍雷肖·阿尔杰(Horatio Alger)写的那些故事[①]和我们其他神话中出现的许许多多故事一样;但人们通常归之于它的许多优点和有益的影响,的确可以适当算作是它的。然而,这种职业流动和社会流动,以及我们从一个地方到另一个地方的频繁地域流动,也有诸多缺点,只是人们较少意识到这一点而已。其中最重要的一个缺点是,如今在这个国家,有非常多的人不知道他们是谁、他们是干什么的、他们属于什么群体、什么东西属于他们自己。在这个国家,人民对身份的期望是随意的,也是不确定的,但我们的民主风气和我们白手起家的神话已经把他们对身份的渴望推向了一个高点。[②]

以世界生活水平来衡量,美国人民的物质需求基本上得到了满足,对身份这种高档的东西的追求,在我们的公民意识中已经占据了非同寻常的重要地位。政治生活不只是这样一个舞台:在这个舞台上,各种社会群体通过斗争方式来解决他们具体的物质利益冲突。正如心理学家所说,它也是一个将对身份的渴望和无

[①] 霍雷肖·阿尔杰(Horatio Alger Jr., 1832—1899),儿童小说作家,19世纪晚期美国最受欢迎和最有社会影响力的作家之一。作品有《衣衫褴褛的狄克》(*Ragged Dick*, 1868)等,约130部,大多是讲述穷孩子如何获得财富、成为社会成功人士的故事。——译者

[②] 试比较托克维尔这方面的观察:"不可否认,民主制度使人们心中的嫉妒感情得到了强劲的发展。这与其说是因为民主制度给每个人提供了把自己拉高到同他人处在同一个水平上的手段,不如说是因为这些手段一而再再而三地让使用它们的人失望。民主制度唤醒并助长了一种要求平等的激情,但这种激情永远无法完全满足。" Alexis de Tocqueville. *Democracy in America*, ed. by Phillips Bradley (New York, 1945), I, 201.

奈投射进去的舞台。正是在这一点上,政治问题或所谓的政治问题同个体的个人问题相互交织,并依后者而定。在任何时候,我们都有两种彼此之间存在千丝万缕的联系的政治进程:利益政治——各种不同群体和集团之间在物质目标和物质需要上的冲突;以及身份政治——各种源于对身份的渴望和其他个人动机的投射性文饰(rationalization)的冲突。在经济萧条和对经济状况不满的时期——以及总的来说国家处在紧急状态的时期——政治更明显的是一个利益问题,当然,身份因素仍然存在。在物质层面上的繁荣和普遍幸福的时代,大众对身份的考虑在我们政治中会更有影响力。在我国近期以来的历史上,身份政治尤为突出的两个时期,即当今时代和20世纪20年代,都是繁荣时期。

在萧条时期,异见人士一般会采取提出改革建议或是拿出"万应灵丹"的形式来表达自己的核心主旨。因此,异见往往高度程序化,也就是说,它会体现在各种具体的立法建议中。它也是面向未来的,是向前看的,因为它期待着某个时候会采纳这个或那个计划,从而实质性地缓解或消除某些不满。然而在繁荣时期,身份政治就变得相对重要些,这时会出现一种倾向,即不满往往体现在抱怨上,而较少体现在立法建议中。因为构成身份不满之基础的基本愿望只是处于半意识状态,而且即便是完全能意识到自己的愿望,也很难以方案的形式表达出来。对那位看到自己的祖宅淹没在工人阶级的新建住宅之中的"美国革命之女"(Daughters of the American Revolution, D. A. R.)组织的老太太来说,要想让哪怕只是稍微有点现实性的具体立法建议来表达她的愤怒,都比,好比说失业者在萧条时期响应某项救济计划,要来得困难。因此,身份政治往往更多地表现在报复心上,表现在酸楚的记忆上,表现在寻找替罪羊上,而不是表现在为采取积极行动提供切实可行的建议上。[1]

不可思议的是,当今政治中对身份的强烈关注竟来自两类相向而行的人:第一类是某些类型的老美国家庭,盎格鲁—撒克逊新教徒;第二类是许多类别

---

[1] 试比较塞缪尔·卢贝尔(Samuel Lubell)将孤立主义描绘成复仇记忆。*The Future of American Politics* (New York, 1952), Ch. 7. 另见列奥·洛文塔尔(Leo Lowenthal)和诺伯特·古特曼(Norbert Guterman)对右翼鼓动者的评论:"这位鼓动者似乎避开了自由和民主运动集中关注的物质需求领域,关心的主要是传统政治中通常被忽视的挫折领域。那些将关注点放在物质需求上的纲领,似乎忽略了人们道德上的把握不定和情感上的顿挫沮丧,而这些正是精神上心神不安的直接表现。因此,我们可以推测,追随这位鼓动者的人之所以认为他的言论有吸引力,并不是因为他偶尔会承诺要"维持美国人当前的生活水平"或是为每个人都提供一份工作,而是因为他间接表示,他将会给大家带来在当代社会经济结构中被剥夺的情感上的满足。他提供给大家的是对这个社会各种各样事情的态度,而不是面包。" *Prophets of Deceit* (New York, 1949), pp. 91—92.

的移民家庭,这在德国人和爱尔兰人中最为明显,这类人往往都是天主教徒。盎格鲁—撒克逊人在失去独占性的社会等级地位时最倾向于伪保守主义,而移民则是在他们获得这种独占性的社会等级地位时更倾向于这种做法。①

首先来看老美国家庭。这些人的祖上在美国占据的主导地位,远远超过了如今他们自己。他们觉得是自己的祖先前来这个国家,勉强接受了这个国家,并为这个国家而战。因此,他们具有某种继承所有权的意识。由于美国一直给予老美国家庭某种特殊的礼遇——我们许许多多家庭都是新的——这些人便极力要求根据血统来划定身份,比如看他是不是"美国革命之女"和"美国革命之子"(Son of the American Revolution,S. A. R.)之类组织的成员。但是,他们中许多人实际上正在失去他们的其他身份资格。因为他们中间有相当一部分人是寒酸的上流人士,他们由于这样或那样的原因,在商界、政界和职业界丧失了原来实实在在的位置,因而抱着异乎寻常的绝望,聚拢在一起,守着祖先留下来的残余威望。这些人尽管通常都很富有,但他们觉得自己被挤出了他们在美国生活中本应占有的位置,甚至被赶出了自己的街坊。他们中大多数人世代是传统的共和党人,他们觉得自己在过去30年里被移民、工会和城里的机器挤到了一边。在移民力量弱小的时候,这些本土人常常以牺牲移民的利益为代价,沉迷于种族和宗教上的势利。② 现在,移民群体在政治和经济上已经拥有大量自卫手段,而第二代人和第三代人照顾自己的能力,已经远远超过了第一代移民。某些老美国家庭的人转而到自由主义者、左翼人士、知识分子等这方面人

---

① 每个族裔群体都有其独特的身份史,我很清楚,我在文中的话有意略过了许多重要的差异。德国人和爱尔兰人等较老的移民群体的身份史与意大利人、波兰人和捷克人等少数族裔的身份史完全不同。后者只是最近才达到如下这个阶段,即争取让职业白领阶层广泛接受自己,或至少争取达到这些阶层享有的中产阶级的住房和消费标准。爱尔兰人的情况特别引人关注,因为爱尔兰人长期以来在市政界占有突出地位,而在其他许多领域不太被接受,故而他们的身份相当模糊。他们如今在许多方面都取得了进展,但在其他方面,尤其是他们把握的市政权力,近来一直受到其他团体,特别是意大利人的挑战,因而失去了一些地位和权力。1928年的选举,由于其宗教上的偏执和处世上的势利,给他们的身份造成了创伤。他们至今还未完全从这段痛苦经历中恢复过来,因为这件事象征着信仰新教的多数派,以与功绩、才干和美德毫不相干的理由,拒绝让他们最能干的领导人当选总统。这种感觉由于阿尔·史密斯(Al Smith)和富兰克林·德拉诺·罗斯福之间的决裂,以及其后吉姆·法利(Jim Farley)被排除在新政继承人之外,而继续保留了下来。对德国族裔的研究,也许会强调希特勒时代和第二次世界大战期间出现的对他们是忠于美国还是忠于德国的担忧所造成的影响,而这种不安甚至可以追溯到第一次世界大战。

② 当前情况值得注意的特征之一是,信奉基要主义的新教徒和信奉基要主义的天主教徒都普遍把他们的宿怨置于次要位置(这在我们历史上是第一次),联合起来共同反对他们通常形容为"不敬上帝的"那一伙人。

士中寻找新的发泄怨恨的对象——因为真正的伪保守主义风格,就是喜欢通过欺凌弱者获得乐趣,一旦碰到强者,就会退缩。

新美国家庭的人则面临着他们自己独特的身份问题。从 1881—1900 年,超过 880 万移民来到这里,在接下来的 20 年里,又有 1 450 万人来到这块土地上。这些移民,连同他们的后代,构成了人口的相当大一部分,以致玛格丽特·米德(Margaret Mead)在对我们国民性格所做的一项振奋人心的分析中,令人信服地指出,典型的美国世界观现在已经发展到第三代了。① 在寻找新生活、新国籍的过程中,这些移民吃了不少苦,他们一直遭到"本土人"的冷落,总觉得自己低人一等,通常被排斥在较好的职业之外,甚至被排除在他们愤怒地称之为"一等公民"之外。因此,他们对社会身份的不安全感一直与对个人认同和个人归属的不确定感混合在一起。获得一份更好的工作或是拥有一种更高的社会身份,与变得"更美国"长期以来实际上就是同一个意思,平常同社会地位牵连在一起的强烈情感,现在由于同归属需要联系在一起,而大大增强。②

让家人团聚、训练孩子参加美国人的成功竞赛、尽力遵守自己不熟悉的标准、守护用巨大牺牲换来的经济社会地位、守住比父母更快地变成美国人的孩子们对自己的尊敬(不让他们瞧不起自己这些个"土老帽"),这些任务所带来的问题,给许多新美国家庭的内部关系带来了沉重的负担。新老美国家庭都受到了过去 30 年变化的困扰——新美国家庭受此困扰是由于他们在努力追求中产阶级的体面,赢得美国身份认同;老美国家庭受此困扰则是因为他们在努力维持他们继承下来的社会地位,并在日益不利的社会条件下将源自 19 世纪北方人——新教徒——农村人背景的品行要求变为现实。代际关系由于没有一个稳定的模子,因而已经失序,父母的身份焦虑也让孩子大吃苦头。③ 常常出现的

---

① Margaret Mead. *And Keep Your Powder Dry* (New York, 1942), Ch. 3.
② 1965 年补注:在我看来,下面这段话大部分内容是毫无根据的猜测。我认为,将移民家庭同本地家庭相对照,强调其威权主义,是有问题的。但伪保守主义思想中体现出来的混乱特征与威权有关,这一看法依旧是我的一个核心观点。
③ 参见 Else Frenkel-Brunswik. "Parents and Childhood as Seen Through the Interviews",载 Adorno: op. cit., Ch. 10. 作者认为(第 387—388 页),就那些相对没有种族偏见的访谈对象而言,在他们的家庭内部,"对儿童顺从自己的期望较低。父母较少为身份所苦,因而不太焦虑孩子遵不遵守社会规则,对孩子不被社会接受的行为表现也不会那么不容忍。……身份关切相对不那么明显,情感生活往往就更丰富,更解放。总的来说,访谈对象没有偏见的家庭,家里会有更多的爱,或者说有更多无条件的爱。这样的家庭更少听任传统规则的摆布。"

情况是，父母抱有的身份渴望无法得到满足，或者只有付出超乎寻常的心理代价才能得以实现。他们的孩子被寄予厚望，大人们希望他们可以将自己从令人沮丧的环境中解脱出来，让自己不再受苦。孩子于是成为父母为实现这一目标而被操纵的对象。父母期望他们成龙成凤，可以获得异乎寻常的成就，同时付出巨大的努力让自己顺应社会，不让自己丢面子。从孩子角度来看，这些期望往往以一种过分苛求的权威的形式出现，孩子们不敢质疑或是违抗。抵制与反抗找不到适当的妥协和折衷这条外在的出路，必须加以镇压，于是便以一种内在的消极狂热的形式再现。对权威的极大敌意，由于无法被意识所承认，于是导致一种大规模的超补偿（overcompensation），其表现形式就是对强权的过分顺从。阿多诺和他的同事们发现，在具有强烈种族偏见和伪保守主义倾向的人当中，有相当高比例的人无法培养公正、适度批评父母过失的能力，他们对现实生活环境中极有可能发现的思想和情感的模糊性极其不能容忍，其中一个原因就在于，伪保守主义也是一种与权威有关的紊乱，其特征是没有能力找到比那些大体上要么是绝对支配，要么是彻底服从更好的人际关系模式。由于觉得自己没有处在支配地位，又不知道有其他方式来解释他的地位，伪保守主义者总是胡乱猜想自己被别人支配或是受别人强迫。他料想他自己的政府和他自己的领导人正在从事一场针对他的、几乎是持续不断的阴谋，因为他已经把权威仅仅看作是旨在操纵他、剥夺他的事物。这也是他乐于看到卓越的将领、杰出的国务卿和著名的学者遭到恫吓的原因之一。

身份问题在美国人的生活中具有特殊的重要性，因为有相当一部分人口深受所有身份问题中最棘手的其中一个身份问题的困扰：无法享受那简单的奢侈，即无法自然获得国籍。他们为一种挥之不去的怀疑倍感烦扰，那就是怀疑自己是否真的是美国人、是不是真正的美国人、是否完全是美国人。由于他们的情况是，自己的祖辈主动离开一个国家，欣然投入另一个国家的怀抱，因而他们不能像其他地方的人那样，将国籍看成是与生俱来的东西。对他们来说，国籍是一个选择问题，也是一个奋斗目标。这就是"忠诚"问题为什么会在许多美国人中引起如此强烈的情绪反应的一大原因，也是为什么在美国的舆论环境中很难把国家安全问题同个人忠诚问题区分清楚的一大缘由。当然，我们没有真正的理由去怀疑移民及其后代对美国的忠诚，也没有真正的理由去怀疑他们全心全意为国家服务的意愿。就像他们在这里已经生活了三个世纪的列祖那样，他们愿意为这个国家效劳。尽管如此，他们还是被那些过去怀疑他们是否具有完整的美国精神的人推到了守势地位。他们可能还会被这样一种看法有意无意地困扰，即既然他们的祖先已经抛弃了一个国家、抛弃了一个效忠对象，那他们自己可能也会随意改变效忠对象。我相信，在我们国家的实践中可以找到一些这方面的证据。还有哪个国家认为，仅仅为了向其人民保证他们的国籍是真品，即有必要设置一套制度性的仪式？法国人、英国人或意大利人会觉得有必要说自己是"百分之百的"法国人、英国人或意大利人吗？他们会觉得有必要弄个类似于"我是美国人日"之类的活动吗？当他们在国家政策上意见相左时，他们会觉得有必要称呼对方是"非英国人""非法国人"或"非意大利人"吗？他们无疑也会受到颠覆活动和间谍活动的困扰，但他们的反制措施是以非英、非法、非意活动调查委员会的名义采取的吗？①

我们可以在这里发现爱国社团和反颠覆意识形态对其倡导者所具有的首要价值。无论是对那些拥有古老的美国血统、对自己其他身份不满的人，还是对那些其祖先只是近来才到美国，因而觉得需要弄点什么名堂来打消人们对自己国籍的疑虑的人，这些爱国团体和反颠覆意识形态都为他们提供了额外的、持续的保证。退伍军人组织同样满足了这方面的需要——还有什么比在本国国旗下服兵役更能证明国籍和挣来的公民身份是货真价实的呢？当然，这种组织一旦存在，就容易为既得利益者所利用，他们可以利用这些组织作为压力集团来敦促政府采取某些特定措施和维护某些特定利益。（退伍军人团体由于是为退伍军人的具体利益进行游说，因而在这方面具有双重作用。）但把他们黏合在一起的是他们的身份动机和对认同的渴望。

社会学研究表明，社会流动与种族偏见之间存在密切联系。社会地位正在往下滑的人，甚至许多情况下，社会地位正在攀升的人，对犹太人和黑人等少数种族的偏见，往往比他们已经离开的那个社会阶层或是正在进入的那个社会阶

---

① 此处对应的是美国众议院非美活动调查委员会（The House Un-American Activities Committee）。该委员会于1938年创立，初为临时委员会，1945年改为常设委员会，1969年更名为"众议院内部安全委员会"，1975年废除，相关职能由众议院司法委员会接手。——译者

层中普遍存在的偏见更大更深。① 虽然该领域现有的研究都聚焦于种族偏见，而不是我最关心的那种极度亢奋的爱国主义和打鸡血式的追求划一，但我认为，典型的偏见之人和典型的伪保守主义反对者通常都是同一类人，这两种不正常的精神状态其内部的作用机制是完全相同的②，仅仅只是由于各种权宜和当今形势下的策略所需，往昔热衷于种族歧视的团体如今要寻找其他替罪羊。无论是失去原有位置的老美国人，还是新的少数族裔，都迫切渴望别人肯定他们身上根本的美国精神。把矛头集中对准共产主义者和疑似共产主义者，以及自由主义者、批评家和各种不跟大家保持划一的人，对他们来说省事省心。声称他们非常警觉，随时都会找寻那些被指控对美国"不忠"的人，这么做不仅是一种重申忠诚的方式，也是一种宣传自己忠诚的方法——美国超级爱国主义的主要特征之一，就是内心不断产生自我宣传的冲动。在这场新的要求保持划一的浪潮中，出现了一个值得注意的特点，那就是拥护者更乐意把盎格鲁—撒克逊、东部、常春藤联盟的知识分子，而不是把像朱利叶斯和埃塞尔·罗森博格（Ethel Rosenberg）这样灵魂被玷污的人，作为他们仇恨的对象。③ 我认为，个中原因是，在受身份驱使的人看来，比罗森博格夫妇更像美国人并不是什么特别的美德，但比迪安·艾奇逊（Dean Acheson）或约翰·福斯特·杜勒斯（John Foster Dulles）——或富兰克林·德拉诺·罗斯福（Franklin Delano Roosevelt）更像美国人，确实是一件了不起的事。④ 有些种族群体对身份的渴望确实要比

---

① 试比较 Joseph Greenblum and Leonard I. Pearlin."Vertical Mobility and Prejudice"，载 Reinhard Bendix and Seymour M. Lipset(eds.). Class, Status and Power(Glencoe, Ill., 1953), pp. 480—491; Bruno Bettelheim and Morris Janowitz."Ethnic Tolerance: A Function of Personal and Social Control", American Journal of Sociology, Ⅳ(1949), 137—145.

② 阿多诺在我前面引用的文献第 152 页以下也认定两者之间存在相似性。此外，还有其他人等的研究也持相同的看法（参见阿多诺在第 152 页引用的研究成果）。

③ 朱利叶斯·罗森博格（Julius Rosenberg）和埃塞尔·罗森博格（Ethel Rosenberg）夫妇，美国平民，苏联间谍，1953 年 6 月 19 日因向苏联传递有关原子弹的机密情报而被处死刑。与此相似但影响更大的，还有作者在下一条注释中提到的阿尔杰·希斯（Alger Hiss, 1904—1996）。阿尔杰·希斯，民主党人，罗斯福政府时期美国国务院官员，曾以罗斯福顾问身份出席雅尔塔会议，此后还曾担任过卡内基国际和平基金会主席。希斯于 1948 年被指控为华盛顿特区美国共产党间谍网成员，1951 年以伪证罪而非间谍罪被判刑 5 年。希斯出狱后始终坚持自己的清白与无辜。该起间谍案直到现在还是疑案。——译者

④ 我提到这些人，是想指出，这种敌意延伸到了那些没有做过坏事的人身上。当然，像阿尔杰·希斯这样有罪在身的人更适合担任这个角色。希斯是新政一代掌握在伪保守主义者手上的人质。对伪保守主义者来说，他可谓天赐的礼物。如果没有他，则伪保守主义者决计发明不出这么一个人来。

二十年前高,这就是为什么威权主义右翼的意识形态中反犹太主义(anti-Semitism)和其他明目张胆的偏见最近降低了调门的一个原因(当然还有其他原因)。人们一直说,反犹太主义是因为穷人势利。我们美国人总是在努力提高生活水平,同样的原则现在看来似乎也适用于仇恨水平。所以在过去十五年左右的时间里,威权主义者已经从反黑人人权主义和反犹太主义转到反艾奇逊主义、反智主义、反不保持划一,以及其他类似思想的各种变化形式,方式基本上跟普通美国人——如果能做得到的话——从开"福特"到改开"别克"差不多。

这类争取身份的斗争可能有助于我们理解伪保守主义意识形态中一些本来难以理解的无中生有的成分——例如,对联合国令人难以置信的怨恨。一个信奉新教的北方老美国人觉得他的社会地位本不应该只是这样,而且这些外国人就像已经挤入他家附近的那些"外国人"一样,正在向自己的国家逼拢,削弱自己国家的主权。那些第二代或第三代移民一直在极力去欧洲化,试图把欧洲从他的个人遗产中剥离出去,却发现自己的政府正在嘲弄、蔑视自己,竟然参与旧世界的这些阴谋。这两类人对联合国都有一种怨恨的感觉,这种矛盾状况,难道不能理解吗?

与此类似,难道不是对身份的渴望,在很大程度上激发了伪保守主义者在广泛的生活领域追求划一吗?在那些不能确定自己是否值得人们足够尊敬的人当中,同大家保持划一是一种保证体面和显示体面的方式。对这些人来说,他人不保持划一看上去就是对他们竭力想成为其中一部分的整个秩序的一种轻浮的挑战。这自然就会遭到怨恨,而要求这些人在公共场合保持划一,也就成了发泄这种怨恨的一种表现和显示自己可靠的一种手段。这种习惯有一种从政治领域向知识领域和社会领域蔓延的趋势。在这些领域,人们可以拿它来盘问、挑战几乎任何一位生活方式不同的人和任何一位人们想象中拥有优越社会地位的人——特别是,正如一位鼓动者所指出的那样,那些"老油条、知识分子和所谓学术人物的会客室里"的人。

为什么这股伪保守主义异见的浪潮在我们这个时代如此高涨?我们必须牢记,无论它对现实的反映多么不真实,它在极大程度上也是对现实的反映。我们确实生活在一个失序的世界里,要面对一个大国和一种强大的意识形态的威胁。这个世界仍有可能发生倒山倾海的暴力,它已经向我们展示了人类精神中最丑恶的才能。在我们自己国家里确实存在间谍活动,在安全问题上松懈,也确实让一些间谍得以鸣于乔木。在这条线上发生的事,大多具有足够的现实性,这便给伪保守主义者的传奇式想象增添了一丝可信度。

然而,我们最近历史上出现的一系列新变化、新情况,使得这次伪保守主义者的反抗更加清晰明了。200多年来,美国发展进程中的各种情形——在美洲大陆落脚生根;在新的地区不断确立新的身份模式;一波又一波持续不断的新移民浪潮,每一波浪潮都把前面的浪潮推向种族等级制度的更高位置——在很大程度上满足了人们被唤醒的过度追求身份的愿望。在美国的社会大厦里,内置了一部自动的身份电梯。今天,这部电梯不再自动运行,或者至少不再以相同的方式运行。①

第二,大众传媒的发展及其在政治中的运用,让政治比以往任何时候都更加贴近大众,使政治成为一种娱乐形式,观众觉得自己也参与其中。因此,政治前所未有地成为一个私人情感和个人问题可以轻易得到生动表现的舞台。大众传播使广大民众处在几乎从不间断的政治动员状态。

第三,伪保守主义者最反对的自由主义分子长期执政,以及引入我们社会、经济和行政生活的各种各样的变革,加剧了这些变革的反对者的无力感和受害感,并扩大了他们感到不满的社会议题的范围。此外,此间还出现了一场全新的斗争:某些类型的商界人士同新政官僚体制之间的冲突。这场冲突已经引起了知识分子和专家们的愤懑不满。

最后,与以往的战后时期不同,我们这次战后处在一个持续的危机时期,而且看不到未来可以从中解脱的迹象。在我们历史上的对外战争中,没有哪一场像第二次世界大战这样,作战如此长久、牺牲如此巨大。战争结束后,我们未能重拾和平时期首先要做的事,而是立即面临另一场战争。有一种类型的美国人,他们不太关心外面的世界,也不愿意自己不得不关心外面的世界,因此,他们很难理解,为什么我们必须进行这样一场坚持不懈的斗争。对于那些长期掌权的人来说,他们命中注定将不得不在没有本国大部分人民同情或理解的情况下从事微妙的冷和(cold peace)外交。杜鲁门和艾奇逊当年从痛苦的经历中汲

---

① 1965年补注:实质性的内容可能依旧没有问题。但我突然想到,这一段可能会被人理解为这意味着美国的社会流动性一直在下降,证据表明,实际情况恰恰相反。

取了教训,艾森豪威尔和杜勒斯如今也正在从中学习。

  基于以上考虑,我们认为,伪保守主义政治风格虽然影响力可能已过巅峰,但它是 20 世纪美国历史的一个长波,而不是一时的气氛。我不同意自由派中间普遍存在的不祥预感,即这种形式的异见会不断发展,直至完全压倒我们的自由,并使我们遽然陷入极权主义的噩梦。我认为它纯粹就是我们所知道的在最近欧洲历史上出现的那些东西,即法西斯主义或极权主义,在我看来的确是一个错误的观念,因为这种看法没能根据我们独特的美国政治现实来解读美国出现的新变化与新动向。(这让我想起了一些人,他们当初发现全国复兴总署和墨索里尼的公司式政府之间有几处极为相似,因而一度对全国复兴总署深感不安,认为这是美国法西斯主义的开端。)然而,不管怎样,我们这样的平民主义文化中似乎缺乏一个负责任的、政治上和道德上可以自主的精英群体,而且可能会出现利用公众情绪中最盲目的风潮来实现个人目的的现象。因此,我们至少可以认为,一个组织严密、指天画地、积极活跃、资金充裕的少数派能够营造出一种政治氛围,在这种氛围下,我们不可能去理性地追求我们的福祉和安全。

伪保守主义再探(1965年)

一

戈德华特竞选总统一事表明,过去十年中,极右分子虽或在数量上没有大规模增长,但至少其组织力和影响力均有大幅上升。因此,尽力去了解极右分子,这一任务仍旧十分紧迫,丝毫不能放松。虽然十年来的切身体验和探索——戈德华特的竞选运动令这些体验达到了高峰,也让这些探索掀起了高潮(戈德华特的竞选运动本身几乎就是一个检测伪保守主义之性质的理想案例)——已经证实了我在《伪保守主义者的反抗》中提出的某些方面的看法以及其他各种场合类似的斗胆解释,但其他有些方面的看法似乎需要修正。

我想,我那篇文章有四个大的方面需要加以限定或是改正。第一个也是最复杂的一个方面,与身份焦虑和身份怨恨在麦卡锡主义时代右翼骚动中所占的位置相关。我写那篇文章的时候,人们大多忽视了身份因素,故此需要加以强调。但我确信,一篇文章专门去讨论复杂局势中的一个因素,不可避免地会赋予其超过它本身应有的分量。此外,我对"身份"一词的使用太过宽泛,需要进一步界定。但这并不意味着我要撤回我认为身份考虑十分重要的说法,我只是在这里做一个引子,后面会对我原来的说法加以具体改进。在先前的那篇文章中,对身份政治和利益政治所做的区分,在我看来具有重大意义,而且对理解我们的政治史也是通用的,远远不止可以用来解释20世纪50年代的问题。

其余几个地方比较容易处理：

其次，我认为，在描绘伪保守派这一类别的人时，我的文章过多强调了临床研究结果，没有充分补充更加常规性的对伪保守主义分子的言辞、论点和策略的历史分析。我想在下一篇文章当中进行修补，那篇文章探讨的是戈德华特的竞选运动。

再次，我现在确信自己夸大了某些少数族裔在右翼中的作用。可以肯定的是，自上篇文章发表以来所有新发现的材料均显示，少数族裔的作用确实存在，但事实证明他们的分量是在逐渐减轻而不是越来越重，倒是右翼中土生土长的美国人这一块可能需要我们重点考虑。

最后——这一点与前一点有关——我只是在一个脚注中顺便提到了基要主义在其中所起的作用。很明显，这是右翼当中的一个突出因素，过去十年来，这个因素的重要性越来越显著。

最后两点最好结合最近右翼发生的重大变化来加以讨论。尽管右翼在思想和领导方面存在某种连续性，但对其进行任何静态的描述都带有一定的误导性。就此而言，我于 1954 年强调伪保守主义中的种族因素，如今在我看来，颇类似于准备决一死战的将领所采取的策略。我认为，这件事的真相是，极右分子在某种程度上利用了旧有的孤立主义（其中德裔和爱尔兰裔美国人的态度甚是重要），也在一定程度上利用了美国人对处在苏联控制下的东欧国家的感情。① 我们在第二次世界大战中扮演的角色，曾短暂搅起了全国混乱不堪的气氛和上述这些群体的仇英恐英心理（Anglophobia），麦卡锡则适时、恰当地利用了这些情绪。但 20 世纪 60 年代的激进右翼主义，主要是白种盎格鲁—撒克逊新教徒共和党人（white Anglo—Saxon Protestant Republicans）的运动，少数族裔中只有极小的一部分人支持。德裔的仇英恐英心理现在似乎没有以前那么严重，而 1960 年爱尔兰裔天主教总统的当选②，则也许已经帮着平息了自 1928 年以来一直困扰美籍爱尔兰人的那种文化上不被完全接受的感觉。现在回顾起来，似乎即便是到 1954 年，美国伪保守主义中的种族因素也在减弱，而不是上升。

---

① 李普塞特证实了这方面的相关情况，参见 Seymour M. Lipset. "Three Decades of the Radical Right", in Daniel Bell(ed.): *The Radical Right* (New York, 1963), pp. 336—338。后面我要大量依赖李普塞特对调查数据的分析。

② 指约翰·F. 肯尼迪当选美国总统。——译者

在过去三十年里,右翼运动吸引了各部分公众,尽管各个部分之间互有重叠,但长期以来彼此都极为不同。20世纪30年代,右翼群体发泄不满的主要载体是考夫林神父(Father Coughlin)领导的社会正义运动(social justice movement)。这场运动是大萧条呈现出来的现象,其支持者大多是那些在经济不景气的状况下遭受打击最重的人——工人阶级和失业民众、农民以及某些中下层阶级。其调门更多的是伪激进而非伪保守。它用的是平民党人的各种老主题,如非难国际银行家;要求自由铸银,并在货币和信贷系统内部进行其他变革;他们还诉诸反犹太主义言论,其恶毒程度远远超过了平民党人的梦想。这场运动在农村地区和小镇上刮得比在城市里更为强劲;在天主教徒尤其是爱尔兰裔天主教徒中间,要比在新教徒中间浩荡得多;其孤立主义和仇英恐英的名声让它获得了来自德裔的支持,其中既包括天主教徒,也包括路德宗信徒。这场运动在两个地区最为强劲:一个是中西部各州,在那里,它吸引的对象既来自种族,也来自农业农村;一个是新英格兰地区,在那里,它吸引了爱尔兰裔天主教徒。考夫林在南方没有什么人气,这一点很有意思,也许标志着宗教偏好从未消除。此外,直到休伊·朗(Huey Long)[①]惨遭暗杀,南方都有自己本地的而且是更有吸引力的救星。

考夫林主义随着第二次世界大战的爆发和战后美国的繁荣而走向消亡。麦卡锡时代的新右翼与考夫林主义之间既有连续,也有断裂。麦卡锡是爱尔兰裔天主教徒,毫不费力地便获得了曾经在种族和宗教问题上追随考夫林的一帮拥趸,同时也得到了来自东欧所谓"囚徒"国家的少数族群的某些支持。但作为繁荣时期出现的一种现象,麦卡锡主义几乎完全没有经济方面的内容,更没有什么经济纲领。由于麦卡锡既吸引了那些不满本党继续被东派(eastern wing)[②]控制的共和党人,也吸引了两党中那些被冷战反共情绪裹挟的人,因而其追随者要比考夫林的多得多。总的来说,他不仅从天主教徒和缺乏良好教育的人们那里,也从共和党人、爱尔兰裔、下层阶级和老年人那里,获得了大量支持,支持力度远远超过了他们在总人口中所占的比例。除了不谈经济问题外,

---

[①] 休伊·朗(Huey Pierce Long Jr., 1893—1935),美国政治家,1928—1932年担任路易斯安那州第40任州长,1932年当选美国参议院议员,1935年遭暗杀。朗是一位极富争议的人物,誉之者谓其穷人之救星,毁之者谓其法西斯主义煽动者。——译者

[②] 彼时共和党分为两个派系,左派以东北部为大本营,名为东派;右翼则以西部和东南部为主要基地。——译者

麦卡锡还出乎意料地放弃了老右翼的反犹太主义诉求。

麦卡锡的力量,部分在于他能把自己对大众的吸引力同他对上层阶级内部某一特定阶层的某种特殊的吸引力结合起来。考夫林的追随者几乎全都是社会地位低下的人,相比之下,麦卡锡却能赢得相当多的中上层人士的支持,动员那些对新政带来的变化打心底里从未接受过的共和党人——他们对该党长期被排除在总统权力之外的愤怒正达到顶点。此外,还有证据表明,麦卡锡对战后新富阶层有着某种特殊的吸引力。就右翼未来而言,同样最具有预示性的,是他对那些有基要主义取向的新教徒的强大吸引力,这些人如今和天主教内的同道中人一起,在右翼里占据了显要位置。①

这一点鲜明地体现在浸信会的观点不断发生变化上。可能是因为考夫林从事的是牧师职业的关系,浸信会对他的支持,在诸福音教派中非常靠后,但麦卡锡虽然是一位天主教平信徒,却可以从他们那里获得比其他任何新教教派都要多的支持。正是在麦卡锡主义时代,反共议题在这一福音教派成员那里变得异常突出(在其他教派成员那里大概也是如此)。他们放弃了传统的反对天主教的基本态度,以参加右翼的反共大联合。

20世纪60年代,右翼势力顺着社会—经济阶梯继续不断爬升,其领导权已经落入约翰·伯奇协会手中。伯奇协会奉行极端保守的经济思想观念,对穷苦大众几乎没有吸引力。它主要是一个接受过良好教育的中上层共和党人的组织,这些人在接受过教育的各阶层中从几个方面看都是异类——包括相较于整个全国人口而言,其性情中的种族偏见更加浓郁。② 伯奇协会是

---

① 我们还须牢记,麦卡锡主义是一种比极右本身更具广泛意义的现象。1953—1954年间,麦卡锡的影响达到顶峰时,没有任何一项民意调查显示只有不到34%的公众支持他;1954年1月,这个数字更是一度飙升到50%。但任何一位通晓事理的观察家都不会认为,极端右翼思想俘获了1/3的美国大众;要是说一半的美国大众都忠于极端右翼思想,那就更不可能了。举例来说,1964年7月正是右翼势力大骚动时期,但一项全国性的大规模民意调查发现,只有4%的公众受到影响,会因为某位总统候选人得到约翰·伯奇协会的支持投他的票;相比之下,有47%的人更倾向于投票反对他;其余的人则不受影响或不发表意见。The New York Times,July 31,1964. 颇为典型的是,只有大约5%~10%的公众表示赞成约翰·伯奇协会[Bell(ed.). op. cit., pp. 201—2, 349—63],尽管其各种右翼立场往往得到多达15%的公众认可。

② 伯奇主义分子对黑人、墨西哥人和东方人的偏见,应该说比对犹太人的偏见更加明显。他们对天主教徒抱有的偏见比反伯奇主义分子的人要稍许浅些。(Lipset. op. cit., p. 361)尽管所有民意调查一致认为,伯奇主义分子接受的正规教育,程度相对较高,但这些调查都没有提供他们所上的大学究竟属于何种类型这方面的信息,要是知道这些大学在多大程度上算得上是世界性的大学与学院或者说教派机构,那倒很有意思。

个精英团体，其成员的受教育程度当然要比其他右翼团体的成员高得多，这也在美国社会受过教育的上层阶级内部造成了一种与党派身份有关的有趣的对立现象。在民主党人那里，增进教育和加大反对伯奇协会的力度紧密联系在一起；但在共和党人中，增进教育却与加强对该协会的支持之间相互关联。

虽然伯奇协会作为一个整体，其获得的来自民众方面最重要的支持，是富裕的共和党新教徒，但在党派身份恒定不变的情况下，它对天主教徒也具有某种特殊的吸引力。我们可以给其画出这样一副社会学肖像：该群体拥有强势社会地位，大多生活富足、受教育程度超过平均水平，却表现出富人和受过教育的人当中并不常见的某种程度的偏见和同社会之间的紧张关系。

虽然20世纪60年代的极端右翼分子人数未必比麦卡锡主义时期多，但右翼已经学会了如何组织的诀窍，这就在很大程度上解释了他们为何取得了更大成功。考夫林主义和麦卡锡主义很大程度上都是在电台和报刊上进行连篇累牍的精明宣传的产物，其组织方面所做的努力和取得的成就与此根本无法相提并论。考夫林的那些组织团体，相对而言无足轻重，影响微不足道。麦卡锡连自己的文件都整理不好，就更谈不上组织全国性的运动了。约翰·伯奇协会得到的民众支持只相当于麦卡锡的一个零头，但通过严密组织起来的、极富战斗性的工人干部，取得了成功。他们以一种类似于共产党的基层组织的方式运作，同共和党挂钩不是通过为其四处宣传，而是在各管区、辖区和社区组织中积极工作，在这些地方，意识形态的相似性可以兑现为影响力和控制力。

在基层，极右势力现今主要依靠两类基本社会力量（某些方面互有重叠）的支持：第一，富裕的（也许是新近富裕起来的）郊区受过教育的中产阶级，主要分布在东北地区外围，这批人响应极端保守的经济议题以及好战的民族主义，并力求在政治结构中赢得同其在社会上已经获得的稳固地位相称的一席之地。第二，庞大的下层中产阶级，他们受教育程度稍低，对老式的经济自由主义也没有第一个群体那么着迷，但对一些意识形态的恐惧比前者更甚。由于其思想中浓郁的福音派—基要主义（evangelical-fundamentalist）气质，他们对共产主义的认知相当抽象。

二

由于处在冷战环境当中，又受到富裕社会的刺激，基要主义在政治中重新抬头，并蒸蒸日上，这是过去十五年来值得关注的发展势态。在这里，我出于必要使用广义意义上的"基要主义"一词，用其描述一种宗教风格，非指严格遵守教义，因为没有人知道，究竟有多少福音派右翼严格信守《圣经》字面上的意思和其他基本教义。此外，这里还需做两点说明：第一，大量基要主义者把自己委身宗教解释为退出世俗政治的理由，就像在这个世界其他事物身上看不到希望一样，他们在世俗政治里也看不到未来。第二，许多基要主义者在国内经济改革上秉承宽厚豁达的意见，不会轻易放弃。但在某些文化政治议题上，基要主义者一直都很固执僵化，当这些问题比较突出时，基要主义者对伪保守主义倡导者的花言巧语，反应就会更加积极、热烈。此外，基要主义传统中盛行的摩尼教式（Manichean）思想风格和末日论（Armageddon）思维方式很容易被带入世俗事务，并转化为一种粗糙得稀奇古怪的、近乎迷信的反共形式。

不仅是整个右翼运动在大众层面上注入了基要主义思维风格，基要主义传教士、前传教士以及基要主义传教士的子孙后代在整个右翼运动中所处的位置也异常突出，这表明右翼运动与基要主义在思想上相互吻合。右翼那些首屈一指的代言人把福音派复兴主义者的方法和风格引入政治，即如许多传教士发现，把他们的神示政治化，比起单纯只是诉诸受众的宗教情感，可以激发更多热情，筹集更多资金。[1]

---

[1] 这不是我们历史上第一个基要主义领袖因其信仰和价值观遭到普遍否定而感到痛苦不堪，从而把精力用在政治上做出反应的时期。20 世纪 20 年代，他们就对三 K 党给予过大力支持，这一点在南方尤甚。三 K 党在 1922—1928 年期间雇用的 39 名从事反天主教演讲的讲师中，有 26 位是属于基要主义类别的新教牧师，其中又有 16 位牧师是三 K 党官员。三 K 党人经常在这些牧师家里受到款待，教堂也被用来举行三 K 党会议。新三 K 党的两位主要领导人都有基要主义背景，发起人威廉•J. 西蒙斯上校（William J. Simmons）此前一直是一位宗教露天集会的倡导者；推动其实现跨越式发展的爱德华•Y. 克拉克（Edward Y. Clarke），在不再从事三 K 党活动后投身于基要主义运动。作为回报，三 K 党经常为通过反进化论法律进行斗争。关于某些教派的牧师同三 K 党活动之间的关系，参见 Michael Williams, *The Shadow of the Pope*(New York, 1932), pp. 317 ff.。关于这种联系的边界与限制，以及新教教徒反对三 K 党的情况，参见 Robert Moats Miller, "A Note on the Relation between the Protestant Churches and the Revival of the Klan", *Journal of Southern History*, XXIII(August, 1956), 355—368。

有了右翼政治作后盾，一度强烈反天主教的那类刻板的新教徒，现在可以与具有类似战斗精神的天主教徒联合起来，迸发出基督教各派大联合的热情，反对共产主义，共同捍卫基督教文明。以前用于骚扰天主教徒的恶意能量，现在可以用来揪出共产党人，甚至是用来攻击新教自由派的所谓颠覆。这可比以前划算多了。将生活看成是绝对的善与绝对的恶之间的斗争那种摩尼教观念，以及认为世界末日无法抗拒的看法，现已被牵强附会地加以世俗化，并移到冷战上来——基督教和共产主义之间的冲突被看成是一场殊死决战，基督教被视为唯一一支可以同共产主义信条相抗衡的力量。

基要主义领导人在右翼组织中所起的作用，远远超过了基要主义力量在全体右翼中所占的分量。这些人当中有小罗伯特·H.韦尔奇（Robert H. Welch, Jr.），约翰·伯奇协会创始人；弗雷德·C.施瓦茨（Fred C. Schwarz）博士，基督教反共十字军（Christian Anti-Communism Crusade）首领；以及比利·哈吉斯牧师（Reverend Billy Hargis），来自兴盛于西南部的基督教十字军（Christian Crusade）组织。[①]

基要主义极端保守主义的兴起，很大程度上可能同南方浸信会（Southern

[①] 韦尔奇在北卡罗来纳长大，是一名虔诚的基要主义浸信会教徒。他选择用来自乔治亚州梅肯市（Macon）一位年轻的基要主义浸信会传教士的名字来命名自己的组织。作为一位生意兴隆的糖果生产商，韦尔奇在美国全国制造商协会（National Association of Manufacturers）里一度非常活跃，他的身上体现了基要主义的灵感与小企业狭隘的保守主义两者的结合，而正是这两者的结合，激发了极右分子的活力。施瓦茨是澳大利亚一位五旬节派（Pentecostal）传教士的儿子，在自己的母国做过非专业的传教士，在应一些反现代主义传教士的邀请来到美国之前，经验已经十分丰富。来到美国之后，他以福音派风格的巡回讲演开始了自己在美国的生涯。在他为自己的"学校"招募的"教职人员"中，传教士和前传教士极为突出。哈吉斯从福音派转向右翼政治，其方式与杰拉尔德·L. K. 史密斯（Gerald L. K. Smith）、杰拉尔德·温罗德（Gerald Winrod）和J. 弗兰克·诺里斯（J. Frank Norris）等前辈大致相同。虽然他的宗教组织现已经独立，但他的出身是位于阿肯色州的奥扎克圣经学院（Ozark Bible College）和基督门徒教会（Disciples of Christ）。西南地区另一位成功的领导人是乔治·本森（George Benson）博士，此人曾是基督教会在中国的传教士，现在是教会附属学院哈丁学院（Harding College）的院长。该学院位于阿肯色州的塞尔西（Searcy），如今仍然坚持反对达尔文，但其名声主要来自它在为右翼政治性的广播节目和电视新闻片提供资料来源方面发挥的作用，它也借此吸引了商界人士的慷慨捐助。在东部，来自新泽西州科林斯伍德（Collingswood）的圣经长老会（Bible Presbyterian Church）牧师卡尔·麦金泰尔（Carl McIntire）通过自己的广播节目，吸引了大量听众。麦金泰尔曾是正统的基督教基要主义者H. 格雷欣·梅钦（H. Gresham Machen）的信徒，在被长老会全体大会开除后，着手建立了自己的教会。他一直大声疾呼，反对现代基督教和普世运动（ecumenical movement）。最后，还有美国教会联盟（Church League of America），该联盟1937年成立时旨在打击自由派新教，但现在是一个右翼组织。负责该组织管理工作的是由南方浸信会授予圣职的牧师埃德加·邦迪（Edgar Bundy）。

Baptist Church)①的惊人发展有关:1936年,该教会的成员为230万人,1962年成员增至1 000万人。基督教右翼教会也都经历了类似的发展。这些团体内部成员人数的增加,远远超过了同期较为温和的各新教教派。② 这类教会团体制造了庞大的信众,教会成员以前生活贫困,极度压抑,但如今普遍比较富裕,身上有时会兼有新富阶层的经济偏见和反感现代生活的人们所存的道德偏见。

当然,我们对基要主义领导人在右翼团体中发挥作用的了解,要比对广大追随者身上的基要主义信仰的了解来得更深。雷蒙德·E. 沃尔芬格(Raymond E. Wolfinger)和他的同事,通过对在加利福尼亚州的奥克兰(Oakland)采集的基督教反共十字军样本的研究,提出该组织内部存在两种类型的亚文化。他们的研究结果表明,在生活较为富裕、受过良好教育、"老于世故"的一派同宗教情感更浓厚、倾向于基要主义的一派之间,有一个分叉点,前者关心最强烈的是极端保守主义的经济主张;后者则主要关心宗教和道德问题。在同意接受采访的308人中,属于基要派教会的占20%(在南加州地区,这个比例更高)。那些说他们由于教会的影响来到这派右翼运动各所"学校"的人,在如下几个重要方面有别于整个样本:他们更倾向于基要主义,作为教会成员更加活跃,生活不太富裕,受教育程度较低,在政治方面不太活跃。他们比其他受访者更倾向于赞同医疗保险和联邦教育资助等项改革,更愿意承认工会的合法性。他们更强烈的基督教信仰也许还反映在相比其他南方成员,他们不太那么赞同种族融合。但他们对进化论的反对更加强烈,对共产主义对有神论信仰的威胁更加不安,对所谓来自内部的共产主义对国家的威胁更加焦虑。③ 在中西部一

---

① 南方浸信会(Southern Baptist Convention),中文名"美南浸信会",是美国最大的基督教新教教派,由美国浸信会于1845年分裂而来(是年,美国浸信会分裂成美南浸信会和美北浸礼会),总部位于田纳西州首府纳什维尔。该教会在信仰立场上属于保守教会。——译者

② Kenneth K. Bailey. *Southern White Protestantism in the Twentieth Century* (New York, 1964), p. 152. 参见本书第3章和第4章关于南方基要主义背景的论述。关于伴随着这种惊人的增长而来的内部紧张状况,参见 Samuel S. Hill, Jr. . "The Southern Baptists", *Christian Century*, LXXX (January, 1963), 39—42。

③ Wolfinger et al. . "America's Radical Right: Politics and Ideology", in David E. Apter (ed.): *Ideology and Discontent* (Glencoe, Ill. , 1964), pp. 281—283. 该项研究没有声称自己的样本具有代表性。除其他困难外,最大的难题在于,相当一部分成员对从事调查采访的学生抱有敌意,拒绝接受采访,拒绝回答邮寄给他们的调查问卷。这表明接受沃尔芬格团队调查采访的那些受访者,代表了该运动中不那么极端的成员。这些十字军成员选取自专业技术工人和企业管理人员、收入超过1万美元的人群以及大学毕业或是上过大学的人,选出来的人数同这类人在整个基督教反共十字军中所占的比例很不相称;其平均年龄也略高于湾区(the Bay area)总人口平均年龄。他们的基本情况与一次全国性抽样调查中那些赞成伯奇协会的人极其相似,参见 Lipset. op. cit. , p. 350。

个小型工业城市,同一运动的成员也曾亲身进行过一项不甚体系的观察研究。结果显示,该运动中浸信会—基要主义者(Baptist-fundamentalist)占压倒性多数,他们均只具备高中文化水平(几乎没有例外),极其反智,为维护老式的品格美德忧心忡忡,并倾向于以偏妄的方式看待世界。[1]

三

要加深我们对 20 世纪 50 年代、60 年代政治的了解,有一种方法是拿它同 20 世纪 20 年代的政治进行比较。在 20 世纪 20 年代,我们的政治生活受到了某些文化斗争的深刻影响,有时甚至被这些斗争所支配。这些文化上的斗争后来被大萧条、新政和战争给打断和引开,但又在战后几十年来不同背景下某种程度上重新发挥作用。不管是 20 世纪 20 年代还是战后时期,都是相对繁荣的时期,因而经济议题的影响力有所减弱,身份政治议题——宗教、道德、个人作风和文化等——的影响则急剧上升。在我们历史上的所有竞选活动中,几乎完全被身份政治主导的竞选活动,是 1928 年史密斯和胡佛之间的总统竞选。两者之间的对决正值 20 年代前途险恶的繁荣接近巅峰的时期,这一点很能说明问题。1964 年,又是在经济繁荣的情况下,身份政治问题再次发挥了非同寻常的重要作用。

在 20 世纪 20 年代,小镇上和农村中的新教徒针对他们迅速增长的敌人——他们的敌人来自两个方向:一面是日益壮大的天主教徒和少数族裔,另一面是宗教方面的现代派和思想文化上的世俗主义者——发动了一场强有力的捍卫自己文化价值观的斗争。三K党、禁酒主义(Prohibitionism)、抵制进化论进校园、反对天主教,以及造谣反对阿尔·史密斯(Al Smith),都构成了这场斗争的内容。在限制移民方面,守旧派取得了重大的而且是永久性的胜利;在禁酒方面,他们也取得了虽则是暂时的,然而却也是可喜的成功。但在其他方面,他们却继续不断丢城失地。在反对公立学校讲授进化论的斗争中,他们输得灰头土脸,受到了全世界的冷嘲热讽;其反对现代人在礼节、道德和审查方面

---

[1] Mark Chesler and Richard Schmuck. "Participant Observation in a Super-Patriot Discussion Group", *Journal of Social Issues*, XIX(April, 1963), 18—30.

放宽要求的斗争,也以失败告终;遏制移民影响力的努力在民主党内亦再次铩羽而归。1924年,农村中信仰新教的民主党人大闹了一番,力图使他们的政党摆脱城市少数族裔分子(urban ethnic)的主导,两派在1924年的民主党大会上几乎把民主党闹得四分五裂。到1928年,对手掌控了局面,史密斯被提名为总统候选人。史密斯为他的宗教信仰以及他对传统礼节和道德的违抗付出了沉重代价,但他还是成功了。这次成功,部分原因在于他把天主教族裔动员出来参加了投票。史密斯的成功,使他的政党恢复了元气,并将它从此前两次选举遭遇的绝望处境中拉了出来。民主党成为城里操着各种各样语言的新美国人的联合型政党。富兰克林·德拉诺·罗斯福完成了史密斯开创的事业,把国内少数族裔和工人阶级整合成一支有力的政治力量,这和他的经济改革差不多同样重要。

  大萧条和第二次世界大战在一定程度上掩盖了这些文化上的对立,尽管表象背后这些对立时常清晰可见。基要主义福音派美国人作为一种政治力量,实际上长期处于分裂或是沉寂状态,以至于许多知识分子已经忘记了它依然存在。它也没有放弃自己对禁酒主义的投入,依然反感在公立教育中讲授进化论。① 据盖洛普民意调查显示,即便近至1959年,仍有34%的新教徒赞成在全国范围内实施禁酒。在信奉新教的农民中,持有这种意见的占比为3/5;在人口不到10 000人的城镇,有2/5的新教徒持有这种态度。② 就在几年前,又有一项调查再次显示,为保护年轻人不受达尔文主义和世俗主义的影响而做出的虽则静静悄悄但却异常坚决的努力,已经产生了效果。这项在青少年群体中展开的调查,采集了海量样本,最终结果显示,只有35%的人在"人是从低级动物进化而来的"这一表述的后面,勾了选项"是"。有多达40%的人选了"否",另有24%的人表示"不清楚"。③

  所有这一切的重点,并不是说,20世纪20年代那些旧的文化议题仍是当前状况下重要而显性的问题;而是说,主张禁欲的新教在当代美国仍是一股巨大

---

  ① 我在《美国生活中的反智主义》(*Anti-intellectualism in American Life*)(纽约,1963)一书中试着解释了对现代性的反抗发生的背景,尤见该书第5章。

  ② Seymour M. Lipset. "Religion and Politics in the American Past and Present", in Robert Lee and Martin Marty(eds.):*Religion and Social Conflict*(New York,1964),pp. 114—115.

  ③ H. H. Remmers and D. H. Radler. *The American Teenager*(Indianapolis,1957).

的暗流,其追随者找到了各种新奇怪异的方法来重申他们的某些信念。他们无法让禁酒令(Prohibition)卷土重来,也做不到把进化论完全挡在校园之外。他们甚至既无力捍卫学校祷告制度,也没有能耐阻止《生活》(*Life*)杂志刊登近乎裸体的泳装。但是,他们可以反责、可以严厉对待让他们义愤填膺的新美国,并找到了强有力的领导人来附和他们的看法。① 随着旧的反移民斗争的重要性逐渐减弱,黑人"革命"让他们中许多人感到恐惧,族裔冲突于是又有了新的焦点。这次参与反抗现代性的,不再是"乡巴佬"。受现代城市化进程的影响,他们比以前老于世故,凝聚力也更强。他们也住在市里和市郊,令他们恼怒焦虑的事情离他们在距离上更近,在心理上更恼人;但也正因如此,他们彼此在距离上也更加接近,大家也更容易受到组织的感染。

最重要的是,他们发现了一个战斗议题。这个议题帮助他们克服了以前的孤立状态,让他们终于同整个美国找到了共同之处:他们执拗地强烈反对共产主义,对所有加入反共激情大合唱的盟友,都欣然接受。他们对同天主教徒达成妥协感到格外高兴,也特别乐于接受少数族裔群体成为自己的战友。巴比伦大淫妇(Whore of Babylon)现正坐在莫斯科而不在罗马②,这对他们来说具有莫大的好处,因为他们已经能把强大的国内敌人——天主教会——变成盟友,并在原来的地方安放美国共产党人。这样的共产党人几乎是不可能找得到的,这也难不倒他们。自由派人士、和平主义者、披头族(beatnik)③、鼓吹种族正义者、其他信仰的激进分子——这些都是罗伯特·韦尔奇嘴里的"同情共产党分子"——也可以起到同样的作用。

持这种观点的人倾向于把世俗政治问题解释为纯粹的道德与精神上的斗争。他们不太关心世界舞台上的斗争,关心的主要是共产主义对国内政治和道德的所谓破坏。冷战虽然可以经常被拿来指责我们道义上和物质上的失败,但对他们来

---

① 这方面的例子,可参见下文第 116—124 页。
② 巴比伦大淫妇(Whore of Babylon),《新约圣经·启示录》中提到的寓言式人物,寓指基督教眼中的邪恶思想和宗教。据《启示录》第 17 章第 2 节:"地上的君王向来与她行淫,住在地上的人喝醉了她淫乱的酒。"第 17 章第 5 节:"她额上有名写着说,奥秘哉! 大巴比伦,做世上众淫妇和一切可憎之物的母。"——译者
③ "beatnik"一词由"beat"和"sputnik"组合而来,"beat"一词谓"疲惫"或"潦倒"之意,"sputnik"是苏联 1957 年发射的人类第一颗人造卫星。该词最初用于讽刺"垮掉的一代"(Beat Generation)成员,意指他们行为举止不合时宜。——译者

说,其作为世界政治舞台上一场客观存在的斗争,并没有什么吸引力。冷战在他们眼里是同绝对恶的小卒们进行的一场精神上的角力。就像撒旦的力量经常发生的情况一样,这些小卒们也具有一种不可抗拒的吸引力。那些以这种方式看待世界的人,将他们这场重大斗争看作是一场针对国内其他美国人的战争,他们热切地响应这一在右翼分子中间极其普遍的观念:威胁美国自由的最大敌人在华盛顿。此外,过去只有个别想法古怪的人有兴趣出钱资助人们攻击天主教,如今这类运动从右翼基金会和国家的一些大型商业公司那里获得了喷薄不歇的资金。

尽管许多具有基要主义倾向的美国人传统上一直同情、支持经济和社会改革,但右翼思想中有一个方面始终吸引着他们,那就是,它对经济的看法中包含着坚定的是非观念。可以肯定的是,基督教的经济道德主义总是支持仁爱,激励人们去进行社会改革。但它也有自己的另外一面。主张禁欲主义的新教将经济生活看作是实现各种美德的一个领域,因而基督教的伦理主义实际上一直都在为右翼的不满效劳。新教思想中有一种倾向,即长期以来不仅指望经济生活在商品生产和服务中发挥功效,而且将其视为一种可以用于道德约束的庞大机制,该机制对美德和勤奋予以高度评价,对邪恶和懒惰则予以惩罚。在过去,职业生活就该给大家灌输谨慎、节约和勤奋——许多作家也似乎一直都觉得,在这方面经济纪律比说教和规劝更有效;职业生活是道德的试验场。如今,这些看法都已经遭到人们的蔑视。建立在广告、铺张消费、分期付款、社会保障、贫困救济、政府财政操控和赤字预算基础上的现代经济,即使碰巧起了作用,但看起来还是不顾后果,也不道德。因此,在当代极端保守主义的综合分析中,新教禁欲主义的各种冲动可以用来支持商业上的自利和新古典主义经济学家那些漂亮的数学模型。

四

现在可以回到我们当初关注的问题上来:新富阶层、基要主义者和现代美国右翼的其他组成部分在多大程度上受到了身份怨恨和身份焦虑的刺激? 这个问题似乎没有十年前那么紧迫,因为《激进右翼》(*The Radical Right*)的诸位作者那时力图提出的观点如今已被广泛接受。当时,我们都为一个突出的事实所触动:美国右翼的宣传材料都不是在宣传觉得自己拥有什么,而是在宣传自己觉得被剥夺了什么。

这是一种怨恨宣传,具有极深的反体制意味。① 我们都对它自命为保守主义的那份浅薄印象深刻,对它对自己四周的文化和制度怀有的深深敌意深有感触。

人们可以说《激进右翼》中的文章全都在细究身份怨恨。但大家之所以这么做,并非因为他们认为自己找到了对右翼思想路线的终极、唯一解释,而是因为我们发现了这场运动迄今为止被忽视了的、尚未做出解释的一面。我们的看法是对大家业已了解的右翼相关情况所作的补充,而不是试图取代右翼产生的不可否认的结构性历史背景。简而言之,我们并不试图否认明显的事实,而是试图超越它。

因此,我们对美国社会中起作用的某些社会和心理力量的强调,并不是要否认催生右翼复兴的复杂环境——朝鲜战争的冲击、我们外交政策的失败、共和党人在总统政治中长期失利导致的挫败感、传统上对轻松赚大钱的愤怒、持续的高税收、通货膨胀的影响、政治腐败被曝光、长期被压抑的对新政及其确立的各项社会改革的怨恨,以及对新政所确立的国家领导样式的厌恶。我们试图让外加的社会和心理力量浮出水面,正是这些社会和心理力量让上述所有这些情况汇向一个中心,帮它们找到一种修辞形式,并赋予右翼反体制的主导精神以独特的优势。我们对繁荣的进程结出他们那种不满果实的方式印象深刻,这种不满即便不像困难时期那么普遍,却一样苦涩和强烈。

《激进右翼》的各篇文章中对身份怨恨和身份焦虑的强调,部分是基于对麦卡锡主义分子的社会经济身份和所受教育的调查数据进行的推论,部分是基于对当代社会变化所做的大致观察,部分来自麦卡锡主义言论和其不满所针对的社会对象。重要的不仅是麦卡锡主义右翼分子认为国家出了哪些错,还包括他们认为是谁犯下的错。他们反复指责"穿着条纹长裤的外交官"②、常春藤学校的毕业生、高级将领、大学校长、知识分子、东部地区上层阶级、哈佛教授以及大学优等生荣誉学会成员之所以犯下这些错,似乎都是想达到心理上的目的,而这些心理上的目的同对国家面临的困难和失败所做的真实的历史描述几乎毫不沾边。③ 正如麦卡

---

① 令人印象深刻的还有这些人群的实际社会地位与他们的不满程度之间的反差。丹尼尔·贝尔观察到,他们来自迥然不同的群体,其中许多群体都干得很出色。"通过寻找他们在经济上的位置来认识'被剥夺者',多少会产生些误导,因为造成他们焦虑的不只是经济利益。"Bell(ed.), op. cit., p. 9.
② striped-pants,字面意思"身穿条纹长裤的",引申为"注重形式的""刻板的"。——译者
③ Immanuel Wallerstein, "McCarthyism and the Conservative", unpublished M. A. essay, Columbia University(1954), pp. 46 ff.

锡在惠灵（Wheeling）的那场著名演讲中所说，国家已经被这样的人给出卖了，他们"享受着世界上最富有的国家所能提供的一切福利——最好的住房、最好的大学教育和政府里最好的工作。……那些含着银汤匙出生的聪明的年轻人最坏"。①

这似乎说出了身份怨恨的某些心声，但这些身份怨恨，我们很难用数字来估算，也很难衡量它们在起作用的众多因素中究竟处在什么位置。据我所知，只有一项研究尝试用过把身份怨恨付诸实验的方式，来确定人们可以感觉到的各种身份怨恨。实验报告在一定程度上证实了《激进右翼》中的假设。② 其他经验研究强调右翼形成过程中存在大量可变因素，这么说当然完全正确，但并不能有效证明身份怨恨应该被排除在外。③

《激进右翼》中的文章，源自对迄今仍被视为理所当然的某些事实的好奇。我

---

① *Congressional Record*, 81st Cong., 2nd sess. (February 20, 1950), p. 1954.

② Robert Sokol. "Status Inconsistency", unpublished doctoral dissertation, Columbia University (1961), 尤见 pp. 87—95, 120—125, 175, 198—200。

③ 我认为，对现有各种来源的资料所做的最佳评价，仍是西摩·李普塞特《激进右翼三十年》(*Three Decades of the Radical Right*)中的评价，尤见 pp. 326—348。人们最喜欢拿来作为有效反驳身份假说的引证，是马丁·特罗(Martin Trow)1954 年在佛蒙特州本宁顿(Bennington)对麦卡锡主义者的观点所做的调查。"Small Businessmen, Political Tolerance, and Support for McCarthy", *American Journal of Sociology*, LXIV(November, 1958), 270—281。我搞不懂，人们为何会对该项调查做这般理解。该项研究虽然在一个相当边缘的问题上和身份假说很不同，但非常强调麦卡锡主义中的反保守、反体制因素。研究发现麦卡锡主义针对的"正是保守派当局和机构——'大人物''架子十足的家伙''官僚'"；将对麦卡锡的支持看成是"对社会、经济和政治秩序方面某些不满的宣泄"；发现麦卡锡主义者"对这么一个不断冒犯他们最深层价值的世界深感困惑和愤慨"；并记述说，由于怨恨和愤慨"没有有效的、制度化的表达渠道"，以及"对现代社会占主导地位的潮流和制度普遍感到恐惧"，他们极为活跃；调查报告还对此进行了具体分析，而这项分析同人们认为它所驳斥的作者的分析之间并没有什么明显不同，尤见 pp. 72—77。无论如何，我们都没有理由认为本宁顿是研究麦卡锡主义的好所在或者是一个有代表性的地方；而且，正如李普塞特所指出的那样，这篇研究中，有些关键性的调研结果，用全国性的数据无法复刻。*Three Decades of the Radical Right*, pp. 340—341。

有两份关于极端右翼的极富价值的研究，对身份假说提出了严重质疑：一份是 Nelson W. Polsby. "Toward an Explanation of McCarthyism", *Political Studies*, VIII(1960), 250—271；另一份是 Wolfinger. op. cit.。但他们在得出的肯定性结论中，也举例说明了他们在这一主题的研究上遇到的某些困难。波尔斯比详细讲解了"麦卡锡在基层主要是获得了共和党人的支持这一假设的有力证据"。沃尔芬格在他对 20 世纪 60 年代右翼的基督教十字军的研究中呼应了波尔斯比的观点。该研究发现，"十字军最突出的事实是：不管他们是什么人，他们都不是民主党人"。他说，民主党人稀稀朗朗是"我们样本中最引人注目的唯一一个特征"。这些结论——麦卡锡对共和党人的吸引力大于对民主党人的吸引力；20 世纪 60 年代右翼人士在党派归属上，共和党人占据了压倒性多数——有个极大的好处，即可能在时间长河里不断回响，而不受挑战，也不会损坏。它们具有可靠性，这一点特别吸引人，但它们没有为我们的认知宝库增添惹人注目的新思想。最切题的做法是，找出是什么将加入极端右翼的共和党人与认为极端右翼对全体国民构成了威胁的共和党人区别开来，以及相当数量的支持麦卡锡的民主党人究竟具有哪些社会特征。

们想知道，为什么在许多事情上受到类似影响的美国人对这些事情的反应竟会如此不同。当然，党派归属、社会经济身份和所在地域对政治立场的影响一直存在。但在这种情况下，这些显而易见的因素的叠加，并没有给我们带来令人满意的或是详尽全面的答案。例如，20世纪50年代发生的各大事件，当时在同一社会阶层和同一政党的人士中间引起了广泛的反应。人们对政治事件的反响，同以往一样，不仅是对应该奉行的政策有着截然不同的看法，在思考方式、语言风格上也有着明显不同。据了解，朝鲜战争及共和党人长期被排除在白宫之外，同时代的脾性关系很大。但为什么有些共和党人欢迎在朝鲜实现和平，而另一些共和党人却把促成和平的共和党籍总统贴上卖国贼标签？同样，我们不能指望百万富翁喜欢累进税，但我们该如何解释来自得克萨斯州的第一代或者第二代石油巨贾同来自纽约的第三代石油大亨之间在政治上的分歧？为什么拥有同样的收入、同属一个政党的纳税人，对承自新政的各项社会改革却有如此迥然不同的看法？

我承认，我对用做工具来解释右翼煽动起来的不满情绪的"身份政治"这个词，怀有复杂的感情。一方面，我不想夸大狭义意义上的身份在20世纪50年代或是今天右翼中扮演的角色。右翼的构成成分中含有大量社会和经济因素，和用任何其他单一因素来解释一样，这一解释必然有其局限性。然而，如果由于它在这方面作用有限而弃之不用，那就丢掉了身份政治和利益政治之间在根本上的重要区别，这样做我会引以为憾。我之所以选择"身份政治"这个词，是因为我想找到某种方法，来标示形形色色的不满人士内心所共同拥有的一种冲动。如果说"身份"一词有什么误导之处的话，那是因为它的含义对其所试图描述的对象而言有些过于具体，且有以偏概全之嫌。很少有哪位批评家否认该词所指对象的存在或重要性，只是有人认为，用诸如"文化政治"和"象征政治"之类的术语会更好。

在原来那篇文章中，我用"身份政治"一词来指代三件彼此相关但并不完全相同的事。首先是美国认同问题。由于移民来源不同以及少数族裔问题，这个问题很复杂。其次是社会地位问题。这个问题可以定义为各种不同群体和不同职业在社会上博得敬重的能力。最后是信奉不同文化和道德的美国人，为保证他们的价值观受到整个社会的尊重而付出的努力。我使用这个术语的目的，是想提高我们对一类持续不断的政治斗争的认识。这类斗争不是来自我们所熟悉的利益集团政治中各种真实的或想象的利益竞争——历史上为了廉价土地、低息贷款、更高的农产品价格、更大的利润、各种市场保护、更多的就业机会、更强的议价能力、经济上的安全等而进行的斗争,而是出于对某些其他价值观的信守。共同拥有这些价值观的人将其视为终极道德目标,去无私地追求。这些人认为,他们在社会上的声望甚至是他们的尊严(确实如此),都取决于让这些价值观念得到公开赞誉。人们除经济上的各种期望之外,在其他领域——宗教、道德、文化、种族关系——也有深深的情感上的投入,他们也希望通过政治行动确保这些努力的目标得以实现。身份政治寻求的不是推进可见的物质利益,而是表达对这类问题的不满和怨恨,要求社会敬重经济方面以外的价值。一般来说,身份政治更多地旨在表达情感,而不是制定政策。实际上,身份政治方面的主张很难化为具体方案或者具体目标(全国性的禁酒令是个例外,虽然最终还是没有成功)。倡导这类政治的人,绝大部分关心的与其说是权力的用途,毋宁说是权力的所谓误用和滥用,因而不会从"立"的角度提出积极、主动的方案来解决社会问题。他们要求采取的行动倒更可能具有否定的色彩。他们主要是要求我们去禁止某事某事、去预防某事某事、去审查和斥责某事某人、去质疑和揭穿某事某人以及去惩罚这个或那个。

约瑟夫·R. 古斯菲尔德(Joseph R. Gusfield)最近关于禁酒运动的著作《象征性的十字军:身份政治和禁酒运动》(*Symbolic Crusade: Status Politics and the Temperance Movement*),是将身份政治概念应用于我们某一方面历史研究的极为有益的尝试。他极其尖锐地将身份政治定义为"在影响力的分配问题上的政治冲突",认为其重要性"正在于识别某些社会和政治冲突中同样至关重要的非经济部分"。① 古斯菲尔德对那些他称之为"文化基要主义者"和"文化现代主义者"之间的政治目标进行了区分——基要主义者一心一意只顾埋头生产、工作和攒钱,现

---

① *Symbolic Crusade* (Urbana, Ill., 1963), p. 18. "当一个政治问题其各种有形的工具性后果退居次要地位,人们看中的是该问题对自己获取声望的意义时,它就变成了一个身份问题。……争论的焦点与其说是拟议的措施对具体行动的影响,不如说是谁的文化应该被政府用公共行动赋予合法性"(p. 148)。

古斯菲尔德小心谨慎地极力避免犯下将问题简单化的错误,并且做得相当不错。他认识到禁酒运动倡导者确实极其真诚地关心道德问题,没有试图将其简化为仅仅是一心一意关注他们的身份。他展示了他们信奉的道德怎样影响了他们的身份,并提供了大量证据,表明最终他们也相当了解这个过程(尤见第 5 章)。在书中,古斯菲尔德并没有用对身份的关注来置换禁酒运动的实质意图,而只是将其作为禁酒运动需要补充的一个重要方面,参见 pp. 57—60。

代主义者则更关心消费和享受。在罗伯特·默顿(Robert Merton)所使用的术语中,基要主义者是"本地人"(locals),他们的价值观念来自当地社会的传统;现代主义者则是"见多识广的人"(cosmopolitans),他们更熟悉全国范围大众社会发生的事情,不管赞成与否。两者都参与政治,但基要主义者在政治问题上表现特别尖刻,因为他们想恢复往日淳朴的美德,觉得自己是在为被日益夺走的事业战斗。

在这方面,禁酒运动就是例证。古斯菲尔德追溯了禁酒运动从共和国早期一直到最近在政治上的作为。他指出,19世纪末20世纪初的禁酒运动,经常与进步事业——女权主义、基督教和平主义、罗斯福—威尔逊时期的进步运动——联系在一起,但随着其成员日益感到与现代世界格格不入,随着其中较为温和的追随者被拉入世界性社会的影响范围,禁酒的倡导者变得越来越怨恨不平。他们知道自己被人们看作是怪人,那些最受尊敬、最享声望的人也不再支持他们的事业。自罗斯福新政——一个高度城市化和国际化的政府给了全国性的禁酒致命一击——后,该运动的成员从此便转向政治右翼。禁酒党(prohibition party)不再像上代人那样,去试图吸引改革派和自由派人士,但正如古斯菲尔德总结的那样,他们"已经朝着公开吸引两大主要政党右翼分子的方向发展"。

在诸多生活领域,身份政治之风在很大程度上都是由僵硬的道德与宗教态度塑成的,那些为身份政治议题所打动的人,会把他们这些僵硬的态度转到社会经济问题上来。在很多情况下,他们把经济议题当作是信仰上的事、道德上的事,而不是从事实角度来着手处理。比如说,人们经常反对某些经济政策,原因不是他们已经或者将要在经济方面受到这些政策的损害,甚至都不是他们对这些政策的经济效果有过什么深思熟虑的看法;而是因为他们从自己的道德立场出发,不赞成他们自己认为的这些政策所依据的假设。

这方面一个突出的例子,是关于财政政策的争论。我们社会中有很多人强烈反对赤字开支,他们对关系到赤字开支作为一种经济手段的效能的各种复杂问题,从来没有认真思考过——事实上,他们也几乎没有能力这么做。他们之所以反对,是因为他们在开支、债务和精打细算等方面的个人经验或接受的训练,使他们认为赤字支出是对他们赖以生存的道德准则的令人震惊、气愤和憎恶的否定。作为一个身份政治问题,赤字开支是对成千上万从小就节制有度、省吃俭用、精打细算的人——有些人是由于环境所迫不得不过着这种生活——的冒犯。作为一个利益政治问题,赤字开支可能会给他们带来经济上的好处,但这种做法对他们产生的道德上和心理上的影响(这是他们真的能够理解并感觉到的)却恰恰相反:当社会采取赤字政策时,那些一直按照以往的习惯管理自己的事务,生活节俭的小生意人、专业人士、农民和白领工人,就觉得他们的生活方式遭到了来自官方的无礼否定。

当代历史学家和社会批评家尤其迫切需要身份政治这样一种分析工具,这有助于防止他们把政治冲突灌满上两代历史学家和政治科学家作品中浸透了的过度理性主义。在查尔斯·A. 比尔德(Charles A. Beard)、弗雷德里克·杰克逊·特纳(Frederick Jackson Turner)、V. L. 帕林顿(V. L. Parrington)、阿瑟·F. 本特利(Arthur F. Bentley)等作家的指导下,我们过去常常将政治人基本上视为理性人,他会尽可能估算自己的经济利益是什么,会组织压力集团和政党来推进这些利益,并以公民身份投下自己的选票,以确保实现自己的利益。

当然,这派作家明白,人们可能会对其利益的性质和追求利益的最佳方式做出错误的估计。他们也知道,有时非经济因素会显著影响政治行为。但他们坚持在几乎所有政治冲突中去寻找根本的经济动机。他们在处理非经济因素时——现实的真实环境逼着他们不得不去考虑这些非经济因素,往往会低估这些因素的重要性,把它们看作是暂时的偏离,觉得没有必要发展出一套可以将它们充分考虑进去的理论。当政治冲突确实完全集中在经济问题上时,他们对政治冲突的书写说服力最强;而当其他问题走上前台时,他们的书写最薄弱。他们对历史变化的构想最不适合用来处理繁荣时期产生的那类不满情绪,这类不满情绪在相当程度上超越了阶级界限。

这种对理性主义的偏好在我们这个时代已经在很大程度上被打破了,部分是因为受到了政治事件的影响,部分是因为从民意调查和精神分析学(depth psychology)那里学到了一些东西。[①] 把公众大致上看作是形形色色的经济集

[①] 不过,即使是民意测验专家也迟迟未能摆脱旧的思维模式。认识到社会经济身份是一大基本类别,这是商业性民意调查的立身之本,但大家还没有认识到宗教归属的重要性。当保罗·拉扎斯菲尔德(Paul Lazarsfeld)第一次告诉乔治·盖洛普(George Gallup)宗教归属(religious affiliation)对人们的投票习惯有着莫大的、独立的关系时,盖洛普实在难以相信。甚至近至1959年,埃尔默·罗珀(Elmo Roper)还断言,宗教归属和投票之间没有关系。Lipset. "Religion and Politics in the American Past and Present",前文已引,p. 70。关于宗教在美国政治中作为一支独立力量发挥作用,以及提倡禁欲的新教其内在的保守干劲,参见 Benton Johnson. "Ascetic Protestantism and Political Preference", *Public Opinion Quarterly*, XXVI(Spring, 1962), 35—46。

团来加以对待这种政治观念,不足以应对进入我们政治史中的各种其他因素,其中包括纯粹出于习惯和对党的忠诚,族裔来源和族裔传统,宗教信仰和宗教风格,种族偏见和族裔偏见,对自由和审查制度的态度,对与商业目标毫不相干、与国家利益关系令人生疑的外交政策的感觉,等等。在美国历史上,这些力量聚在一起,影响一直非常大。国家富足,又缺乏鲜明的阶级意识,这就为在与经济冲突没有直接关系的问题上发表意见,释放了大量政治能量;我们的族裔问题和宗教问题又百般交结在一起,这样又掺进了动辄激化的情绪性因素,从而让事情变得更加复杂。

值得注意的是,身份政治最明显的时期是相对繁荣的20年代和60年代。在繁荣时期,经济冲突减弱或处于从属地位,其他问题特别尖锐。我们注意到,在萧条时期或经济改革大爆发期间,人们投票支持他们所认为的经济利益所在;而在繁荣时期,他们则可以随性投票支持自己的偏见。在经济形势好的时候,最严重的经济困难已经过去,许多人觉得他们有能力解决更宏大的道德问题,而且他们很容易相信,随之而来的这种政治要比之前粗俗的唯物主义利益政治高级得多。他们在为自己的道德关切步步进逼时,几乎没有什么顾忌,无论其道德关切作为公共政策的目标,要求多么高不可及、筹划多么拙劣不堪。相比之下,他们在迫切追求自身利益时,无论他们的诉求多么合理、现实,也没有这么无所顾忌。在接下来的文章中,我将让大家看到,巴里·戈德华特就是这样一位竞选者。他非常清晰地看到了利益政治和身份政治之间的区别,在竞选运动中,不厌其烦地谴责前者不道德,号召大家强化身份政治。

戈德华特与伪保守主义政治

一

戈德华特获得共和党提名，是美国政坛伪保守主义的胜利时刻。有人可能会说，这是一次偶然事件，因为这次胜利同共和党右翼的力量并不相称，只是由于共和党内部温和派的一系列失败和意外，才出现了这种情况，这一系列失败和意外事故不大会再次出现。但从另一个意义上说，这件事绝非偶然，它的发生源自这个少数党长期令人沮丧的习惯性无能，也源自右翼力量在党内悄然建立起来的高效组织。

如果像戈德华特自己那样，把他看作是保守主义者，他这个人便很令人费解。但如果将他看成伪保守主义者反抗的产物，他的想法就显得清晰明朗、有条不紊。质疑他的保守主义也许看上去是一件无谓的事，但这里并不是要去讨论一个没有意义的空洞问题，或者是给他贴上一个合适的标签，而是的确存在一个更加紧要的问题。这个紧要问题即如罗伯特·J. 多诺万（Robert J. Donovan）所言，是共和党能否学会"把参议员戈德华特及其支持者所声称的保守主义同以往延续下来的保守主义区分开来"的问题。[1]

---

[1] *The Future of the Republican Party* (New York, 1964), p. 127.

毫无疑问,戈德华特的思想中确实留有名副其实的保守主义的一些碎片,但其职业生涯的主要方向使他更接近右翼理论家。这些人是他成功的关键,替他谋划策略、手段,应和他的看法、态度。他则在职业生涯的关键时刻选择去捍卫他们的极端主义。如果不提这些对他持续产生重大影响的交往,对这么一位将整个政治生涯都花在敦促与过去决裂上的"保守主义者",这么一位作为政党领导人其最得意的时刻是对我们传统政治方式的否定与批判的"保守主义者",这么一位其追随者以具有巨大的破坏社会和分裂社会的能量而著称的"保守主义者",这么一位其在公众中的名声不是以墨守成规或过分谨慎,而是以刚愎任性的冲动和鲁莽而著称的"保守主义者",我们该如何解释他这些与保守主义的不同之处?

戈德华特牌的保守主义,其根就在美国,且最易识别。作为其根的这些思想家,在这个国家为数众多,在他们的想象中,保守主义几乎等同于经济个人主义。在这里,戈德华特对作为意识形态的保守主义之标识的各种怀旧的幻想以及真理会反复现身的宣告,报以更热烈的响应;而对用在具体实践上的美国保守主义做法——那种精明而巧妙的操作、妥协与和解传统——则不以为然。大多数保守派人士主要关心的是维持一连串制度的稳定、有效,认为这些制度的稳定、有效应该由这个国家的商业精英和政治精英负责。戈德华特认为,保守主义是一套永恒不变的思想体系和理想体系,这套体系对我们的要求必须不断得到充分的伸张和实践。① 保守主义作为一套理论,必须通过论战来确立其正当性;作为一套规则,必须由它在治理中的合用性来确立其有效性。两者之间的区别不是细微的差别,而是根本的实质性区别。

---

① "上帝的律法,还有自然的法则,都没有时间限制。保守派政治立场所依据的原则是通过一个过程确立起来的,这个过程同数十年乃至几百年来的社会、经济和政治面貌的变化毫无关系。这些原则来自人性,来自上帝所启示的宇宙真理——这个宇宙就是祂创造的。环境的确一直在变,环境所塑造的问题也一直在变,但指导问题解决的原则不会变。……我们面临的挑战不是寻找新的或不同的真理,而是如何将既定的真理用于解决当代世界面临的问题。" Barry Goldwater, *The Conscience of a Conservative* (New York, Macfadden ed., 1960),前言,p. 3. (这里有必要多说一句,由于戈德华特对他的那些著作在多大程度上是由他人代笔这一点非常坦诚,我使用他的著作是基于这样的假设:他在署上自己的名字之前仔细阅读过这些著作的文稿。而且,这些著作的内容确实呈现了他人捉刀之时戈德华特的观点。)
又:"我们这个时代的基本问题与林肯或华盛顿时代没有什么不同……我们只是把马换成了拖拉机,把手工工具换成了机器。"1960 年在犹他州青年商会(Junior Chamber of Commerce)大会上的发言,引自 *The New Republic*, March 27, 1961, p. 14。

戈德华特对永恒真理的追求,让他超出艾森豪威尔这样一位共和党前辈的立场有多远,甚至超出罗伯特·A.塔夫脱(Robert A. Taft)的保守主义有多远,这个问题颇有教益。艾森豪威尔在就任总统以前和卸任总统之后发表的许多言论都可以让人从中得出结论,他的社会思想同戈德华特之间相似超过了相异。艾森豪威尔也经常提倡老式的谨慎美德,反对日益膨胀的联邦官僚体制,他的内阁里至少有两名成员——乔治·汉弗莱(George Humphrey)和埃兹拉·塔夫脱·本森(Ezra Taft Benson)——完全信奉右翼哲学。但在实践中,艾森豪威尔仍然忠于美国保守主义的机会主义传统。尽管他是一位平庸的政治家,对政治游戏没什么热情,但他具有美国政治传统中的"局内人"所具备的那种高度直觉,本能地采取了尚可应付工作的政治家的职业方式来对待美国保守主义的分裂心态。他知道,很多保守派人士向往以前那些可以无拘无束地打拼事业、涉外问题一点也不复杂、税收可以忽略不计的日子,也知道他们通常都能认识到当代世界的复杂、国家背负的责任艰巨和历史进程的不可逆转——正是这一历史进程把我们从简单的农业状态带入复杂的现代城市生活和现代企业组织。因此,艾森豪威尔在用哲理式的语言讲话时经常会吐露出其对古老理想的感伤与渴望,但在处理行政工作时,通常都会在他认为是当务之急的事情面前低头。

在这方面,艾森豪威尔、戈德华特和约翰逊三位头面政治人物各自采取的策略对我们颇有启发。艾森豪威尔信奉老的道德言论,至少是半信半疑地相信,但他断定(尽管多少有些顾虑),这些道德言论不能作为行动的准则。戈德华特不仅信奉这些道德言论,而且认为应该准确无误地照着去做。林登·约翰逊(Lyndon Johnson)可能根本就不相信这些道德言论,但他明白,既然这么多诚实的人普遍信奉,采取一些象征性的姿态肯定值得,这样做可以向这些人表明,他至少尊重他们的价值观。约翰逊的节约言论,还有他大张旗鼓地在白宫高调熄灯省钱,都属于这类姿态。在愤世嫉俗的人眼里,这些做法自然被视为是为了谋取私利;但人们也可以将其看作是一种人道努力,是在给予那些从道理上说应该给予但实际上又无法给予其更实质性的安慰的人,以象征性的安慰。

不管怎样,对那些在他们那里老的道德言论就是有约束力的道德原则的极端保守主义者来说,艾森豪威尔政府不是叫人失望,情况比这严重得多,这叫背叛。它没有废除新政的各项改革,没有废除高额税收,没有取消对外援助,没有平衡预算。它在历史上的主要作用实际上似乎就是把罗斯福和杜鲁门时期做的事情合法化:它将某些内外政策原封不动地保留下来,可以说就是通过共和主义的八年炼火,让这些政策得到更加普遍的接受,从而由此证明他们毕竟代表了两党共识。右翼少数派并不把这一切看作是追寻我们国家问题的本质究竟是什么的一条线索,而是将其视为最初由民主党人发起的阴谋活动,现正在被艾森豪威尔背后的东部共和党人接着加以开展的进一步证据。例如,麦卡锡动不动就攻击艾森豪威尔,并将其竞选标语"叛国二十年"改成更具煽动性的"叛国二十一年"。如今,艾森豪威尔的一项预算又激起戈德华特给艾森豪威尔政府挂上了"新政铺子"(a dime-store New Deal)的牌子。后来有一次,他甚至激昂地说:"一代人当中,有一个艾森豪威尔就够了!"①

戈德华特有别于党内当权的温和保守派的另一点,是他对塔夫脱共和主义的背离。与戈德华特不同,塔夫脱出身于一个在公共事务方面有着丰富经验的家庭。此外,他在国会积极参与拟定法律,在这点上同戈德华特又不一样。出于权宜和责任,他做过数度妥协,这让他的保守主义烙印稍显温和。尽管塔夫脱对变革深恶痛绝,极度偏爱财政保守主义和分权式管理体制,但他认可这样的观念,即联邦政府应该关注"务必使每个家庭都可以达到最起码的体面住房标准";应该"为那些想托底救济、医疗、住房和教育方面基本服务的各州提供帮助";应该为各州给予"每个儿童基本的、最低限度的教育"提供财力支持;应该维持最低工资法,"以给予没有组织依靠的工人某种"类似于有组织的工人从工会那里获得的"保护";应该坚持高额累进所得税,维持最低农产品价格,并通过社会保障计划(他认为目前该计划远远不够)"确保每位 65 岁以上的公民都能领到一份基本生活工资(living wage)"。

塔夫脱在 1943—1951 年间的各种演讲中作出的这些承诺,表明他接受了福利国家的现实,同戈德华特的观点形成了鲜明对比。戈德华特认为仍然可以将经济个人主义冷面无情地应用于美国人的生活。直到他发现为了 1964 年的党内初选和总统大选起见必须对自己的立场稍作调整之前,戈德华特的信念都

---

① *Time*, July 24, 1964, p. 27.

直接来自19世纪的自由放任主义和最严格的从严解释论(strict constructionism)。他认为,政府在"救济、社会保障、集体谈判和公共住房"等方面的积极行动,造成了"个人人格的弱化和自立能力的退化"。他要求"立即、彻底终止农业补贴计划",宣称自己反对"任何形式的联邦教育补助",谴责累进所得税是"充公",并断言该国"在教育上不存在需要向各州提供任何形式的联邦补助的问题"。他说,政府必须着手全盘退出"没有得到宪法授权"的项目,包括"社会福利计划、教育、公共权力、农业、公共住房、城市改造……"[1]总的来说,这类声明都是在呼吁废除福利国家制度。"我的目标不是通过法律,而是废除法律",戈德华特曾夸口说道。他还在另外一个场合说过:"我对华盛顿和中央集权政府的恐惧超过了对莫斯科的恐惧。"[2]这些都是伪保守主义鼓动者的典型腔调,他们深信自己生活在一个腐化堕落的社会,认为他们的主要敌人控制了属于他们的政府。

戈德华特在民权问题上的立场,让他进一步脱离了共和党的常规。在北方许多保守派人士——甚至南方在一定程度上也是如此——当中,有这么一项古老的传统(虽然这项传统并不怎么奏效),那就是长期以来对黑人都抱有某种同情,内心总想采取某些温和的方法来帮助缓解他们的困苦。这一传统可以追溯到联邦党,后为辉格派上流人士所延续,再后来注入了早期共和党。戈德华特一帮人采取"南方战略",放弃了这项遗产。他们不仅极力想在选举人团中挣得南方各州的核心选票,也极欲获得北方各州至关重要的选举人票,这就需要争取种族主义者的选票。他们以为自己在白人的激烈反应中看到了一个绝佳的大众议题,可以通过谈论街头暴力、犯罪、青少年犯罪以及我们母亲和女儿面临的各种危险来借题发挥,间接利用这个议题为选举服务。

艾森豪威尔和戈德华特一样,对迈向种族正义的崇高愿景从来都是无动于衷,但他至少做过表面文章,嘴上说过要为之奋斗,而且认为自己作为总统必须执行法律,这一点以及公开呼吁公众遵守法律都很重要。但戈德华特的立场却是,最高法院的裁决"不一定"是这片土地上的法律,这一立场就其含义来说,就

---

[1] *The Conscience of a Conservative*, p. 43; Congressional Record, 87th Cong., 1st sess. (June 21, 1961), p. 10971; ibid., 88th Cong., 1st sess. (September 3, 1963), p. 16222; statement to Senate Subcommittee on Education, Senate Committee on Labor and Public Welfare, April 30, 1963 (Hearings, I, 279).

[2] *Fortune*, May 1961, p. 139; *Look*, April 21, 1964; 参见 *The Conscience of a Conservative*, p. 22.

远非"保守"二字可言了。① 当然，最高法院的判决总是含有政治内容，而且常常引起很大争议，因此没有理由要求我们猛然交头接耳，对这些判决表示崇敬。但只有在我们这个时代，而且只有在伪保守主义运动中，人们才开始暗中表示，不服从最高法院不仅是合法的，并且保守主义的实质就是不服从最高法院。

遭到伪保守主义右翼质疑的，不止是法院的权威与合法性。它在认为政府主要是通过近乎催眠的操纵（洗脑）、大规模的腐败和背叛国家来统治我们的时候，并非仅仅出于义愤填膺的爱国者的幻想，而是沉浸在比这还要意味深长的事情当中：它是在质疑政治秩序本身的合法性。两党制在美国的发展，依赖于忠实的反对派对两党制的共同认可：双方都认为对方的最终目的是好的。我们可以认为对手的判断一贯很拙劣，但不可以认为他居心不良——用通俗的话说，就是他的美国精神是没有疑问的。总统大选有一个心照不宣的假设，即两党领导人都是爱国者，无论他们犯下了多么严重的错误，都必须赋予他们执政的权利。但是，在伪保守主义世界观当中，有一个基本观点，那就是，我们最近几任总统全都居心叵测，一直都在密谋反对公共利益。这不仅是在败坏他们的名声，而且使人们对让这类人担任公职的政治制度是否有效产生了怀疑。

像戈德华特这样的人，其心理一半生活在我们的日常政治世界里，另一半则生活在伪保守主义者稀奇古怪的傍门智识世界里（intellectual underworld），因而既不能完全接受这种立场，也无法完全拒绝这种立场。他鄙视、拒绝其中明显的荒谬（如艾森豪威尔是共产主义代理人），但又靠催生了这些荒谬的敌意情绪过活。理解了这种模棱两可，我们也就更容易理解，为什么在落选的当晚，他竟悍然不顾落选总统候选人应当遵守的规范。按照这种规范，他应该在选举结果大局已定时立马发出贺电，电文要强调胜利者的成功理政关系到整个国家的利益，并重申失败者接受公众的裁决。戈德华特直到选举结果出来后第二天早上，才向约翰逊表示祝贺，然后又暗示约翰逊没有能力解决他在贺电中平白无故列出的各类严重问题。戈德华特这么做，不仅仅是不礼貌的表现。他遵守了规范，但态度勉强、拖拉。他用这种方式表达了自己的顾虑：整个美国政治制度，到处都是令人困惑而又沮丧的模棱两可和折中妥协，因而太过软弱，太过支吾搪塞，难以应对这个"丛林"世界。

---

① *The Conscience of a Conservative*, p. 37；参见 *The New York Times*, November 24, 1963。

二

　　这批极端主义者通常会带着怀念之情去谈论我们遥远的过去时代的所谓美德,但倾向于否定新近的过去。这一点符合戈德华特的性格,他认为近年来共和党的保守主义不可接受,主张将其一笔勾销。但反过来他和他的追随者也就无法赢得几支真保守的中坚力量的认可。商界人士诚然给了戈德华特有限的支持,但他们给予他的支持远远少于近期历史上任何一位共和党人。新闻界也打破了常规。记忆所及,这是民主党人第一次得到报纸的青睐,支持约翰逊的报纸总发行量远远大于那些支持其对手的报纸。保守派报系如赫斯特报系(Hearst newspapers)和斯克里普斯—霍华德报系(Scripps-Howard newspapers)都支持他,像《纽约先驱论坛报》(New York Herald Tribune)这类共和党内当权派的报纸也都支持约翰逊。共和党保守主义原来的中心地区,如新英格兰的农村,都对戈德华特敬而远之,而他也是第一个丢掉了佛蒙特州的共和党总统候选人。通常属于共和党势力范围的产麦区各州的保守派选民也大量弃选。民意调查员在发现共和党选民对戈德华特表示怀疑或是公开反对他时,一再注意到一个反复出现的解释:"他对我来说太激进了。"美国民众对意识形态标签不怎么在行,对"激进"一词的使用也说不上多么准确,但这种反应比那些把亚利桑那州作为自己的根据地、以高雅自诩的保守派人士对形势的认识更为深刻。不管戈德华特选择佩戴什么样的标签,相当大一部分民众都认为他严重背离了美国政治模式。在他们看来,这种背离甚是可怕。

　　戈德华特的背离不仅表现在思想观念上,也同样表现在他的行为上。美国政治主要是由专业人士打理的,日积月累之后,这些专业人士便形成了自己的一种道德风气、一种职业规范。在强调戈德华特是如何完全背离职业规范(其追随者更是如此)时,有一点非常重要,那就是要明确,我们不是在严肃批评他们的主张,而是试图将他们的做法同我们社会常态的保守做法进行历史比较。职业规范对任何人来说,都不是具有约束力的道德规则——对政客来说就更不是了。大多数政客都曾不止一次打破过职业规范。有时候我们还钦佩他们为了维护他们认为更高的原则而去打破它。最后,我们还应该承认,戈德华特在他职业生涯的某些时刻，大大方方地遵守过职业规范，自己也时不时成为别人破坏职业规范的受害者。①

然而，问题的关键在于，职业规范尽管存在各种各样的局限，但它是美国的一项制度，凝结了一代又一代政治家的实践智慧。具有讽刺意味的是，对我们祖先的这一智慧宝库提出的最无保留的挑战，竟然出自一个大党内部自称保守的人，而戈德华特的顾问们则在1964年让他成为迄今为止最接近于颠覆我们联盟政治和共识政治整个格局的总统候选人。

职业政治家首先想要的是获得胜利，他们的行为也是由这个务实的目标塑造的。况且他们知道，如果赢了，他们就得执政。因此，在同党内的对立派、反对党以及选民打交道时，他们的行为表现会不断受到如下事实的打造和限制，那就是：他们明白，自己得组织一个有能力处理好当下各种问题的政府。他们的思想观念、他们的党派激情，都为严酷的现实所矫正，变得温和了。举例来说，他们非常清楚，他们的承诺表达的与其说是他们认为自己应该主动提出做什么，不如说是他们认为自己能够做什么，而且还不可能完全兑现。他们还认识到，在竞选活动中指责完对方之后，必须尽力同台上的对手合作。因此，在我们激烈的政治辞令之下，有一种生于经验的清醒，那就是领悟到，巡回宴会上听起来不错的东西也许无法变成切实可行的政策，声明、宣言以及论战文章同务实的方案天差地别，这些都得转变为用以解决国内外问题的方案，而且即便如此，这些方案还得经过立法机关进一步修改，才能成为现实。

戈德华特职业生涯与众不同的地方，就在于缺乏这方面职业规范的训练。在登上全国政治舞台之前，他没有负责全国性组织的任何经验，他的职业经历对他在行政管理方面的要求，其复杂程度还不如他继承的百货公司。作为参议院的一员，他没有担任过重要职务，也没有参与过有关重大国家问题的立法。他在参议院干的事主要就是投反对票。他在重大问题的辩论或立法细节的审

---

① 例如，戈德华特1960年对待尼克松时就明显遵守了这一规范，1964年对待尼克松的时候也曾短暂遵守过。这两次他都对那些不完全认同他的共和党人的立场表示某种同情式理解。那些反对他的人在牛宫大会上传阅斯克兰顿那封闻名遐迩的信件时破坏了这一规范。该信对戈德华特的思想及其所声称的策略大加挞伐，远远超出了党内争端的通常礼节。

关于美国联盟政治对惯常行为的要求，以及戈德华特势力对这些要求的批判，参见拙文："Goldwater and His Party", *Encounter*, XXIII (October, 1964), 3—13。

议方面(比如说像塔夫脱做过的那样)没有做过突出贡献。他在参议院下属委员会的工作并不突出,繁忙的演讲安排也让他频频缺席参议院的活动。作为一名在职参议员,他没有得到参议院同僚的认同,甚至和他持有相同看法的人也不听他的。在现实政治框架内,戈德华特一直是个"局外人",他作为总统候选人做出的各项决定,继续反映了其局外人的心态。①

但我这么说戈德华特在立法方面所起的作用,并不是要否认他为获得党内地位拼命地努力工作。只不过,他获得如此地位不是因为他对政府做出了多大贡献,而是他多年来不知疲倦地全身心投入党派活动的结果。他是共和党参议院竞选委员会主席,经常同各地的共和党人打交道,为他们的竞选活动和筹款提供大量帮助。他在巡回宴会上一轮又一轮费心尽力的演讲,让他有机会把自己的"保守"要旨带给成千上万的党员,也让许多党内领导人对他感恩戴德。因此,他在党内扮演的是教师爷和组织者的角色,是党的发言人和理论家。对他来说,鼓吹一种合理的哲学要比亲自下场去解决国家面临的问题更加有趣。但是,不像他作为国会山的立法人士必须不断同与他意见相左的精于盘算而又见多识广的人打交道,在这个角色中,他是在反复不断地对已经在很大程度上甚至是完全改信了他的观点的听众讲话。响亮的掌声无疑坚定了他对自己"保守主义"的正确性和重要性的信念,并使他相信,一场保守主义不可抗拒的复兴正在全国沸腾。但这并没有提高他安抚或说服那些与他意见不合的人的能力——更谈不上从交流看法中学到点什么。由此形成的思维习惯被他带到竞选活动当中,在此期间,他再次超度了那些已经皈依他的人。②

因此,戈德华特作为共和党的一名坚定布道者取得了异乎寻常的成功,从

---

① 关于局外人和局内人之间政治心态的差异,埃里克·L. 麦基特里克(Eric L. McKitrick)有一个非常高明的见解。参见他在 *Andrew Johnson and Reconstruction* (Chicago, 1960) 一书中对安德鲁·约翰逊和亚伯拉罕·林肯所做的对比。尤见该书第 4 章。

奇怪的是,约翰·F. 肯尼迪和戈德华特在做参议员时,所处的各种外在环境相差无几,而在性情上(更不用说智识水准)竟然有这么大差别。所有这些差别全都指向一个地方,那就是,从家庭教育、学校教育和社会地位来看,肯尼迪是个局内人——有人觉得,在一定程度上也可以说他天生就具有局内人的本能。

② 戈德华特在竞选期间没有举行过记者招待会,除了一次例外,而这次例外显然是个疏漏。他在各个城市访问时通常都会避开群众、贫民窟和各族裔聚居区,只出现在挤满激进派保守人士的大厅里,这些人无须他去说服。这位参议员几乎没有做什么努力,向对他心存疑虑的人说明自己的主张。Donovan: op. cit., p. 55.

而弥补了他作为一名立法领导缺乏地位的不足,尤其是,他把那些不满情绪最强烈的共和党人与意识形态热情最高涨的共和党人,以及那些对温和平淡、谨慎小心的艾森豪威尔遗产最不满意的人,动员了起来。在基层,共和党有相当一部分已经被富有献身精神的热情分子把持,这些人到目前为止依旧只是业余政治爱好者,热衷于非正统思想和各种新尝试。汇聚在旧金山的记者对戈德华特代表团中陌生面孔如此众多印象深刻。[①] 戈德华特在这些拥有新思想新观念的代表们的帮助下取得了胜利,随后组建了一支幕僚团队,媒体将其称为"亚利桑那黑手党"。在这个团队中,专业人士和见多识广的人物完全被业余人士和"乡巴佬"夺走了风头。

戈德华特的顾问和热情支持者对大党政治非常陌生,轻易即可抛弃常见的政治行为规则。按照职业准则要求,党务工作者首先要找到有胜算的人,然后让他们获得职位、保住职位,制订大家一般都能同意的纲领计划,利用这些纲领计划来满足社会的重大利益,并设法解决极度尖锐的社会问题。如果发现自己选了一位失败者,那么他们就会迅速开始寻找下一位领导人。如果看到自己的纲领与基本现实脱节,那么他们就会去摸索新的纲领。

但戈德华特的狂热追随者更渴望掌握政党大权,而不是赢得国家;更在乎发泄对"叛徒"的怨恨和惩罚"叛徒",更关心为一套价值观进行辩护,更惦记维护各种宏大、好斗的愿景,而不是解决国家的实际问题。更重要的是,职业政客对胜利的渴望,通常会迫使他从一种极端的立场转向政治光谱的中心,而他们则没有这种压力。他们真正的胜利不在于赢得选举,而在于控制这个政党——这本身绝对算不上什么成就——这样他们就有了一个前所未有的平台,可以利用这个平台宣传一种正确的世界观。

由于美国的主要政党一直都是由各不相同甚至彼此不合的分子结成的联盟,大党的职业领导人长期以来都只得从他们的经验中摸索出共识政治

---

① 罗伯特·D. 诺瓦克评论说,这些人"不只是由党的常任领导人指挥或指使的党内普通工作者。这是一群新代表,他们中大多数人以前从来没有参加过全国代表大会。……他们去那里的目的只有一个:投巴里·戈德华特的票。要争取他们支持另一位候选人,其难度不亚于让一位宗教狂热者改变信仰"。*The Agony of the G. O. P.* 1964 (New York, 1965), pp. 345—346.

参见理查德·罗威尔:"他们是一种新型的代表。戈德华特的人一直都很自豪地说,这是他们半数以上的人第一次参加大会。……到处都是年轻的面孔。"

"Letter From San Francisco", *The New Yorker*, July 25, 1964, p. 80.

(consensus politics)的各种技巧,以维系联盟的团结,并在联盟内部尽力维持切实可行的和谐一致局面。在我们的制度中,不仅在同反对党打交道时要运用共识政治艺术,而且在党内同自己的党人和盟友打交道时也得用它。在美国,大党的生活就是面对严重的内部分歧,通过持续不断的努力,使党实现足够的团结,以赢得选举,并尽可能保持这种团结,直至推出施政纲领。因此,我们的政治更注重实际而非意识形态;更注重谈判和妥协的技巧,而不是坚持造成不和的想法与强烈情感;更注重必须取胜,而非无条件坚持原则——这是小党干的事。

建立联盟是一项长期的、反复要做的事,这样就会生成许多大会仪式和礼节。戈德华特和他的追随者在旧金山要么是忽视了这些规矩,要么就是故意违反这些仪式和礼节。像戈德华特这样在1964年共和党大会上不仅支持者占多数而且有能耐掌控局面的候选人,有许多有效手段可以用来安抚和收编反对派。其中之一是发表一份带有和解性的政治纲领,对失败的一方做出若干让步,或者在有争议的事项上避免正面回答。政治纲领通常含混不清,往往冗长乏味,没有人看,但其意义恰恰在于显示所有派别和候选人有能力至少达成一项政策声明。政纲的含糊其词恰恰证明党的领导人认为没有必要在争议问题上决一雌雄,也没有必要就原则和政策进行明确表态。像民主党1896年和1924年那样,在政纲问题上发生激烈冲突或是持续斗争,一直都是连基本的团结都做不到的迹象。

获胜的候选人还可以采取其他安抚手段。其中一个是竞选搭档的选择。他可以像肯尼迪1960年那样选择自己的党内主要对手来担任这个角色,或是选择代表党内主要反对倾向的人作为竞选搭档;也可以像1952年艾森豪威尔与塔夫脱之间或是1960年尼克松与洛克菲勒之间那样,想方设法达成谅解。在获得提名后所做的提名演讲中,总统候选人几乎都会规行矩步,表现出优雅的姿态,大谈和解,强调那些可以加强党内团结的承诺和情感,不会去说那些分裂党的话。作为回应,失败者也会遵守一些相应的仪式和礼节。他本人或者他的某个亲密伙伴通常会提出一项动议,从而让提名获得一致通过。如果发表讲话,那么他会尽量少谈此前那些分裂党的议题,抖擞起精神抨击反对党,并承诺全力支持胜选者。正常情况下,他会恪守承诺,就像戈德华特本人1960年对待尼克松那样。①

在旧金山,这种传统的安抚礼节每一处都遭到了戈德华特团体的蔑视。首先,他们的政治纲领实质上否定了共和党近年来的许多政策。其次,拟议的支持民权、重申由文职人员控制核武器和谴责极端主义团体三大修正案,均遭扼杀。在最后一项修正案的辩论过程中,洛克菲勒州长的发言甚至被旁听席上的嘘声给毫不留情地打断了。(戈德华特手下的干事对这种爆发的场景甚感不安,他们尽管能够阻止他们的与会代表继续示威,却无法阻止旁听席上的支持者发泄他们的情绪。)在挑选搭档的过程中,戈德华特还有一次缓和党内冲突的机会,那就是从规模庞大的温和保守派中间阵营挑选一位可以被各方接受的知名人士。但他最终还是选择了一位默默无闻的守旧人士威廉·E. 米勒(William E. Miller)——当然,他够专业,但除了会闹派性外,并没有什么过人之处。这一选择所带来的影响丝毫没有因为另一件事而平息下来,那就是挑选他的同伴、来自亚利桑那州的迪安·伯奇(Dean Burch)——"一位经验有限的政客,甚至从未担任过一个县的主席,对全国数百名杰出的共和党人来说,完全是个新来的人"。——担任共和党全国委员会主席。② 最后,最重要的是,戈德华特的总统候选人提名演讲,非但没有在激烈的争执之后发出必要的和解之音,反而说出了"那些不关心我们事业的人,我们无论如何也不会让他们加入我们的行列"这样的话,并抛出了他那份著名的宣战书:"我要提醒你们,捍卫自由的极端主义不是罪恶;我还要提醒你们,追求正义时温和节制不是美德!"这份两句话的宣言,出自一位铁杆右翼分子之手,抛出之前得到了十几名高级幕僚的认可。戈德华特发现这位右翼分子甚合己意,在整个竞选期间一直把他留在身边做自己的演讲撰稿人。

大多数总统候选人会在政党大会给予其高度评价的重要时刻,极力呈现出自己最完美的一面。对戈德华特来说,这纯属天粟马角。他在牛宫取得胜利的时刻,见证了他被牢牢控制在其欣喜若狂的伪保守主义追随者手中。在过去的几年里,戈德华特有望当选总统的前景极大地吸引了他们积极投身政治,而他们则用

---

① 戈德华特1964年打破职业规范,并非由于他不理解其中很容易把握的一般原则,而是因为他不断受到教条主义者的吸引。"我们是一个大党",他在1963年9月11日的一次讲话中宣称:"会有各种各样导致意见相左的空间。但出现意见分歧时,我们不必把与我们意见不同的人斗得体无完肤。"Novak. op. cit., p.232. 在旧金山大会上,戈德华特对此只字未提。

② Donovan, op. cit., p.92.

金钱和艰苦的工作打造了戈德华特运动。他们在一个选区又一个选区，一个县接着一个县，与老牌共和党人作斗争，将这些人从位置上撵走。① 这些人现在在支持戈德华特的与会代表中风头正劲——约翰·伯奇协会的一位官员声称，支持戈德华特的与会代表中，有100多人是伯奇分子。戈德华特竞选使右翼运动成为焦点，引领偏妄之风的约翰·A. 斯托默(John A. Stormer)和菲利斯·施拉夫利(Phyllis Schlafly)等人也借此脱颖而出，他们的书卖出去的加上送出去的数以百万，他们的阴谋论观点比戈德华特较为模棱两可的言论更充分地表达了伪保守主义背后的内心狂热。施拉夫利的《我们有选择　不要应声虫》(*A Choice Not an Echo*)表达了中西部共和党人对"诡秘的纽约造王者"②的敌意，说他们一再窃取共和党的提名，"以确保控制世界上最大的现货市场：美国的政府行政部门"。这令人不禁想起戈德华特持有的同样偏见。几年前，正是在这种偏见的激发下，戈德华特提出，"如果我们能把东海岸锯掉，让它漂走，让它漂到海上去，这个国家会更好"。斯托默的《没人敢称之为叛国》(*None Dare Call It Treason*)，书名取自约翰·哈灵顿爵士(Sir John Harrington)的一对对句：

叛国者永远不会成功，为什么？

如果成功了，没人敢说他叛国。

《没人敢称之为叛国》是一部民间宣传的经典之作，它延续了麦卡锡主义者和伯奇分子的指控，但没有重蹈罗伯特·韦尔奇此前遭人取笑的极其怪诞的言语失检的覆辙。它起草了一份针对艾森豪威尔共和主义的味道十足的公诉书，但没有花过多笔墨去把艾森豪威尔描述为卖国贼。③

为了完全忠于这批主顾，戈德华特只得对许多共和党同僚粗鲁无礼；而一脚踢开那些为他赢得胜利奔波劳累的人，同样有失风度。但实际上他觉得这么干并没有什么错。虽然他不太会把罗伯特·韦尔奇当回事，但他不止一次说

---

① 戈德华特及其追随者为党内代表竞选开展的活动，其做法目的不在于开发调解性人才。正如诺瓦克所言，戈德华特废除了"会前政治规则。该规则要求候选人安抚没有表态的人，而不是煽动自己的忠实追随者。……戈德华特非但没有安抚未作表态的人，反而正在摧残、压服他们。这就要求戈德华特让他的忠实追随者保持高度亢奋的状态。……他正在征服共和党，而不是说服共和党"。op. cit.，p. 353.

② secret kingmakers，有能耐扶植领导人的重量级人物。——译者

③ Phyllis Schlafly. *A Choice Not an Echo* (Alton, Ill.，1964)，p. 5；John A. Stormer：*None Dare Call It Treason* (Florissant, Mo.，1964)，尤见 pp. 33−53, 196−198, 224−225. 这些年轻的作家代表了迷上戈德华特的年轻一代保守主义好战分子。斯托默是密苏里州共和党青年联合会的主席，施拉夫利是伊利诺伊州共和党妇女联合会主席，也是牛宫大会上支持戈德华特的与会代表。

过,约翰·伯奇协会是一个很棒的组织。① 如今,他既不想断绝同伯奇协会成员之间的关系,也不愿意得罪他们。对他来说,这便意味着采取政治中的惯常做法这条道路被堵死了,因为这些惯常做法会遭到右翼分子的轻蔑拒绝。这次大会第一次让全国看到右翼运动组织有力,但它也证明,右翼尽管在战斗方面组织得极为出色,但并没有组织大家去和解、去劝导,这一点在接下来的竞选中将再次得到证明。他们确信他们所对抗的势力是见不得人的、阴险的,更不用说是叛国的了。他们摆脱不了偏安的心理架构。当艾森豪威尔略怀敌意地提到一些他没有指名道姓的专栏作家时,人们骤然冲着转播间和记者席爆发出疯狂的掌声、嘲笑声,拼命挥舞着拳头,一下子引爆了大家的情绪。戈德华特的狂热追随者如今终于在同那些给他们带来痛苦的人的决战中走到了胜利的边缘。深深的怨恨让他们满脑子想的都是惩罚和羞辱,而不是宽恕和安抚。② 提名演讲表明,这种惩罚和羞辱的想法已经扩展到戈德华特自己的员工身上。

旧金山所造成的冲击太过严重,似乎有必要做出某种姿态。在 8 月份举行的赫尔希会议(Hershey Conference)上,戈德华特似乎一度想按照人们惯常的做法去推动和解。在这次会议上,他确实讲了许多意料之中的话,有些语气还很强烈。但破坏已经形成,而戈德华特在会议结束时向记者宣告"这根本就不是和解讲话。它只是重申了我在整个竞选过程中一直在说的那些话",则将和解效果消除大半。伤口没有愈合,只是被掩盖起来了。虽然一些温和派人士,包括戈德华特的主要对手斯克兰顿,给予了他尽职尽责的支持,但他却继续执行右翼竞选路线,最后双方不可避免地在这场选举中走向水火不容。③ 事到如

---

① "我家乡有很多人喜欢伯奇协会,"戈德华特 1961 年说,"我为这类加入伯奇协会的人所感动。他们就是我们从政需要的那类人。"还有一次,他称他们是"我们国家最好的人"。再后来,在他们已经明显可能会给他的竞选造成严重麻烦时,他还是坚持和他们站在一起,坚称这个群体不应被称为极端分子。"他们信仰宪法,信仰上帝,信仰自由。"*Time*, April 7, 1961, p. 19; ibid. , June 23, 1961, p. 16; *The New York Times*, July 18, 1964.

② 参见理查德·罗威尔发自旧金山的报道(第 80 页)。他发现,支持戈德华特的代表大多既年轻又富有,"衣着光鲜,条理清晰,善于辞令。他们像钉子一样硬,毫不妥协和迁就。他们来旧金山不只是为了让自己的人获得提名,然后让他以前的对手跟在他身后;他们来是为了完全取得意识形态上的胜利,彻底摧毁他们的批评者。……他们不仅希望战胜对手,还想惩罚别人"。

③ 旧金山大会之后,分崩离析的状态不可能重新捏成,团结一致。斯克兰顿按照职业规范为戈德华特做了很多场强有力的竞选演讲,并在竞选接近尾声时在匹兹堡主持了一次大型集会。在介绍的过程中,他不经意间提到自己并不总是同意戈德华特的意见。戈德华特的信徒们听到这句话,向他齐声喊"呸",斯克兰顿于是例行公事,冷冷地匆匆做完介绍,参见 Novak: op. cit. , p. 5。

今,已经不全是他不愿意采取行动来打消大家疑虑的问题了。实际情况是,他长期以来如此极端,以至于无论是共和党温和派,还是大量具有战略意义的选民,都不相信他再去做什么保证还会有何意义。

职业政治家总是把选举失败当作重新思考其承诺和策略的动力,但这次选举的惨败并没有对戈德华特阵营产生这样的作用。戈德华特的热烈支持者更倾向于把这件事看作是这个国家从根本上不思悔改的进一步证据,或者看得比这还要糟糕,认为这进一步证明存在一个阴谋集团,正是这个阴谋集团长期以来都在阻挠他们,跟他们作对。长期以来,都有这么一个有关右翼的神话,即所谓保守派"沉默的选票"数量惊人,共和党只要提名一位合适的右翼人士,这些选票将倾泻而出,带来汹涌的民意。如今,旧的右翼神话破灭了,但新的神话似乎又取而代之:戈德华特如此一败涂地,主要是因为党内温和派和自由派蓄意破坏所致。[①] 必须承认,如果一个人或一个群体的根本目的不是赢得选举或影响国家治理进程,而是宣传一种看法和态度,那么右翼在1964年干出的这番事业算是取得了成功。戈德华特的许多理论家也是这么看的。选举结束后,极右势力的情绪即便谈不上兴高采烈、得意扬扬,至少也是扬眉吐气、快意舒畅。其中有一位发言人说,这次选举标志的"不是保守主义的失败,而是共和党的失败",这就明确承认了他们把意识形态的命运看得比该组织的福祉重要得多;戈德华特也在一份发人深省的声明中指出:"我并不觉得保守主义事业受到了损害。2 500万张选票是个很大的数目,有许许多多的人都将保守主义观念奉为圭臬。"[②]

如果一个人接受了政治教条主义者和政治业余爱好者的观点,认为政治的首要目的是让某些观念更加流行,如下说法就有其合理性:对于整整一代人来说,没有一位政治家能够像戈德华特那样,在如此高的平台上,对着如此广大的

[①] 正如通常情况一样,这个神话也有一定的真实性,在初选阶段以及旧金山大会上,与温和派的斗争帮助戈德华特在公众心目中树立了一个永远抹不掉的形象。但在旧金山事件之后,温和派出于自保,不得不抛弃他,因为他是一个庸才(loser),而并不是说因为温和派抛弃了他,所以戈德华特成了失败者(loser)。在赫尔希会议之后,温和派中大多数人愿意遵守职业规范(比如斯克兰顿就是豁达大气地这么做的),但许多竞选公职的人发现这对他们的机会来说太危险了。

旧金山事件产生的这种影响不仅限于温和派。加利福尼亚州极端保守的参议员候选人乔治·墨菲(George Murphy)也发现,跟戈德华特保持距离有好处,这一策略可能是他取得成功的一个因素。

[②] *The New York Times*, November 5, 1964. 戈德华特说的这个数字只是展现了计票结果反映出来的现状,并不能反映完整的现实状况。

听众宣扬自己的极端右翼个人主义和激进民族主义。然而,务实的保守派政治家更关心的是结果而不是理论,因而可能会从不同的角度来看待这个问题。他会观察到,戈德华特的一败涂地以及随之而来的共和党力量在国会的溃不成军,已经打破了25年来阻止福利国家制度取得重大进展的立法障碍。他会留意到,国会里的优势已经一边倒地转向了自由派,立法资历——众议院规则委员会(House Rules Committee)人员构成乃至所有委员会的人员构成,都发生了巨大变化,从而使戈德华特强烈反对的一大波新的福利立法成为可能。老年医疗保险、大幅增加联邦教育援助、新选举权法案、拓宽最低工资法覆盖范围、对阿巴拉契亚地区各州实施区域发展援助、全面反贫困计划——所有这些戈德华特势力认为极其危险的政策——都离制订和颁布近了一大步。除此之外,颁布新移民法案调整移民配额、制定针对城市交通的各项措施、设立国家艺术基金会甚至是废除《塔夫脱—哈特莱法》(Taft-Hartley Act)中的"工作权"条款,这些情况发生的可能性也进一步增加了。

从这个角度看,自由派人士应该感谢戈德华特。没有哪一位共和党人能够像他这样,对新政自20世纪30年代以来第一次这么显著、全面的扩展做出如此惊人的贡献。正是他的竞选打断了我们战后务实的保守主义的脊梁骨。

三

戈德华特在竞选中表现出来的行为举止,同他在共和党大会上采取的战略一样有趣。美国人总是喜欢把失利抛诸脑后,将失败一笔勾销,因而也许会倾向于说,这场竞选都已经过去了,除非将它用来警示那些仍然活跃在政治舞台上、持有各种不同意见的政客如何避免做不该做的事,不然就不要再去想这件事了。但其实这场竞选也可以作为伪保守主义心态仍然在起作用的一个很好的例证。

无论是在对内政策还是对外政策方面,戈德华特过去几年内发表的许多冲动言论都给他造成了拖累。竞选使他不得不去做一件讨厌的事,即设法否认这些言论特别赤裸的含义,让公众觉得他沉稳、对他放心,而同时又不能因此舍掉自己的整个政治身份和忠实信徒的拥戴。① 虽然戈德华特的这些努力让他在有些地方显得反复无常，而且这些反复无常甚是离奇古怪，但我认为，在这种情况下，如果还是僵硬地同以前保持一致，会更有损他的形象。他的反复无常，至少代表戈德华特在努力将自己从一个右翼理论家转变为美国传统的大党领袖，虽然这种努力做得太少，做起来太踌躇，做得也太迟。如果不做出这种努力，则他会更易招致批评。② 其竞选最不寻常之处，并非这些否认性的也一一落空的类似免责声明的东西，而是他诉诸人们道德上的不安和不满情绪而采取的积极策略。

在亚利桑那州普雷斯科特市（Prescott）发表的首次竞选演说中，戈德华特直奔他的中心主题："这片土地上有一股骚动，有一股不安的情绪。我们感到自己漂泊在一片波涛汹涌的未知海域。我们感到自己已经迷失了方向。"在后来的演讲中，戈德华特引用各种证据来证明"漂泊与堕落"已经令这个国家不堪重负："一波又一波的犯罪席卷我们的大街小巷和千家万户……一波又一波的骚乱和动乱席卷我们的城市……我们年轻人的道德在崩溃……青少年犯罪……色情文学……腐化堕落。"所有这些罪恶之所以出现，是因为"美国人民的道德品质为腐烂与腐朽所困扰"。③ 道德品质的腐朽对年轻人的折磨尤甚，这是某种比"青少年时期正常的恶作剧和叛逆"更加深刻而重大的东西……"这种更为根本的东西在兴风作浪。这种根本的、危险的东西正在蚕食我们公民的道德、尊严和对他人的尊重——不管年龄大小，还是地位高低，皆莫能逃"。他还认为我们国家正处在历史上的糟糕时期，理由是"联邦政府禁止全能的上帝进入我们的教室"——这是指最高法院对学校祷告的判决一事。民主党党纲不仅对一项允

---

① 戈德华特在其职业生涯的不同阶段都力图塑造一个合适的形象。我在《鉴往知来：历史上的戈德华特》一文中，曾试过大致确定他这么做的含义和可能带来的影响。"A Long View: Goldwater in History", *The New York Review of Books*, October 8, 1964, pp. 17—19.

② 戈德华特实际上早在1961年就做出了改变自己教条主义右翼立场的重要姿态，但遭到右翼的猛烈抗议，只好退回到原来的立场。此后，他的基本信念从未改变。有关这一插曲，参见 Novak. op. cit., Ch. 3.

③ 此处及以下各段落中引用的戈德华特竞选演讲均来自共和党全国委员会的油印新闻通讯稿。我文中使用的这些讲话分别来自9月3日（普雷斯科特）、10月7日（纽瓦克）、9日（ABC电视网）、10日（盐湖城）、13日（托皮卡和密尔沃基）、15日（休斯顿）和16日（苏福尔斯）的演讲。文中引用的讲话中，出现三个点的省略号，并不代表演讲稿在此处做了省略，而是这些通讯稿原本采用的标点符号。六个点的省略号代表我自己在这里对演讲稿做的删减。

许恢复学校祷告制度的宪法修正案保持沉默,而且"在民主党的党纲里,你根本找不到提及上帝或宗教的任何内容"。他在盐湖城的整个演说,内容几乎全都是宗教和"当代道德危机"。在托皮卡(Topeka)和其他地方,他则把约翰逊总统同这场道德危机关联在一起。除此之外,他这么说道,约翰逊还"一个又一个教堂地访问,一个城市接一个城市地访问,马不停蹄地表演政治滑稽戏,拙劣地模仿和嘲弄主日",把"礼拜日变成了闹哄哄的竞选活动日"。

然而除此之外,戈德华特在10月9日的电视节目中明确表示,家、家庭和社区的堕落,法律、秩序和良俗的败坏,还是"一种不良的社会风气蔓延了三十年的结果。我指的是反对党的主流哲学——现代'自由主义'哲学"。就是这些现代自由主义者,他争辩道,助长了学校和家里的放任之风,他们把纪律和惩罚看作是"名声扫地的过去留下的野蛮遗俗",力图将宗教情感从公共生活的各个方面扫除殆尽,更关心罪犯而不是受害者,"对警察皱眉蹙眼,对社会心理学家阿谀奉承"。他接着把这些事与现代经济学和社会学联系起来——现代经济学和社会学发现了贫困、失业和平权,为解决这些问题,结果好心办坏事。他在某种程度上也赞成这种努力,但反对不断扩大开支,反对谋划各种新的管制,反对"准备把我们的社会国有化,又用私人企业创造的果实来替社会支付开销这样一个政府机构"存在。他认为,我们在国内之所以深谋远虑与正直坦率节节败退,都与这些政策有关,而深谋远虑与正直坦率在国内的丢城失地,则又同我们的外交事务和美国在世界上不受尊重联系在一起。"我现在谈的是重新确立美国人民的尊严。……作为个体的美国人的自尊。"

因此,把戈德华特竞选活动的外交主题和内政主题统一起来的基本要素,是他的如下观点:国内的道德沦丧、外交上的失败以及我们在国外声望的下降,是古老的美德和以往的道德品质败退的结果。作为回应,他极力主张采取双重措施来加固道德支柱:一方面,"解除官僚体制的枷锁",把"我们的主要依靠放在个人身上,放在努力工作上,放在创造力、投资和激励上";另一方面,在海外重新发挥美国的力量。"在国内阻止社会主义传播,在国外阻止共产主义传播。"

就其对美国国内状况的阐述而论,这些演讲的辞令回荡着基要主义者对现代性状况的反抗:对"努力工作、创造力、投资和激励"的呼吁;对"在我们社会上蔓延的一种疾病"其各种症状的强调;对"严重受损的声望"的重视;对"共同目标…即我们个人行为的道德义务"的需求;对"灵魂之伟大——在一个人人脚步匆匆、常常被琐屑的需求和物质上的贪婪搅得心神不宁的年代,恢复每个人生命的内在意义"的呼唤;"对日益增长的联邦官僚机构侵蚀个人价值"的恐惧;如此等等。正如戈德华特在普雷斯科特的演讲中所言,整个大选关乎的,不是什么政治风云人物、政治上的承诺或者政治纲领的问题,"它选择的是我们究竟想成为什么样的人"。

戈德华特面临的一大困难,是反对美国经济处在高度、持续繁荣时期的现任总统。但从更大的范围来看,这个困难只是极端右翼代言人面临的一个难以摆脱的问题的外在表现。在他们看来,我们多年来,或者说几十年来,都一直在执行各种错误的经济政策。这些政策不管是作为具体的对策,还是在道德上,都是错误的,它们对企业造成破坏,对自由社会的组织结构造成危险。与此同时,明眼人都看得出来,我们做的这些所谓错误的、不合理的事,让我们比刚要开始做这些事情的时候富裕得多。况且,要诉诸对经济的不满,响应他的公众比例也相对较小。戈德华特知道,对经济不满的公众中,真正重要的那批人——那些没有享受到普遍繁荣带来的成果的大众百姓——已经身在约翰逊阵营。因此,戈德华特必须像极端右翼通常所做的那样,针对富裕社会中出现的不满情绪发出自己的呼吁。戈德华特确实具有很不一般的自知之明和非同寻常的清晰思维,他就是这么做的。戈德华特区分了利益政治和身份政治,并从有利于他的角度说明了利益政治这种惯常做法为什么在道德上一点也不光彩,远较身份政治低劣。

戈德华特在10月9日的全国电视节目中,把这些问题处理得非常漂亮。他承认美国社会的确富裕:国民生产总值增长了,工资、储蓄也上涨了,住房也改善了,汽车也增多了。"没错,与以往相比,人们拥有的东西更多了,拥有更多东西的人也更多了。"但世界上几乎到处都是这样——英国、法国、德国、尼日利亚、日本,甚至铁幕后面的国家,都是如此。问题的关键是,在美国,其他事情,如犯罪、青少年犯罪、离婚、私生子、精神疾病、辍学、吸毒、色情、暴乱和流氓无赖行径等,也都增多了。这些可怕的事就是戈德华特建议去应对的事。由此可以推断,在他的竞选活动中,其对道德方面的各种现实状况的关注,比他在经济政策方面的任何言论都具有更加重大的意义。

他在这次电视节目中大胆地道出了其整个竞选活动的特点,此处有必要大幅引用他的原话:

> 你们可能已经读过、听过我一直在做的那些违反常态的事。
>
> 我深入了阿巴拉契亚的心脏地带⋯在那里,我特意抨击了本届政府同贫困作斗争的虚伪。
>
> 我深入了佛罗里达退休人员区的心脏地带⋯在那里,我特意警告说,本届政府老年医疗保险计划是一个彻头彻尾的骗局。
>
> 我深入了我们农业区的心脏地带⋯在那里,我特意呼吁从管制农业逐步过渡到自由农业。①
>
> 我深入了一个城市快速发展的地区⋯在那里,我特意把矛头对准最高法院,指控他们无权试图去绘制我们州立法选区的地图。
>
> 我做这些都是特意的⋯是有原因的,我心里想得明明白白⋯我今天晚上想跟你们把这事说清楚。我不会去试图收买美国人民的选票。⋯⋯我不会把你们当中任何人只是当成纷纷芸芸的特殊利益集团的成员。⋯⋯我不会迎合你们,仿佛你们只是被自私自利的个人算计围个水泄不通的皮夹子。
>
> 对此我深信:美国人民不会出卖自己的选票。他们不会为了任何廉价的政治诉求⋯去出卖自己的自由。

在如此公然藐视美国一贯的竞选方法,以一种让人惊掉下巴的方式指控自己例示的对手之后,戈德华特继续勇敢地强调自己政治的非政治性:

> 我今天晚上不是来寻求你们盲目的偏护喝彩的,我要的是你们的全神贯注。因为我想问你们这个问题⋯政治在总统竞选中究竟处在什么地位?
>
> 你们听好了:政治⋯对每个人来说那种类似为政党奔走拉票的走卒政治⋯同美国总统这个职位究竟有什么关系?

---

① 此处指的是美国田纳西河流域管理局(TVA)的管理地区。该地区由田纳西河流域管理局实施航运、防洪、水电、水质、旅游和土地利用一体化综合开发和管理。流域区内的农民均与田纳西河流域管理局及其附设服务机构合作,田纳西河流域管理局甚至还帮助农民组织合作社。故戈德华特将该地区的农业称为管制农业(controlled agriculture)。——译者

这篇演说以及演说中准确描述的竞选策略,无疑是在我们近期政治生活中发生的最具冒险性的有趣事件之一,它凸显了这样一个悖论:假设我们在寻找破坏传统的人,我们最有可能在意识形态保守派那里找到他们。对这样一位在老年人面前攻击老年医疗保险、在田纳西河流域管理局(TVA)管理地区的中心批评田纳西河流域管理局、在阿巴拉契亚抨击贫困计划的竞选人,老牌专业人士可能会直摇头。但戈德华特的行动与他的信仰是一致的,他认为身份政治不应仅仅只是利益政治的补充,而应该取代利益政治。在竞选过程中去分别取悦各种特殊利益集团,而后在实际执政过程中充当他们间的掮客,这种古老传统,在他看来,是一种卑鄙的政治,远比那种以实现公众的宗教价值和道德价值以及应对"我们时代的道德危机"为目标的政治低劣。简而言之,他想把这种政治驱除出去。戈德华特在这里表明了他的立场:希望美国人民(尽管他们的道德品质已经"为腐烂与腐朽所困扰")像过去一样,以某种方式拒绝这种诉诸利益的政治,并投票给那些能够应对道德危机的人。

当然,戈德华特在克服利益政治的努力过程中并没有做到始终如一,这对他来说是一件至关重要的难事。我认定他没有这样的记录:出现在全国制造商协会(National Association of Manufacturers)面前,敦促他们不要那么操心他们的税务负担;或是出现在种族隔离主义者听众面前,敦促他们挪动一下,腾出些地方留给黑人。因此,放弃利益政治更确切地说是单方面的事。戈德华特真诚地认为,政治在鼓励广大人民群众全身心投入更抽象的努力,以实现崇高的道德理想的同时,会让拥有某方面特权的某些利益集团无拘无束地继续通过政治行动去追求他们的进步。人们不必质疑戈德华特的真诚,他是这么想的,也是这么做的。面对这种政治失衡,大多数美国人不会假装像戈德华特那样"保守",更倾向于靠拢我们祖先的智慧。他们相信,在美国制度下,积极追求利益的多元化,最终会让人们彼此之间形成大致的平衡。同对人类美德的普遍诉求相比,这样的平衡将更有可能产生各种令人满意的结果。

在这里,有一点非常重要,那就是要交代清楚,我们在戈德华特的竞选呼吁中发现了什么古怪的以及偏离常规的东西。相信我们这个时代存在道德危机,或是在总统竞选中这么说,都没什么好奇怪的;提出针对青少年犯罪、吸毒或街头犯罪等诸如此类的问题,全国可以进行正当讨论,或是联邦政府可以采取正当行动,这没有什么不对;甚至认为美国人民的道德品质为腐烂与腐朽所困扰的观点也不是巴里·戈德华特所特有的,许多美国知识分子经常表达同样的看法。戈德华特在竞选过程中发出的这些呼吁,其大大偏离美国常规政治模式之处,是它们一致企图利用这些棘手的难题,主要是看上了其中造成不和的成分(大多数人知道戈德华特抱怨美国妇女走在大街上不安全时,他究竟想说什么)。

这其中特别古怪的地方是,照理说,这么一个人在总统竞选过程中本应该一直着重强调这些问题,然而,戈德华特的整个关于联邦同地方各州之间的关系的理论,却拒绝承认联邦政府可以或是应该插手解决这些"地方性"问题。简而言之,戈德华特解决这些问题的方法与众不同,那就是不讲章法,没有规划。他在竞选期间多次提出的解决这场道德危机的主要办法,说得客气点,叫做天真。按照他在纽瓦克的演讲所说,最重要的是通过"最高层的以身作则"来恢复"国内的安宁",因为所有邪恶的真正根源不在他处,就在于总统在道德上树立坏的榜样。让林登·B. 约翰逊和诸如鲍比·贝克(Bobby Baker)、比莉·索尔·埃斯蒂斯(Billie Sol Estes)、马特·麦克洛斯基(Matt McCloskey)这样的扈从老爷从白宫消失,执法问题就相对容易解决了。那种认为戈德华特和米勒凭借其高尚的道德榜样的纯洁性,将力挽狂澜的看法,其傲慢自大倒在其次。真正重要的是这种看法背后的思维方式:相关的道德问题实际上是现代工业化城市生活和大众文化中重大而普遍的社会问题,但戈德华特在很大程度上将其看成"执法"问题,而执法的关键又在于加固道德支柱,并用好的榜样取代坏的榜样。总之,我们要用我们的道德拔靴带来鼓舞我们自己。我们许多人得出结论认为,这些问题从本质上说很难一扫而尽,涉及复杂的经济、社会和心理方面的精心算计。而戈德华特的看法则恰好是,现代社会学和心理学背后的探究精神和人文精神,并没有帮助我们解决问题,反而是制造了这些难题。

这里有一个根本观念将戈德华特同基要主义右翼和伪保守主义心态中那些更偏妄的地带紧密联系在一起,那就是用以解释社会弊病的魔鬼理论。在所有关于叛国和阴谋的耳熟能详的辞令中,都可以找到这个理论。1964年,这个魔鬼化身为林登·B. 约翰逊,就像其早些年化身为杜鲁门、杜威、艾奇逊、马歇尔、艾森豪威尔和东部的当权派一样。根据对世界所持有的这种看法,我们的问题归根结底只是道德问题;然而更重要的是,道德生活本身并不复杂难行,也没有充满考验与困惑，它从根本上说是简单的。这是对道德生活的一种夸张描述吗？也许是。但在孟菲斯的演讲中，戈德华特宣称："许多敌人都说我大脑简单。其实，今天所谓的自由主义者，他们的问题就是不懂得简单。解决美国问题的办法都很简单。"对戈德华特来说，这是一种发自内心的呐喊。在盐湖城，他脱开事先准备好的演讲稿，用比书面措辞更加慷慨激昂的语气宣称："许多美国人不喜欢简单的事物，这就是他们反对我们保守派的原因。"

只有将戈德华特置于此种世界观的背景下，才能透彻理解他为什么选择那样的竞选口号。其吸引力就在于简简单单的直觉："你心里知道，他是对的。"

四

同他在国内事务上的看法相比，戈德华特在外交政策上的看法，如今对他造成的损害更大。戈德华特需要付出更加艰苦的努力，来改变自己在公众面前已经形成的鲁莽冒险家的形象。在普雷斯科特的竞选开篇演说中，"和平"一词共出现了 20 次，他的外交政策口号也是相对不那么咄咄逼人的"以实力促和平"。在竞选期间，他一再重申，他不想来一场全面战争——这一保证连他的批评者都应该交口称赞，但对一个政治家来说，不得不做出这样的保证，是一件很危险的事。在此期间，戈德华特没有提及众所周知的他自己对共和党近年来某些和平政策的不满，反而频频强调共和党在历史上一贯是主张和平的政党。

然而，到 1964 年秋，戈德华特已经被以往在对外事务上发表的言论所困。戈德华特此前发表的看法远远超出了冷战期间所谓的"强硬路线"。强硬路线在理论上历来颇有争议，在实践中也取得了某些成功。该路线将冷战的紧迫视为无法逃避的挑战，鼓励对谈判的局限持有怀疑，把拥有足够的力量放在信赖的首位。伪保守主义路线有别于强硬路线的不同之处，不单单在于其提出的各项政策更具有坚持不懈的斗争性，更着眼于抵御风险的导向，还在于它深信那些更强调谈判与和解的人，不是在阴谋从事叛国活动（伯奇协会的看法），就是其道德和智识品质中存在各种近乎犯罪的弱点（戈德华特的看法）。

戈德华特在 1964 年之前发表的破坏性言论，有一种典型的口吻，那就是，对谈判和妥协极不耐烦，决意清除所有的不确定性和模棱两可，不给其留下任何余地,乐意相信可以采取某种突然、简单的雷霆决策,将国家面临的重大而复杂的问题一扫而尽。正是这种心态,致使他宣称共处政策毫无可能,导致他不止在一个场合敦促我们退出联合国、要求断绝与俄国的外交关系、断然宣布我们反对裁军,促使他建议可以考虑在越南把使用核武器去叶作为一种战术①,并造成他投票反对禁止核试验条约。

戈德华特偶尔轻率的言行,在被他修正过或者遭到他否认之后,还被拿出来对付他,这对他来说可以算是不公平。但戈德华特还有远比这类言行失检更具破坏性的一面,那就是他对冷战的构想极富好战倾向。这种极度好战的倾向他从未否认过,其著作《为什么不是取得胜利?》的论证乃至标题都体现了这一点。该书系统、清晰地否定了这样一种对形势的看法,这种看法在华盛顿和莫斯科逐渐盛行,但在北京或是菲尼克斯还不普遍。这一广泛流传的观点认为,在热核时代,一旦发生全面战争,铁幕两边的人民和社会都无法幸免于难。因此全面战争中的损失,与任何一方的军事"胜利"所能得到的收益极不相称,令人无法接受。双方必须将冷战置于约束之下,既相互约束对方,又进行自我约束,哪怕约束只是试试看,哪怕约束很含糊,也都同样重要。人们希望,可以借此防止局部冲突升级为全面冲突。今天人们之所以小心谨慎,是因为他们意识到,在这种冲突中取得"胜利"毫无意义。

西方各国人民希望,由这种看法所带来的虽感难受但可忍受的均势可以一直持续下去,至少持续到我们达成某种不那么危险的临时妥协。戈德华特外交哲学所传达的基本信息则是,这种希望是自欺欺人,是胆小怕事。在他看来,我们从事的是一场无情的、生死攸关的斗争,因而共处完全没有意义。"胜利是解决整个问题的关键",他写道,"除此之外,只有一个选择,那显然就是失败。"在他看来,反共斗争不仅是我们这个时代不得不承受的重担,而且是关系到我们生死存亡的迫切需要。在有些段落中,他似乎在痛惜我们居然找时间做其他事。("然而,我们还在为我们的琐屑日常奔波忙碌,做个好邻居,让家人过上好生活,敬拜上帝。我们固执地拒不承认这个阴谋的穷凶极恶。这个阴谋设计出

---

① 越南地处热带雨林地区,茂密的丛林对美军极为不利,故有戈德华特这种提议。美军在越战中没有使用核武器来脱落树叶,而是使用了化学武器——"橙剂"。橙剂的使用,给越南人民造成了深重的灾难,受害者数以百万。——译者

来,就是为了毁灭我们的!")想到受核战争的恐吓和太多不切实际的知识分子的影响,"自由世界""正在逐渐接受这种观念——只要不打仗什么都好",他满脑子都是忧虑和烦恼。他在1960年写道:"对死亡的怯懦恐惧正在进入美国人的意识。这种恐惧竟如此强烈,以至许多人近来觉得,为了避免核毁灭,我们得对这位首席暴君顶礼膜拜,这是我们必须付出的代价。"在这一充满悲哀的评论之后,他紧接着用一句奇怪的话来申明他的信念:"我们当然想活下去,但更想获得自由。"在《为什么不是取得胜利?》中,他令人惴惴不安地说道,有人认为"武装冲突也许对击败共产主义来说没有必要",而他就是其中之一。

戈德华特在美国全球性战略问题上的态度远远超出了旧的孤立主义。这种态度尽管可能傲慢张狂,而且具有沙文主义性质,但也注入了强烈的和平主义精神。在孤立主义者看来,我们从腐化堕落的世界抽身而退,至少符合我们自己的和平利益。戈德华特虽然对大多数类型的对外援助持悲观态度,但主张将我们在境外的作为,做最宽泛的解释。正如他曾经说过的那样,他既不主张孤立主义,也不主张国际主义,而是主张"一种新型民族主义"。① 至此为止,戈德华特离美国人的普遍共识还不算太远,但他对冷战的顽固不化的看法违背了贯穿杜鲁门、艾森豪威尔和肯尼迪三任政府的连续性。戈德华特把冷战看作是我们同共产党在全世界不同战线上展开的一系列持续剧烈的无情对抗。只要保持力量上的优势,我们就能在所有这些对抗中获胜……即在思想上和政治上彻底消灭敌人。"我们的目标必须是将敌人作为一支掌权的意识形态力量加以消灭。……"我们决不会接受共产党在世界上任何地方掌握任何形式的权力。②

---

① *Why Not Victory?*, pp. 90-91. 戈德华特本该义正词严地斥责约翰逊在1964年民主党大会上的提名演讲是"孤立主义"演讲,因为演讲没有涉及外交政策议题,这一点颇富意味,很能说明问题。将他的观点同罗伯特·A.塔夫脱的观点进行比较也很有启发。塔夫脱受旧式孤立主义的影响很深,他虽然并不怎么缺乏民族主义热情,但总是更担心战争将彻底摧毁美国的民主政治、地方自治和私营企业。据我所知,戈德华特在其关于外交政策的重要讲话中从未表达过这种关切。塔夫脱在其《献给美国人的外交政策》(*A Foreign Policy for Americans*)(New York, 1952)一书中,陈述了自己截至1951年在外交政策上的看法;但对其变化无常的立场所做的出色的实情调查,则见 Vernon Van Dyke and Edward Lane Davis: "Senator Taft and American Security", *Journal of Politics*, XIV (May, 1952), 177-202。

尽管塔夫脱对战争的极度恐惧,以及他关于战争对自由事业的威胁的看法,在大多数右翼思想中已经找不到,但两者之间还是存在一个醒目的连续点:共和党人中,将我们外交政策的辩论从关于政治判断的争论转向关于"叛国"的争论,这里面就有塔夫脱本人。参见 Richard Rovere, "What's Happened to Taft?", *Harper's Magazine*, April, 1952, pp. 38-44。

② *Why Not Victory?*, p. 118.

因此，对于伪保守主义者来说，我们在其中生活了二十年之久的模糊世界就被归并为一种转瞬即逝的幻觉。终极的真实状况，不是完全胜利就是完全失败，我们必须坚持这一点。两者之间不能有任何中间余地。① 我们不仅仅是在维护我们自身的安全，而是正在全力以赴地采取武力手段，将某种思想从地球上的每个角落抹除干净。

人们曾一再提出这样一个问题：企图逼使每一场危机都要争出个你败我胜，特别是公然带着要把敌人从思想上彻底消灭这一最终目的，会不会导致一场全面战争？但右翼分子觉得，提出这个问题，是沾染上了贪生怕死的毛病，没有一点男子气概。戈德华特对这个问题的回答是向我们保证，面对我们武器上的优势，苏联永远不会发动袭击。当然，美国人没法兑现这个承诺。要确保承诺实现，我们必须依赖莫斯科。更何况，《为什么不是取得胜利？》中还有一段稀奇古怪的话。在这段话中，戈德华特竟又直截了当地承认，这个保证不可能实现。他说，只有在以下两种情况下共产主义世界才可能会诉诸全面战争：第一种情况当然是，如果我们政治软弱、武备松弛，那么肯定会招致它们的进攻；另一种情况则是，"国际事务中出现决定性转变，这种转变已经到达它们明显将会失败的关头。"② 当然，戈德华特长期以来恰恰正是坚决主张把他们推到这个份上。这么一来，正如戈德华特所论述的那样，全面胜利面临的困境才是核心困境，同共处面临的诸多麻烦、复杂的困境相比，这个困境被搞得似乎更加不妙、更加无法解决。

许多保守的美国人之所以认为戈德华特很危险，是因为他对核战争满不在乎的态度，而不是由于他偶尔的轻率举动。到 1964 年，人们对戈德华特从未想象过热核战争将会带来什么样的影响这个印象已经非常清晰，而且这种印象在竞选中怎么样也无法消除。不可思议的是，这么一个对街头暴力如此忧心忡忡的人，竟然对彻底毁灭的前景似乎漫不经心。基要主义者最后的精神大决战、概莫能外的通俗道德剧以及千年圣战和进行决定性战斗的梦想，明显在他脑海里激起了波澜，而当前世界的严酷现实反倒似乎更加遥远。正如他不承认现代

---

① 有关戈德华特针对全面胜利在我们当今时代呈现不出什么意义这一看法提出的异议，参见 ibid., pp. 106—109。

② Ibid., p. 82.

都市工业主义创造了一个全新的外界环境一样,戈德华特也不承认核武器创造了一个新的外交时代。"我不同意这样一种理论",他写道,"那就是认为核武器改变了一切。……我们在武器方面是取得了进展,造出了核弹,尽管这一进展非常可怕,但它仍只是一种更有效的破坏手段。历史地看,这件事相对地可以同发明和改进火药①使之适合战争用途、开发空战和战略轰炸行动,从而在军事行动方面取得进展相比较。"②

作为对竞选机会主义的让步,戈德华特有时候会在外交政策问题上采取低调态度,主要满足于迎合人民对国家无力解决对外危机或无力维持在世界上的威望而感到不安的情绪:"你为我们的自由之战骄傲吗?你为巴拿马自豪吗?你为希腊被烧毁的雕像骄傲吗?你为一个小到无法再小的国家扯住山姆大叔的胡子而逍遥法外自豪吗?你为同破坏自由的人达成小麦交易感到光荣吗?"这种呼吁有一个很有意思的地方,由于它不仅阐明了伪保守主义思想,同时也揭示了当今美国政治的动态,因而同肯尼迪1960年大选中的呼吁甚为相似。和戈德华特一样,肯尼迪也曾抗议说,我们的武器装备严重不足——他的崇拜者至今还牢记着那个子虚乌有的"导弹差距"问题——并为此痛心疾首,懊丧不已。此外,肯尼迪也像戈德华特一样,强调美国在海外已经威信扫地,并详述了卡斯特罗在距离我国海岸线仅90英里的古巴建立政权的事。

因此,肯尼迪和戈德华特的竞选活动都具有强烈的民族主义色彩,均力图借用公众对冷战胜负难分的不安情绪。两个观念如此迥异的人,作为总统候选人,竟然在这个问题上有这么多共同之处,凸显了一个事实:一个长期存在的问题具有反对派候选人难以抵住诱惑的力量。两次竞选活动都表明,美国公众对我们的外交政策极其迷惘。就吸引力而言,伪保守主义的弱点在于,公众具有复杂的情感,而它却攻其一点,不及其余,对美国人普遍希望继续过上和平的生活完全缺乏温情。它呼吁人们吃苦耐劳、坚韧刚毅,呼吁人们倾尽全力同绝对恶展开基要主义斗争,这同公众对太平无事的渴望和对享乐的基本追求格格不入。对于公众的这些渴望和追求,伪保守派人士毫不掩饰自己的轻蔑。伪保守主义立场的力量则在于诉诸美国人对我们对外交往中出现的模棱两可与妥协

---

① 原文如此。
② Ibid., pp. 83—84.

局面的困惑不解。美国公众缴纳高额重税,来维护一台价格如此昂贵、破坏力前所未有的军事机器,来维持美国在全球的军事和经济行动,却年复一年地发现,花销和努力既没有带来决定性的胜利,也没有带来最终的协议。以雅尔塔、朝鲜、柏林、古巴和越南为标志,谈不出什么结果的谈判、出击、僵持,再到谈不出什么结果的谈判、出击、僵持,就这么循环往复,似乎永无尽期。

所有试图从其他方面去解释这种令人沮丧的局面,而非将其仅仅看作是糟糕的治国之道——更不用说叛国——的产物的努力,都要遭遇美国历史上一个基本事实以及美国人思维中一种基本定式的阻击。D. W. 布罗根(D. W. Brogan)多年前在一篇颇富启发性的文章中,指出了一种他称之为"美国无所不能的幻觉"的心态——布罗根将其界定为"这样一种幻觉,即任何令美国愁恼或令美国遭遇危险的情况之所以能够存在,都是因为有些美国人是傻瓜或恶棍的缘故"①。他认为,最能说明问题的是我们对中国革命的反应。对于这场革命,美国人既缺乏对其历史的敬畏,也缺乏对其由来的好奇,宁愿将其仅仅视为美国外交政策及国内政策中的一个问题。这一世界上现存的最古老的文明,人口约占全人类的1/5,距离美国太平洋海岸6 000英里,与俄罗斯接壤,很有可能是由于深深植根于其历史和地理、传统和问题之中的原因,发生了极不受美国人欢迎——这一点不难理解——的转向。数以百万计的美国人不是得出结论说,这是对远远超出我们控制的巨大战略现实和经济现实所做出的反应,而是显然确信,我们以前一直把这个庞大的国家揣在我们兜里,只是由于罗斯福、马歇尔和艾奇逊的错误(也可以说是背信弃义),把它给弄丢了或者说被人给偷走了。这些错误很容易被像周以德(Walter Judd)或者参议员詹纳(Jenner)这样的大政治家纠正。罗斯福因在雅尔塔"允许"俄国成为太平洋大国而受到诅咒,尽管美国还没出现之前俄国就是一个太平洋大国。布罗根颇有先见之明地评论道,人们很容易臆断,俄国已经"占领"中国,正如她已经占领波兰一样。此外,与美国的干预可以改变中国的历史这一执着的信念相伴相随的还有一种信念,即这只不过涉及选择几个合理的替代政策,无须美国人民做出必要的巨大牺牲来维持在中国的大量投入。

许多美国人理解不了他们在世界上的力量不是无穷的——这种情况在其

---

① "The Illusion of American Omnipotence", *Harper's Magazine*, December, 1952, pp. 21—28.

他民族那里都不存在。布罗根就此做出了解释。布罗根认为,美国人确确实实只是最近才遇上了一种其他国家人民早就熟悉的情况。他说,美国目前背负的令人头痛的担子与面临的无法解决的问题,"对美国来说是新情况,但……对欧洲来说却是个老故事。美国人民现在承受的是法国人、英国人、俄国各族人民甚至是西班牙人民和意大利人民当年在扩展帝国版图或极力维护帝国版图的过程中遭遇的同样情况"。

美国人的观念框架是由长期的历史造成的,它鼓舞我们坚信,我们有一种近乎神奇的能力,能够在世界上按照自己的方式,彻底激发这个国家的意志,以相对较小的代价战胜其他民族。我们建国的时候,没有想成为世界大国的愿望,也没有肩负世界大国的责任。我们就是一个陆地国家,我们的野心基本上也只限于美洲大陆。其实,从我们国家生活开始的那一刻起,在我们选择的、限定在美洲大陆范围内的战场上,我们用以决心实现国家目标的力量就是不可阻挡的。我们的主要敌人——印第安人、墨西哥人、日益衰落的西班牙帝国——总体来说是容易战胜的。诚然,在1812年与英国人的战争中,我们的对手是一个实力远远超过我们的强国。但英国当时正在与拿破仑进行殊死搏斗,对付美国人只是一件顺带的事。即便在那时,虽然我们干得相当糟糕——入侵加拿大被击退,首都被烧毁,航运被封锁,但在新奥尔良奇妙的幸运一击,让我们误以为,我们达成的僵持不下的和平局面,对我们来说意味着某种胜利。[①] 美国这片土地唯一一次真正被战争的恐怖所蹂躏,发生在我们自己的内战期间,这一次是我们自己给自己造成了创伤。欧洲的失和在20世纪已成为美国必须正视的问题,但在19世纪却是美国面临的有利条件。取得独立并把国家的疆界向西延伸到密西西比河、以极低的价格购得路易斯安那这片辽阔的领土、不费一枪一弹轻而易举地获得佛罗里达州、确立我们在世界运输贸易中的地位、吞并得克萨斯和从墨西哥手中夺得西部大片领土——所有这些都是我们拿困境重重的国家、忧心忡忡的国家或者实力弱小的国家为祭品,花费极低的鲜血和财富完成的。在我们自己的半球——这是我们领土抱负的唯一中心——上,我们的

[①] 美国人在杰克逊领导下,在新奥尔良大获全胜,是在媾和条款签署之后才取得的。在这份媾和条款中,我们提出的要求一个也没有得到满足。不过,新奥尔良大获全胜的消息与达成媾和的消息差不多同时在全国流传。因此,在美国人的想象中,新奥尔良大获全胜是一个非常幸运的紧要关头。

优势勾起国务卿奥尔尼（Olney）1895年说出了这样的话："如今美国事实上已经拥有这片大陆的主权，对美国能够加以干预的所有地区来说，美国的法令就是法律。"几年后，我们拿糊里糊涂、国力枯竭的西班牙开祭，加入19世纪的帝国游戏，后者根本无力对我们进行激烈的反抗。①

美国一方面扩张的代价如此之低，另一方面由于其所处的优越的地理位置，正享受着 C. 范恩·伍德沃德（C. Vann Woodward）所曾指出的近乎免费的安全（free security）——他认为，我们大陆外部免费的安全同大陆内部免费的土地一道，应该在塑造我们历史的伟大力量中据有一席之地。② 美国为大西洋、太平洋和北冰洋所环绕，因此无须在陆军上花费庞大的开支，也无须为自己精心构筑防御链，甚至维护海运安全的费用也很低，因为英国人养了梭巡和保卫大西洋的海军，令我们受益无穷。伍德沃德指出，1861年，美国拥有规模位居世界第二的商业船队，却没有一支海战舰队——我们的海军只有7 600人；相比之下，英国海军人数是这个数字的10倍。普遍的穷困也影响了我们军队的编制。到内战爆发时，美国军队只有16 000多人，主要驻扎在同印第安人交界的哨所。甚至到1914年，当这个国家已经开启其帝国事业并改革军事体制时，其军事拨款占国民收入的比例只有英国人的1/4，法国人、日本人和德国人的1/6，俄国人的大概1/8。

免费的安全、轻松的扩张、代价低廉的胜利、决定性的成就，这几乎是我们一直到20世纪之前同世界上其他地方打交道的全部经验。我们在第一次世界大战的最后阶段参加了这场战争，并取得了胜利。这次大战让我们得以一瞥世界其他地区经历了什么，但这只是一个局外人的那么一瞥。直到做出主要贡献赢得第二次世界大战以后，我们发现自己并没有掌管一个平静下来的、轻易可以驾驭的世界，而是陷入了一个世界性的僵局，并在朝鲜进行一场代价高昂、胜负无决的斗争时，美国人民才第一次经历了所有其他大国早就知道的全部现

---

① 据报道，戈德华特读过不少有关亚利桑那历史和文物古迹方面的书籍，但没有读过世界历史方面的著作。他对此有不同的看法："正是这个独立自主的国家——坚强有力、雄浑阳刚、无所畏惧——领导我们去挑战一个强大得多的西班牙，并要求她为其对我们西半球的邻居施行暴政承担责任。"*Why Not Victory?*, p. 54. 没有哪位美国历史学家持有这种谬见。与他同时代的美国有识之士也没有这种错觉。参见本书拙文"Cuba, the Philippines, and Manifest Destiny"，尤见 p. 162。

② "This Age of Reinterpretation", *American Historical Review*, XLVI (October, 1960), 2—8.

实——力量有限的局面。美国无所不能的幻象依然存在,但美国的优势已经荡然无存。戈德华特及其他人喊出"为什么不是取得胜利?"时,诉诸的正是这种对美国人的意识所造成的震撼。的确,当人们头脑中装着的全都是那些轻易得来的胜利时,这一次他们想到的必然是:为什么不是取得胜利? 就此而论,我们即可理解,戈德华特是如何认为他可以做到在冷战中取得持续不断的胜利的同时,还可以做到预算平衡和降低税收的。

"直到1950年",戈德华特在《为什么不是取得胜利?》中写道,"美国从未输掉过一场战争",但在接下来的十年里,我们遭遇了"一次又一次的失败"。[①] 在他看来,出现这种情况,并不是因为我们现在的全球抱负远远超过了我们早期的战略目标,或是因为我们免费的安全由于技术变革而不复存在;也不是因为我们像在我们之前许多国家所曾经历过的那样,第一次处在力所不逮的位置,或是因为我们同人口众多、核武器又足以与我们匹敌的大国对立。在他看来,之所以如此,是因为我们一直被愚蠢无能之辈统治着,甚至可能如那些比他更加狂热的崇拜者明目张胆地宣称的那样,处在叛国者的统治之下。对于那些认为历史不是一系列相关事件,而是一部通俗道德剧的人来说,这样的指责看上去非常合理。当一个人去思考过去五十年里美国的世界地位发生了多大变化时,最出色的反应似乎并不是像许多人可能会做的那样,发自内心地用伪保守主义来进行解释,而是像我们的政治家通常所做的那样保持克制,这种克制以往都赢得了绝大多数公众的支持。

五

我认为,右翼的热情支持者在戈德华特的竞选运动中表现得如此兴高采烈,甚至在竞选失败的情况下依旧欢欣鼓舞,是合情合理的。他们的确没有取得任何实际成果,但他们想要的根本就不是实际成果。他们向世人展示,右翼是我们政治中一股极难对付的力量,并让我们有理由认为,这股力量会一直存在下去。1954年,麦卡锡主义正处在巅峰时期,那一年我写道,最好不要把美国右翼理解为一场正把自己捆绑在战车上去征服权力的新法西斯主义运动,而应

[①] pp. 23—24.

将其理解为一个坚持不懈且工作卓有成效的少数群体,其主要威胁在于它有实力制造"一种使我们无法理性追求幸福(well-being)与安全的政治气氛"[①]。时至今日,这似乎依然是伪保守主义右翼真正的潜能所在。这种潜能无须赢得白宫宝座就能充分发挥出来,甚至无须再次赢得共和党提名,就可以实现。

有人认为右翼分子人数确实在不断增加,这种说法并不足信。但他们在1964年的表现说明,无论其人数究竟有多少,只要有奉献精神、只要组织有方,他们就可以掀起巨大的影响。一个具有明显右翼观点的候选人获得了超过2 700万张选票,这样的记录很容易令人产生错解。但这份错解令他们振奋、令他们鼓舞。大选过后的一项民意调查显示,往最高估计,在投票给戈德华特的选民中,只有约540万——占总数的1/5——可以算作戈德华特的铁杆支持者。这个数据与他获得提名前在盖洛普民意测验中所处的位置大致相符,也与共和党选民在党内初选时将他同所有温和派与自由派候选人放在一起进行评估的结果相符。[②] 但是,只要右翼分子像近年来一样具有高涨的热情和突出的组织才能,他们仍然能够起到远远超出其人数比例的作用。已经从右翼手中收复了党组织的职业政客,尚未对右翼进行最后的清算。更何况,戈德华特的观点虽然在党内选民中间远远谈不上占有优势,但在党内活跃人士中间要比其他人受欢迎得多。这批人工作卖力,捐款积极,并在牛宫为他赢得了与会代表的支持。

作为共和党内的一股力量,右翼面临的唯一最大困难,是无法培养出全国性的领袖并帮助其不断巩固自己的地位。大多数共和党州长属于该党的温和派。参议院里的右翼豪杰要么已经去世,要么已经离开:塔夫脱、麦卡锡、诺兰、布里克、布里奇斯、詹纳,以及现在的戈德华特——如今,没有一位右翼参议员能够既稳坐议席,又为全国公众所熟知。尽管这在现实政治中是一个严重的不利因素,但在被右翼视为最重要的活动场所——"保守教育"领域,这种不利因

---

① 参见本书前文,p.65。

② *The New York Times*, December 18, 1964;参见诺瓦克对提名战过程中各阶段选前民意调查和初选的记述,Novak: op. cit., pp. 263, 325, 326, 332, 375, 379, 380, 389, 396。但路易斯·H. 比恩和罗斯科·德拉蒙德估计,戈德华特获得的选票中只有250万到300万张来自他真正的信徒,其余全都是投给共和党的选票。他们在得出这一估计时部分采用了下述方法:以民调中公开宣布自己是共和党党员为准,测算出这部分人当中支持戈德华特的党员同其余党员之间的比例。得出这一估计之后,他们又将数据同戈德华特在民调中的实际表现进行比对核验,把他与以往更典型的共和党候选人放在一起加以比较。参见"How Many Votes Does Goldwater Own?" *Look*, March 23, 1965, pp. 75—76。

素的严重程度要小很多。在党内领导层面,右翼干得很好。在美国许多地方,最激进的共和党人都是极端保守主义者。这些人通常都是小企业主或自由职业者,他们有时间也有钱让自己的看法博得人们的注意。温和派共和党人更大可能是大公司的高级职员或雇员,他们的职位令他们没有多少时间从事党派活动。因此,在某些地区,共和党已经落入一个比该地选民保守得多的领导人之手。广大中间派是该党最大的组成部分,他们很保守,也很容易受到某些右翼观念的影响,纵然他们不像戈德华特派人士那样派性十足、斗志昂扬,也不像他们那样总是抱有阴谋论。

在争取民意的斗争中,右翼有充足的资金可供支配,死缠烂打的混战策略也助其获得了某些优势。保守标签和极右民族主义情绪是他们拥有的两个极大优势,这样一来,它就可以用体面正派和美国精神这两个符号来包装自己。然而,只要恐吓能给它带来好处,它就会毫无顾忌地恐吓别人。通过这种手段,它对学校教师和学校行政人员、图书馆馆员、新闻机构和大众传媒的广告商、当地商人和在任政客极其有效地施加了巨大压力。见多识广的全国性媒体虽然对它总是进行负面报道(这令其极度气愤),但身在国际大都市中心的记者和知识分子很容易忽略在小地方来自右翼的压力有多可怕。

甚至连共和党看似永远的少数党地位,虽然在某种意义上限制了极右翼的行动,但是从另一个角度看也构成了它的一项资产。多年来,在民意调查中自称属于共和党的美国选民人数不断减少,如今缩减到仅为自称属于民主党的美国选民人数的一半——两党今天在国会中的比例精确地反映了这种情形。民主党由于其广泛的中间派立场,已经将美国的绝大部分政治共识纳入自己怀抱,以致共和党温和派领导人发现,他们根本就找不到一个具有建设性的议题可以用来打造他们的独立身份,帮助他们摆脱右翼的"仿效主义"(Me-tooism)耻辱——总的来说,右翼的指控完全正确。戈德华特在党内造成的巨大破坏,自可以给右翼势力带来报偿。诚然,这件事直接让他们失去了对共和党的控制,但只要该党继续处在目前这种无可奈何的少数派地位,即使不会重蹈像戈德华特夺权那样的覆辙,右翼势力也能阻止温和派将该党改造成为一个建设性的反对党,这种可能性将一直存在。

然而,最重要的是,极右翼已经成为政治秩序中一股长期存在的力量,因为它赖以为生的养料也是长期的：我们外交政策中长期存在的各种免不了的挫折，对争取种族平等运动的反对，同社会富裕相伴生的各种不满，从事着弗里茨·斯特恩(Fritz Stern)在另一处地方所称的"文化绝望的政治"(the politics of cultural despair)的文化上被异化的人士的各种狂热，概不例外。非常具有讽刺意味的是，作为一场运动，极右翼从激进派那里学到了很多手段，从而让这场运动变得极其活跃、有力。由于弗雷德·C.施瓦茨(Fred C. Schwarz)和斯蒂芬·沙代格(Stephen Shadegg)这类人的竭力主张，他们的队伍已经极其精干，工作人员由数量不多、低调高效的骨干组成，可以在短时间内展示出与其人数极不相称的政治力量。这一运动如今运用从激进派那里学到的技巧，花着从保守派那里获得的资金，临了在那些既没有责任也不指望争取责任之人的毫无顾忌的精神世界里运动。它的对手，也就是那些肩负政府重担的人，在我们社会的种种失败引起的不满面前，总是容易遭到攻击。而这些乐于拿未来做赌注的右翼分子，却享受着煽动性思想的广泛自由；与之相随的是他们各种偏妄的猜疑、异想天开的要求和赢得完胜的千年王国之梦。

第二部分

现代史上的若干问题

古巴、菲律宾与"天定命运"

本文最初写于 1951 年,现有大幅度修改。是年,本宁顿学院(Bennington College)组织了一个系列讲座,一共 14 讲,由不同学者主讲,我是其中之一。1952 年,丹尼尔·艾伦(Daniel Aaron)把各位主讲人的讲稿编辑出版,书名定为《危机中的美国》(America in Crisis)。当时,讲座组织方邀请各位主讲人选择美国公共意识发展过程中的某个焦点事件加以分析,希望大家对这些事件的探讨能够给美国应对危机的方式带来一些启发。

分配给我的任务,是分析我们在同西班牙战争后进驻菲律宾群岛并留在那里的决策。这一决策导致美国放弃传统大陆政策,走上世界帝国主义道路。一个民主国家,依据自己的信条和自身起源,致力于自治和自决。如今,有这么一幅图景摆在它面前:通过征服,夺取一块由一个同自己种族完全不同的、几乎闻所未闻的民族栖居的遥远领土。这时,这个国家需要面对哪些重要的议题?碰到这件事会对国家心理(national mentality)产生什么样的后果?

这个问题考虑得越多,下述情形就越清晰:1898—1900 年由"帝国主义"问题引发的争论,不能脱离伴随美西战争而来的整个外交政策危机去孤立考察。那场战争最引人注目的地方,在于[所谓的]它并非源于美国的帝国主义野心,而是源于普遍的人道主义;在于[所谓的]它始于我们想要解放古巴,终于我们对菲律宾的统治。这场战争并不是为夺取古巴或菲律宾而开始的。未经国会辩论即获得通过,而后附在《宣战书》后面的《特勒决议案》(Teller Resolution),明确否认了美国获取古巴的任何意图,美国也遵守了这一承诺。至于菲律宾,占领这块土地从来都不是公众讨论或者感兴趣的话题,甚至都不是政治精英关心的话题。在战争爆发前,没有人敢把征服和保留这些岛屿作为国家的政策目标。除了几个关心打击那里的西班牙海军的海军战略家外,根本就没有人想到菲律宾。杜威(Dewey)在马尼拉湾突如其来的胜利,甚至让决策者都不得不对由此带来的意想不到的状况做一决定。毫不奇怪,人们很快就说服了自己,认为这是"命运"强加给他们的一份新的责任,他们不愿接受却又不得不接受。不管是不是命运,摆在他们面前的就是一个既成事实(fait accompli)。

然而,美国舆论领袖和公众本身对这一突如其来的海外征服,并没有表现得特别苦恼,有些人甚至表现出了极大的热情。战争背后的人道主义冲动竟然同参加战斗的欲望奇妙地结合在一起。同样,导致欣然接受吞并菲律宾的帝国主义冲动,也与许多义务和责任之类的言论不可思议地结合在一起,并因这些言论而显得柔和了不少,这实际上预示了日后美国在菲律宾的政策。人文情怀和对战斗与征服的强烈渴望,似乎都源于19世纪90年代形成的一种普遍心态,因而我这篇文章主要关注的,不是在要不要把这些岛屿据为己有的争论中,如何轻松获胜,而是国民意识中出现的明显危机同战争过程中发生的一系列事件之间的关系。有些读者倾向于认为,我在这里试图用心理学来替代对美国帝国主义起源的经济学解释。我认为,我不是在做一种心理解释,而是在做一种机制解释。这种解释不是对经济解释的替代,而是对经济解释的必要补充,以免经济解释在某些不争的事实面前搁浅。19世纪90年代的大萧条,以及那个时代普遍的焦虑和不满,显然对战争和帝国问题产生了重要影响,必须将其视为这段历史的重要组成部分。

在本文初版撰成之后,学术界对美国帝国主义根源有过两项重要的全面研究。这两项研究同我的分析皆不完全相符,但在某些方面存在共通之处。沃尔特·拉费伯尔(Walter La Feber)在《新帝国》(The New Empire)一书中强调帝国主义在19世纪90年代形成之前,有一个漫长的、目的明确的准备期——我认为这完全正确——并把扩张看作对19世纪下半叶工业革命的回应。他强调,开拓新市场的要求、海军至上主义者和扩张主义者的宣传、新式海军的创建,所有这些如火如荼的发展动态,都充分体现了19世纪90年代危机爆发前美国向帝国主义发展的趋势。不过,他又说:"1893年的大萧条是半个世纪以来这些情况发展的催化剂。"我所关注的正是这个催化过程。欧内斯特·R.梅(Ernest R. May)对这一时代的看法在很多方面与我不同,但他赞同到国家意识的危机中去寻找这次战争的根源。他在《帝国主义民主》(Imperial Democracy)中写道:"19世纪90年代国家如今处在心绪不宁的状态。"在列举了这种不安状态的种种来源之后,他得出如下结论:"所有这些影响与焦虑,以某种非理性的方式,转化为对正在遭受苦难的古巴的关切。不管是对人民还是政府来说,同君主制、天主教、拉丁西班牙的战争,除了释放自己的情绪外,没有别的任何目的。"其他情况姑且不论,整个事件确实是研究民族情感动态的一个颇富启发性的案例。

一

1899年从西班牙手中夺取菲律宾群岛,对美国人民来说,是一次重大的历史性转变。这次事件既是对他们传统的破坏,也对他们既往的价值观形成了冲击。诚然,从建国开始,他们就一直在扩张,但扩张覆盖的范围几乎完全是毗连地区。现在他们正向遥远的外半球拓展殖民地。他们正在放弃迄彼为止把自己限定在美洲大陆及其附属地区的防御战略,转而支持实施一项重大战略——走向远东。到彼时为止,他们的扩张还仅限于相对而言属于同种的人口向境内各地扩散,从一开始他们就计划在当地建立自治政府;现在则是要用武力控制数百万与我们不属同一种族的人。因此,同时代争辩双方都认为,取得这些岛屿,将是我们历史上的一大转折——这一点今天理解起来毫无困难。

然而,若把争辩同其他事件孤立开来讨论,则将无法完全呈现争辩的意义。美国进入菲律宾群岛是美西战争的副产品。菲律宾危机同战争危机密不可分,而战争危机本身又离不开一组更大的事件,这组事件我们可以称之为"19世纪90年代的精神危机"。

1893年爆发的大萧条,在这场精神危机的背景中居于中央位置。到古巴战争引起的骚动开始时,萧条仍然非常严重。但萧条即便十分严重,其本身也不会总是产生像19世纪90年代那样强烈的情绪危机。在19世纪70年代,美国也遭受过一次相当剧烈、持久的大萧条,但并没有造成19世纪90年代出现的所有现象,也没有造成后面那次所产生的许多具有相当强度和影响的现象。人们常说,与19世纪70年代不同,19世纪90年代构成了美国历史上的一个"分水岭"。我认为,这两次萧条所导致的情绪和思想上的影响的差别,不能以萧条的严重程度不同来衡量,而应该去看19世纪90年代与大萧条同时发生的一系列独特的事件。就是这些事件强化了大萧条对公众的心态的影响。

按重要程度由高到低划分,首先是平民党运动、自由银币鼓动和1896年火药味十足的总统大选。一场萧条竟造成一场强大的抗议运动,大到足以夺得一个大党,并引起人们对社会剧烈动荡的恐惧(尽管恐惧脱离了现实),这在我们历史上还是第一次。其次是美国企业的成熟化和科层化,其必不可少的大型工业设备的安装使用以及托拉斯的发展规模大到足以激起人们对那种充满竞争机会的旧秩序正在走向衰落的焦虑。最后一点具有重大的象征意义,那就是,这块大陆已经明显满满当当,而边疆线却不复存在。我们现在知道,我们还有大量土地尚未被开发利用,不管是在商业方面,抑或是在这片大地上,还有巨大的内部扩张潜力。但在19世纪90年代的人们看来,三个世纪以来人们将全部精力投入其中的生产资源似乎已经耗尽。这种可怕的前景表明,美国已经走到了一个重大的历史关头。正如弗雷德里克·杰克逊·特纳在他那篇1893年发表的著名论文中所说的那样,"从发现美洲开始,到现在是四个世纪,我们在宪法下已经生活了一百年。如今,边疆已经消失,美国历史的第一个时期也随之关上了大门。"

在那些从小接受19世纪秩序教育的中产阶级公民看来,前景似乎非常不妙。粮食主产区的农民已经为白银和布赖恩神经错乱;工人正在进行如霍姆斯特德大罢工(Homestead)和普尔曼大罢工(Pullman)这样的血腥斗争;新增土地供应似乎已经处在强弩之末;托拉斯威胁到企业精神;公民的道德败坏在大城市达到了顶点;每年都有大批大批看起来无法同化的移民涌到这里,住进骇人听闻的贫民窟。在许多具有历史意识的作家看来,这个国家似乎已经衰萎,就像一个快要倒塌的帝国,随时可能因外部的打击或内部的剧变而崩溃。尽管对那些凭国家权力标志为生的人——统治阶层和思想阶层——来说,情况非常严峻,但真正悲惨酸楚的,则是年轻人,他们不得不在看似正在来临的黑暗世界里踏上谋生之路。

对这场危机进行症候学研究,可以看到大众思想和行为中的几种倾向,这些倾向以前很淡很薄。这些症状在两种截然不同的社会情绪中表现得十分明显。其中一种情绪的基调是社会抗议的加剧和人道主义改革的强化。平民主义、乌托邦主义、基督教社会福音的兴起、知识分子对社会主义日益增长的兴趣、19世纪90年代大学生纷纷投身其中的社区睦邻运动(the social settlement movement)、现实主义小说中社会抗议与社会批判的加速,所有这些都是这种情绪的表现。另一种社会情绪是国家的主权声索、侵略、扩张。前一种情绪的主题是社会同情,第二种情绪的主题则是国家权力。在19世纪90年代,我们成立的爱国主义团体比历史上任何一个十年都要多;马汉上校(Captain Mahan)的海军理论影响越来越大;海军建设蓬勃发展;美国人对拿破仑的崇拜急剧提速,鲁德亚德·吉卜林(Rudyard Kipling)充满阳刚之气和尚武之风的著作也开始流行;年轻的西奥多·罗斯福(Theodore Roosevelt)成了精力充沛、善于驾驭、喜欢闯荡江湖的榜样人物。欧洲帝国主义的复兴,搅起了人们对美国在殖民竞争再次兴起的世界中将处于何种地位的猜测,有些被搅动的人要求加入这场帝国之间的竞争,以规避被其他强国征服的风险。但最重要的是沙文主义浪潮的兴起。过去十年间,美国问题观察家不断就此发表评论。

当然,沙文主义在美国历史上并不新鲜。但19世纪70年代和80年代,美国公众对外交关系非常淡漠。这一时期不是没有扩张主义政治家,但他们都为民众的冷漠所堵截。我们的治国之道一直都受到了自我的克制与约束。[①] 格兰

[①] Julius W. Pratt, *America's Colonial Experiment* (New York, 1950), pp. 4—13.

特(Grant)想夺取圣多明戈(Santo Domingo),结果是沮丧地打消了这个念头;对麻烦不断的夏威夷,我们的政策一向都十分谨慎;1877年,有人把海地两个海军军港送上门来,结果遭到美国轻蔑的拒绝。在回应海地问题时,国务卿弗里林海森(Frederick Theodore Frelinghuysen)说:"本届政府的政策……一向都是避免获得与大陆分离的领土。"[1]亨利·卡伯特·洛奇(Henry Cabot Lodge)在1889年出版的《乔治·华盛顿》(George Washington)一书中指出,当时对外关系"在美国政治中占据的地位微不足道,通常只会激起一种慵懒的兴趣"[2]。不到几年时间,这一评论就会显得甚为荒谬。1895年,拉塞尔·A. 阿尔杰(Russell A. Alger)在辛辛那提(Cincinnati)向听众宣读了一篇洛奇的文章后,向洛奇汇报说,听众的反应让他确信,外交政策"比其他任何东西都更能触动今日公众的脉搏"。[3] 19世纪90年代的美国史,就是在扩张主义问题上公众骚动不安以及美国同其他国家争执不休的历史。

二

从1891年春到1895年底,有三件重要的事点燃了美国的沙文主义。首先是美国国务卿布莱恩(Blaine)对意大利外交部长抗议11名意大利人在新奥尔良被私刑处死一事,做出尖刻并带有挑衅性的回应。其次是在瓦尔帕莱索(Valparaiso)发生的暴乱中,两名美国水兵被智利暴徒杀害,多人受伤,从而引发两国之间的摩擦。最后就是1895年发生的委内瑞拉与英国的边界争端,这件事知晓度要比前两件更大。讨论这些事会把我们扯得太远。但请注意,它们

---

[1] Albert K. Weinberg. *Manifest Destiny* (Baltimore, 1935), p. 252. 1868—1878年古巴起义期间出现的情况同19世纪90年代发生的状况之间存在一定的相似之处,足以引发人们的联想。当时的战争行动比1895—1898年更加残酷惨烈,更加使人筋疲力尽;战争后期阶段也对应着一场严重的经济萧条;"弗吉纽斯号"事件(Case of the Virginius)完全可以为战争提供几乎与"缅因号"事件一样完美的借口。公众和媒体在这件事上也是吵吵嚷嚷,喧嚣不已。但这种众声喧哗甚至都没有接近形成要求战争的巨大压力。此外,90年代还有些70年代没有的东西,其中包括导致产生扩张主义情绪的精神危机、哗众取宠的报道技巧以及一支足以让我们考虑同西班牙开战的海军。试比较 Samuel Flagg Bemis, *A Diplomatic History of the United States* (New York, 1936), pp. 433—435。另外,70年代我们国家离那场令人筋疲力尽的内战结束在时间上太近。

[2] Samuel Flagg Bemis: op. cit., p. 432.

[3] Walter La Feber: *The New Empire* (Ithaca, 1963), p. 250.

都有如下这些共同特点:所有这三件事当中,没有任何一件关乎重大的、直接的国家安全或是意料之中的利益;所有这三件事中,美国的外交都带有极度的、与事件本身极不相称的侵略性;所有这三件事中,美国都仔细考虑过发动战争的可能性;所有这三件事中,美国公众和新闻界的反应都是激动不已的民族主义,而且大家几乎是出奇的一致。

阅读有关这些事件的历史,要想不得出这样的结论很难:政治人物一直在利用沙文主义来恢复他们的威望,修补他们的党派藩篱,转移公众对国家内部事务严重不满的注意力。沙文主义和平民主义一道崛起似乎不是偶然。对外部危机加以政治上的利用这方面的档案证据并不是特别多,部分原因在于这种动机不一定是有意识的;而在有意识地加以利用的地方,人们往往又不会承认,不会总是把它记下来。[1] 然而,从哈里森(Harrison)到西奥多·罗斯福,每一届政府都存在沙文主义,这方面的提示信息非常明显,决不容忽视。在19世纪90年代,每个党派的媒体都喜欢指责对方利用对外冲突。在这里我们可以看到,布莱恩为了达到自己的政治目的,不惜去扭伤不列颠之狮(British lion)的尾巴,意大利也基本上无法逃脱它的魔掌。智利事件弄得如此严重,哈里森负有主要责任。在事件发生前夕,一些著名的共和党政客敦促哈里森在即将到来的总统竞选中,提出更加激进的外交政策,因为这会"起到……转移人们对停滞不前的政治讨论的注意力的效果"[2]。虽然有些民主党报纸指控说,在国家处于敌对状态期间,他竟然筹划连任竞选,以便可以拿"行至河中不换马"说事,说什么

---

[1] 我们历史上早些时候最著名的例子是,1861年危机期间,西沃德提出一个极富想象力的建议,即让林肯试图通过发动一场对外战争来重新统一南北两方。在联邦党人被杰斐逊派彻底打垮之后,费希尔·艾姆斯(Fisher Ames)于1802年对这种治国之术的哲学作了一个经典表述。"我们需要像所有国家一样",他在给鲁弗斯·金(Rufus King)的信中写道,"在我们国家外部有一个强大的邻居对我们形成压力,这样的邻居不论什么时候都会比蛊惑人心的政客更能激起人们更强烈的恐惧,从而激励人民支持他们的政府。"Henry Jones Ford. *The Rise and Growth of American Politics*(New York,1914),p.69. 19世纪70年代和90年代之间的显著区别之一是,早期仍有国内敌人可供使用。"我们的牢固基础",拉瑟福德·B. 海斯(Rutherford B. Hayes)1876年写道,"就是人们对团结一致的南方、对叛军统治等的畏惧。……它带领人们远离'艰难时世'这个最致命的敌人。"J. F. Rhodes. *History of the United States*(New York,1906),Ⅶ,p.220.

[2] Donald M. Dozer. "Benjamin Harrison and the Presidential Campaign of 1892", *American Historical Review*,LIV(October,1948),p.52;A. T. Volwiler. "Harrison,Blaine,and American Foreign Policy,1889—1893", *American Philosophical Society Proceedings*, Vol. LXXIX(1938),论证了哈里森执政期间帝国主义情绪的萌芽。他的论证站得住脚。

国家处在危难之际不宜做大的变动,但许多民主党人认为,民主党必须在政治上支持他同智利对抗。正如民主党一位国会议员所言,这样,共和党人便无法"轻易捞走维护国家尊严的所有资本"①。

格罗弗·克利夫兰(Grover Cleveland)是一个非常正直的人,他在1893—1894年间顶住压力反对吞并夏威夷的立场,让人们对他赞誉有加。但恰恰就是由于这种克制行为,像洛奇那样的共和党沙文主义者以及他自己党内的许多人,都指责他对美国在世界上的地位漠不关心。克利夫兰是一个极其高尚的人,不会利用一场不必要的外交危机,而他的国务卿理查德·奥尔尼(Richard Olney)则不是这种人。委内瑞拉事件爆发的时候,克利夫兰政府的声望正处在最低点,这给奥尔尼提供了一个绝佳机会,向来自民主、共和两党的批评者证明,政府终究还是有能力采取果断有力的外交手段。对奥尔尼所在政党的成员来说,这场危机在党争中的价值未必难以想象。奥尔尼本人就收到得克萨斯州某位众议员的一封来信,信中鼓励他"勇往直前",理由是委内瑞拉问题"在全国各地都是制胜分"。"当你来诊断国家的内病时",写信给他的那位众议员继续道,"'铁血政策'的潜在价值马上就出现了。呃,国务卿先生,想想看,在我们政治的皮肤上,无政府主义、平民主义脓疮肿得多厉害,谁知道脓根有多深,根杈有多少?向维护这个脓疮的英国船头前方轰一炮,震出的脓液要是注入我们人民的体内,足以让他们在接下来的两个世纪腐化堕落,还有得剩。"②

到1895年古巴危机再次爆发时,这一模式已经完全确立。③ 1896年竞选期间,国务卿奥尔尼收到美国驻哈瓦那领事菲茨休·李(Fitzhugh Lee)的这么一封信,也便在情理之中。该信建议黄金民主党(Gold Democrats)④保守派支

---

① Earl W. Fornell. "Historical Antecedents of the Chilean-American Crisis of 1891—1892", unpublished M. A. thesis, Columbia University(1950), p. 138;尤见第11章、第12章关于哈里森对战争危机的利用以及公众的强烈反应。

② Alfred Vagts. *Deutschland und die Vereinigten Staaten in der Weltpolitik* (New York, 1935), I, p. 511;有关政府政策的国内根源,参见 Nelson M. Blake. "Background of Cleveland's Venezuela Policy", *American Historical Review*, XLVII(January, 1942), p. 259—277。这方面的不同看法,参见 La Feber. op. cit., pp. 270—283. 拉费伯尔认为国内压力影响很小,并认为克利夫兰和奥尔尼看到了美国在委内瑞拉的重大长远利益。

③ 即指政治人物利用沙文主义恢复威望,修补党派藩篱,转移公众对国家内部事务严重不满的注意力这一模式。——译者

④ 黄金民主党(Gold Democrats),民主党内主张金本位制、反对无限自由铸银一派。这一派可以称得上是保守派或者说稳健派(Sound Democrats)。——译者

持在古巴采取强硬政策,支持介入调停或进行干涉。他说,这样"'民主党稳健派'(Sound Democrats)连同行政当局,都会获得制止这里每天上演的大规模暴行的名望,获得购得古巴的功劳,或者如果发生战争,那就通过一场胜仗来得到古巴的功劳"。"一旦发生战争,人们就会满腔热忱,纷纷申请报效祖国,许多失业者就会有业可从,这样就可以极大地引导人们从思想上摆脱各种子虚乌有的弊病——人们竟然误以为'自由白银'能够祛除这些弊病。"①

走马上任之时,麦金莱(McKinley)总统很清楚,民族主义热情已经十分高涨,极有可能点燃战火。几个月前,他曾告诉参议员洛奇,在他就任总统之后,可能马上就要"被迫"开战,并表示希望古巴危机能在他从当选到就职这段时间内以某种方式得到解决。尽管他曾向卡尔·舒尔茨(Carl Schurz)保证,"在我当政期间,不会有任何沙文主义的胡说八道",但事实证明,他没有足够力量来抵御这股潮流。麦金莱本人没有全国各地日益高涨的那种歇斯底里情绪,而且担心国家没有做好战争准备,甚至不能确定是否可以让战争不致越出与西班牙的较量这个范围。麦金莱很快发现,自己面临着要求采取积极行动的巨大压力。他就像大多数总统一般都会做的那样,只要能够坚持,就一直抵制下去。他的失败不在于面对战争狂热过早缴械,而在于没有及早采取主动措施来遏制。事实证明,把"缅因号"(Maine)开到哈瓦那,是他犯下的最大错误之一,因为这实质上就是给主战的一方送去人质。麦金莱的这一举动,部分是为了抑制国内沙文主义者的热情,但此前克利夫兰就拒绝了这样的提议,理由是这样极有可能发生很容易引发众怒的事件。毫无疑问,2月16日"缅因号"的沉没这件事本身,远远超出了克利夫兰或麦金莱的预料。从那时起,避免发生战争,似乎机会渺茫。

麦金莱自己所在政党的党员给他施加了极大的压力,逼着要求他,既然人民要求战争,那就让他们如愿以偿,不要忤逆人民的意志而致危及共和党的地位。正如一位怒气冲冲的参议员对国务卿所说的那样,他们中有些人担心,他再怎么反对,也阻止不了国会宣战。"他会被碾死在车轮底下,党还要跟着他一

---

① Vagts. op. cit., II, 1266 n. 试比较 Ernest R. May. *Imperial Democracy* (New York, 1961), pp. 75—76.

道陪葬。"①对麦金莱本人来说,国会可能会撇开他采取行动,到3月份已经成为非常现实的担忧。② 人们普遍认为,如果战争像推测的那样不可避免,总统最好出面领导,而不是被赶着往前走;抵制战争将给党带来毁灭性的打击;发动战争则可以阻止民主党人利用"自由古巴"和"自由白银"作为选战口号参加下一届总统竞选。③ 3月17日,参议员普罗科特(Proctor)在参议院就古巴局势发表了动人心弦的演讲,《芝加哥时报—先驱报》(Chicago Times-Herald)(这是支持麦金莱的一份报纸)随后宣称,不管是采取和平手段还是通过武力方式,对古巴的干涉都"不可避免,马上就会到来。我们自己国内的政治状况不允许这件事往后拖。……假设麦金莱总统对是否满足美国人民的正当期盼犹豫不决,在今年秋天的选举中,民主党自由白银派与平民党人无疑会借用'为古巴自由而战'这顶荆棘之冠。……总统将无力阻止任何立法,尽管这对国家每一项清醒的、正当的利益极具破坏性"④。《芝加哥论坛报》(Chicago Tribune)大声疾呼,"人民不想同西班牙进行可耻的谈判。""如果总统让他的政府栽进那片沼泽,他和他所在的党将在1900年被愤怒的民众扫下台。人民永远不会原谅一个玷污国家荣誉的政府。"⑤亨利·卡伯特·洛奇3月就马萨诸塞州的公众情绪向麦金莱作了汇报。他写道:"如果我们不采取任何行动,任由古巴战争整个夏天就这么拖下去,我们将陷入前所未有的失败。……我知道,出于政治原因发动战争乃至仅仅只是威胁发动战争,很容易被说成是犯罪,严格来说也的确是犯罪,我也非常同意这种看法。但为了执行一项错误政策,去牺牲一个伟大的政党,并给国家带来'自由白银',其可恶恐怕丝毫不亚于前者。"⑥

面对越来越大的战争压力,麦金莱已经没有足够的时间来将与西班牙之间的谈判继续下去,以求用尽外交手段来解决问题。到4月初,西班牙已经在一些重要问题上作出让步,满足了美国的要求——终止集中营政策(reconcentrado

---

① H. Wayne Morgan. *William McKinley and His America* (Syracuse, 1963), p. 370.
② Ibid., pp. 369—370.
③ Vagts. op. cit., II, 1308 n; Samuel Flagg Bemis. *The Latin American Policy of the United States* (New York, 1943), p. 407; Thomas A. Bailey. *A Diplomatic History of the American People* (New York, 1944), pp. 506—508; C. S. Olcott. *The Life of William McKinley* (Boston, 1916), II, 28.
④ Walter Millis. *The Martial Spirit* (New York, 1931), p. 124.
⑤ Morgan. op. cit., p. 368.
⑥ May. op. cit., p. 146.

policy)①，对"缅因号"进行赔偿。但是，由于古巴革命者和美国都坚持古巴完全独立，留给西班牙政府的方案，没有给对方任何面子，因而能否用外交方式解决，令人生疑。4月初，麦金莱决心开战。就在他要向国会传达他的开战信息时，4月10日，其驻西班牙大使斯图尔特·L.伍德福德（Stewart L. Woodford）传来消息说，西班牙人已经屈服于美国立即停战的要求。伍德福德还相当乐观地认为，甚至是古巴独立这一要求，犹可得到满足。麦金莱只是将这一消息纳入他的开战信息当中，在传达开战信息时，虎头蛇尾地在最后随便提了一下这条消息，从而放弃了作最后努力——作最后努力是政治家应有的风范——的机会，放弃了呼吁大家再等一等的机会。话说回来，即便麦金莱走到了这一步，作了最后努力，战争是否可以避免，依旧值得怀疑。美国人想要的似乎不仅仅是古巴自由，他们还想为古巴自由打一场战争。面对诸般现实，西班牙政府竟似乎认为，通过战争"光荣地"失去这个岛屿，比打退堂鼓直接放弃古巴更合适。麦金莱被夹在自己人民那志在必得的非理性和老迈的拉丁大国那酸腐的非理性之间，毫无回旋的余地。

　　历史学家们常说这场战争是由耸人听闻的报纸煽动起来的。他们看到的是，新闻界在普利策（Pulitzer）和赫斯特（Hearst）的竞争刺激下，不断煽起人们对古巴人的同情和对西班牙的仇恨，迎合公众的好战情绪。似乎没有人问过：为什么民众接受战争宣传在所难免？我认为，答案必须到战争实际爆发前已经肆虐了美国七年之久的沙文主义的根源中去寻找。19世纪90年代发生的一系列事件，让具有公民意识的美国人深感懊恼和焦虑。一方面，正如马克·沙利文（Mark Sullivan）所言，这一时期，美国人爱"把自己看作是本国经济形势和经济争议中的弱者"②；但另一方面，那个时代公民的心里不痛快也造成了一种焦躁不安的进攻性，大家都渴望确证，国家的力量和活力不在衰弱。同情能力和权力欲望在这里并立并存。威廉·艾伦·怀特（William Allen White）是一位

---

① 西班牙时任古巴总督瓦莱里亚诺·魏勒尔（Valeriano Weyler）采取的一项政策。该政策旨在通过将普通百姓迁入"集中营地"生活的方式，将古巴从事独立战争的游击队员同普通百姓隔离开来，以便利于同游击队员作战，并切断普通百姓对独立运动的支持。当时有30万古巴百姓被迫迁离家园，住进"集中营地"，但西班牙殖民者根本无法为他们提供足够的生活必需品，导致大量古巴人在"集中营地"里死于饥饿或疾病。——译者

② Mark Sullivan. *Our Times*(New York, 1926), p. 137.

极为典型的美国人,他在《自传》(Autobiography)中回忆了他90年代把自己"同我的偶像——伟大的民主主义者惠特曼和帝国主义者吉卜林——绑在一起"究竟达到了何种地步。① 怀特的同胞心中都深浅不一地住着两个人:民主党人和帝国主义者——民主党人想解放古巴,帝国主义者则想拿西班牙撒气。

我想,公众之所以乐意对古巴局势反应过度,部分原因是,这样可以转移在国内事务中产生的同情或社会不满情绪,这些感情上的冲动可以在对外冲突中很好地得到安全释放。西班牙被新闻界描述为发动了一场惨无人道的战争;古巴人则被描绘成西班牙暴政的高尚牺牲品,他们的处境同1776年时的美国人如出一辙。② 在考察那些对走向战争的政策最热忱的群体成分和政治成分时,我们会发现,他们主要是在美国民主党内部支持布赖恩的人群里,在西部共和党人当中,在耸人听闻的报刊读者群里;而不是在富裕的东部大企业共和党人中。后者是麦金莱最强大的后盾,他们阅读的是严肃的保守派报纸。③ 众所周知,许多商人害怕战争对刚刚恢复的繁荣造成不利影响,还有些人认为战争可能会壮大自由白银运动。在这场争论中,大家愤慨地你来我往,拼命给对方扣帽子。保守派和平倡导者声称,许多沙文主义者希望对古巴发动一场代价高昂

---

① William Allen White. *Autobiography* (New York, 1946), p. 195.

② 关于新闻界的作用,参见 J. E. Wisan. *The Cuban Crisis as Reflected in the New York Press* (New York, 1934); 以及 M. M. Wilkerson. *Public Opinion and the Spanish-American War* (Baton Rouge, 1932)。关于有人味的新闻(human-interest journalism)的发展,参见 Helen M. Hughes. *News and the Human Interest Story* (Chicago, 1940); 以及同一作者的 "Human Interest Stories and Democracy", *Public Opinion Quarterly*, I(April, 1937), p. 73—83。

③ Wisan(op. cit., p. 445)指出:"国会中领头倡导干预的人,大多数代表的是平民主义与自由白银主张最盛的南方和西部各州的利益,这一现象绝非偶然。"试比较 pp. 125—126, 283, 301。1897年5月20日,一项赞成认可古巴人交战权的决议在参议院以41票对14票获得通过,另有33名参议员没有投票。其中投赞成票的有19名民主党人、2名平民党人、3名特立独行的共和党人、17名标准的共和党人;投反对票的有12名共和党人和2名民主党人。17名投赞成票的标准共和党人具体分布情况如下:密西西比河以西10人、南方2人、中西部3人、新英格兰2人。《纽约日报》1897年12月对众议院进行的一项关于是否承认古巴交战国地位的民意调查显示:支持承认古巴交战国地位的有共和党人40名、民主党人117名、平民党人27名,共计184人;反对承认古巴交战国地位的有共和党人165名、民主党人5名、平民党人2名,共计172人(Wisan, p. 359);试比较 Julius W. Pratt. *Expansionists of 1898*(Baltimore, 1936), pp. 224, 234—236, 242—243。值得注意的是,在劳工运动中,赞同早日承认古巴交战国地位的意见占支配地位;克利夫兰在这个问题上的保守政策被当作是对弱者"不友好"的又一个例子,而对弱者"不友好"则又被看作是克利夫兰劳工政策的特征。试比较 John C. Appel. "The Relationship of American Labor to United States Imperialism, 1895—1905", unpublished Ph. D. thesis, University of Wisconsin(1950), Ch. 2. 和比较 Ernest May. op. cit., pp. 81—82。

的战争,这样便可趁机恢复自由白银;作为回应,煽动性的媒体常常落入平民主义言论模式,比如慷慨激昂地抨击"那些非常有名望的像猪一样的公民——为了捞钱,在肮脏的猪圈里拱来拱去——支持'保守派'报纸。在他们眼里,那些温和宽厚的男女老少……忍饥挨饿,250 名美国水手惨遭毒手……都不如股价下跌两个点重要"[①]。正如玛格丽特·利奇(Margaret Leech)所说,和平"已成为对贪婪俯首听命的代号"。[②] 就有些战争狂热分子而言,不清楚他们赞成采取行动,究竟更多的是因为他们同情古巴人民的苦难,还是因为他们憎恨上层资产阶级一味追求物质享受和他们软弱的绥靖主义。西奥多·罗斯福对美国弱势群体遭受的不公从不关心,然而在对马克·汉纳(Mark Hanna)[③]咆哮时,却又表现出对弱势群体的某些关注"尽管商业利益集团胆小如鼠,但为了古巴自由,我们定要进行这场战争。"[④]

尽管双方都指责对方动机卑鄙,但另一方面也同样明显,那就是,在心怀不满的选民最多的选区,选民们由于布赖恩的失败气恼不已,因而同情和鼓动的风潮非常强劲。对他们来说,找到机会发泄对"华尔街利益集团"——不管是对古巴起义者还是对主粮区农民的命运,它们都漠不关心——的怨恨,也许比在战争和自由白银之间建立起比这更加理性和抽象的联系,来得更加重要。[⑤] 这场战争在 19 世纪 90 年代美国的精神危机(psychic economy)[⑥]中的首要意义在于,它既为发泄各种攻击冲动提供了出口,又如实呈现了自身作为理想主义和人道主义圣战的一面。它的优势就在于,这一个问题既宣泄了公众的敌对情绪,又表现了公众慷慨的道德情感。总的来说,美国公众对干预古巴可能获得的物质利益没有多大兴趣。他们做梦也没想到这场战争会走向占领菲律宾,因

---

① Wisan. op. cit. ,p. 394.

② Margaret Leech. *In the Days of McKinley*(New York,1959),p. 179.

③ 马克·汉纳(Mark Hanna,1837—1904),美国著名实业家,共和党金主,在古巴问题上同麦金莱一致,与西奥多·罗斯福相左。——译者

④ H. F. Pringle. *Theodore Roosevelt*(New York,1931),p. 179.

⑤ 我这样说,并不是说这场战争"发源于"南方和西部的农民,我在这一点上一直被大家误解。(参见 May. op. cit. ,pp. 75,145)要求干涉和战争的喧嚣无疑遍及全国,无论是城市还是农村,都可以听到喧嚷之声。我的论点是,这种情绪在别的方面甚是不满的人当中要比别的方面处境不错的人强烈得多。特别不满的农业人口,只是用来对这个论点的一面进行测试的样例。另一面的测试样例就是心有不甘的大企业利益集团。

⑥ "psychic economy"是指人的精神构造中的负面情绪,如愤怒、恐惧、焦虑、烦躁等。此处指的是文章一直论证至此的 19 世纪 90 年代美国的精神危机("the psychic crisis of the 1890's")。——译者

为他们几乎就不知道有那么个菲律宾存在。为了体现某种精神,为他人而发动一场战争,然后又把它变成一场吞并战争,真的令人无法想象。这件事后来一直困扰着麦金莱,用他的话说,这是"可耻的侵略"。

威廉·詹姆斯(William James)从一开始就公开谴责这种战争狂热。他在写给法国朋友的信中对民众的情绪作出了如下诊断:"这一切的基础是,或者更确切地说,过去是所谓的人道主义,以及我国人民想帮助古巴人获得自由的愿望。……整个国会全都疯了,还以为人民和他们大概是一样的情况,只是程度不同罢了……战争……是唯一的可能。我们正在取得最令人意想不到的重大外交胜利,但这些胜利毫无用处。美国已经做好了走向战争的准备(正如我们料想的那样),战争必然来临。"虽然他一再重申,美国声明没有征服古巴的欲望"绝对真诚",但他也敏锐地作出了如下预测,即一旦军事行动带来的那份鼓舞被撩拨起来,"我们国家驾驭四方的抱负和一切尽在掌握之中的感觉将会引发新的要求",并精准地预见到,虽然我们永远不会吞并古巴,但我们也许会占领波多黎各和菲律宾。[1]

人们也许可以补上一句,如果美国面对的是一个大国,抑制战争的因素会比目前强大,美国也许就不会这么强烈地要求战争了。西班牙很难说得上是一个可怕的敌人,其主要战略目标就是在加勒比地区,在新闻界的笔下,西班牙软弱无能、道德败坏、堕落退化、众叛亲离。古巴本身发生的那些事件,就说明了西班牙军事上的无能。正如西奥多·罗斯福对洛奇所言:"我认为同西班牙的战争对我们来说不会有多危险,不至于给我们国家造成很大压力。"就战争对货币问题的影响而言[2],与许多提心吊胆的金融家相比,洛奇的眼光更毒辣。"要是我们来一场战争的话",他在1898年3月写道,"在选举中有关货币问题的聒噪喧闹就会消停了。"[3]

三

从解放古巴的战争,到签订和平条约认可通过征服占领菲律宾,在这期间,

---

[1] Ralph Barton Perry. *The Thought and Character of William James* (Boston, 1935), II, 307; William James. *Letters* (Boston, 1935), II, 73—74.

[2] 即指自由白银运动。——译者

[3] H. C. Lodge(ed.). *Selections from the Correspondence of Theodore Roosevelt and Henry Cabot Lodge* (New York, 1925), I, 243; Morgan. op. cit., p. 369.

人们的情绪不断发生演变,并出现了一个奇怪的悖论。大企业—保守派—共和党人—麦金莱(big-business-conservative-Republican-McKinley)一方,一边倒地反对这场富于幻想而且意气用事的战争,却对这场战争结出来的帝国主义果实很快产生了兴趣。① 代表大众的平民党人—民主党—布赖恩分子(Populist-Democratic-Bryanite)一方,以前极度热衷战争,现在则变成了反对领取战果的营垒——尽管这个营垒并不怎么坚固,也并非坚不可摧。然而,无论是民众还是商界,我要说的是,如果把这件事交给喧嚷的公众或商业利益集团,不管是它俩谁做决定,美国1898年都不会进入菲律宾。

在这场帝国主义运动中,最活跃的是一小撮政治人物、知识分子和时政记者,其中包括参议员亨利·卡伯特·洛奇、西奥多·罗斯福、约翰·海伊(海约翰,John Hay)、参议员阿尔伯特·J.贝弗里奇(Albert J. Beveridge)、《纽约论坛报》(New York Tribune)编辑怀特洛·里德(Whitelaw Reid)、《美国评论之评论》(American Review of Reviews)编辑阿尔伯特·肖(Albert Shaw)、《大西洋月刊》(Atlantic Monthly)编辑沃尔特·海因斯·佩奇(Walter Hines Page)、亨利·亚当斯(Henry Adams)和布鲁克斯·亚当斯(Brooks Adams)兄弟。

这些人大多拥有良好的家世背景。他们接受过良好的教育,知书达礼,有着上流社会的眼界,具有盎格鲁—撒克逊血统,在政治上属于保守的改革者,其个人目标与行为标准都是非商业性的。他们虽然生活在商业界,但不能接受用商界标准来衡量自己的生涯,也不能被吸纳进工商业界。他们虽然生活在一个庸俗的民主社会,但他们天生就不民主。他们不能也不愿在美国那种已经司空见惯的腐败政治中取得成功。他们曾推动过城市改革,结果发现纯属徒劳,从而心生厌倦。他们只要不像亨利·亚当斯那样对美国生活心生绝望,厌恶回避,就会对某种大的、政治家可以充分施展才华的、比美国国内政策更广阔的行动舞台产生兴趣。虽然民主党队伍中也有这类人,比如沃尔特·海因斯·佩奇,但他们在共和党内最有影响,因为共和党一直致力于积极、进取的商业外交政策。②

---

① Pratt, *Expansionists of 1898*, Ch. 7 对企业态度的论述非常经典。
② 对这一小撮帝国主义精英最精彩的描述,见 Matthew Josephson, *The President Makers*(New York, 1940), Chs. 1—3;另见 Pratt, *Expansionists of 1898* 和 Vagts, op. cit., Vol. II, passim。

这群帝国主义者总体上受到了来自马汉的海军至上主义理论和他们有时称之为"母亲英格兰"(Mother England)的现实例子的鼓舞与启发。他们看到整个西方世界已经开启了帝国主义新阶段,担心美国如果不采取扩张政策,不为陆、海军事斗争做准备,就会在他们所说的生存斗争或各国的行军跋涉中掉队。他们特别希望美国扩充陆军,尤其是扩充海军;特别希望美国开挖一条地峡运河;特别希望美国在加勒比海和太平洋上谋取海军基地和殖民地,以保护这条运河;特别希望美国吞并夏威夷和萨摩亚。他们在最富有侵略性的时候还呼吁吞并加拿大,并把欧洲列强赶出西半球。他们对远东地区非常感兴趣,认为这里是政治斗争的新战场,是提供投资机会的新场所。对太平洋地区,尤其是对中国这个潜在的市场,他们的兴趣居然比企业界还要大。正如朱利叶斯·W. 普拉特(Julius W. Pratt)所指出的那样,"美国商业对殖民地市场和投资场所的需求,不是商界人士发现的,而是历史学家和其他知识分子发现的,是记者和政界人士发现的。"①

　　这个小群体的核心人物是西奥多·罗斯福,他是我们进入菲律宾的最大推手。在整个 19 世纪 90 年代,罗斯福一直都渴望来一场战争,对手管它是智利、西班牙,还是英国。他认为,同西班牙开战,会让我们拥有"一支像样的海军和一个良好的海防系统",会把古巴从西班牙手中解放出来,会有助于把美洲从欧洲的控制下解放出来,会让"我们的人民……有点儿物质利益之外的东西可想",并"在实践中磨炼陆军和海军"。罗斯福担心美国会对国防掉以轻心,不注意发展自己的力量,并"成为那些仍然保留着所有品质中最宝贵品质——军人气概——的民族手到擒来的猎物"。"所有伟大的、能驾驭四方的种族,都是战斗种族",他争辩说。这个世界上还有比和平与物质享受更高的美德。"任何一场和平的胜利,都比不上通过战争获得的至高无上的胜利那么伟大"。② 这就是他奉行的哲学。在这种哲学的引领下,西奥多·罗斯福为海军准将杜威争取到远东舰队司令的职位,并在敌对行动实际爆发之前通知他准备待命,去马尼拉同西班牙舰队交战。两个月后,也就是实际宣战后不久,麦金莱立即批准了这

---

　　① Pratt. *Expansionists of* 1898, p. 22;对共和党扩张主义者观点的简明陈述,参见 Henry Cabot Lodge. "Our Blundering Foreign Policy", *The Forum*, XIX(March, 1895), 8—17;关于马汉的立场,参见 A. T. Mahan. *The Interest of America in Sea Power*(New York, 1898)。

　　② Roosevelt. *Works*(New York, 1925), XIV, 182—199; Pringle: op. cit., Ch. 13.

些命令。

美国军队进入菲律宾的第一步给美国人民的印象是,这是一项"防御性"措施。杜威在马尼拉湾攻击西班牙舰队,乃基于如下假设,即西班牙舰队如果不受干扰,可能就要穿越太平洋,轰炸美国西海岸城市。我不知道美国官方是否意识到,这支舰队已经破旧不堪,几乎不可能喘着粗气穿越大洋。接下来,杜威的舰队待在马尼拉湾似乎很危险,除非美国向马尼拉派兵以保证其安全。可以肯定的是,杜威已经完成了他的任务,只要离开马尼拉湾,就可以消除这个"危险"——麦金莱曾对 H. H. 科尔萨特(H. H. Kohlsaat)说:"如果杜威这个老伙计砸烂西班牙舰队后马上驶离,我们会省下多少麻烦啊!"然而,在战争中,人们总是倾向于守住已经取得的成果。在杜威的要求下,美军在马尼拉湾战胜利后迅速出动,并于 1898 年 7 月抵达马尼拉。

因此,美国军队进入菲律宾的第二步又是一项"防御"措施。第三步是所谓的"攻占"马尼拉。这一步行动实际上是在西班牙人的合作下进行的(为此,我们允许他们进行象征性的抵抗),而且"攻占"将阿吉纳尔多领导下的菲律宾爱国者排除在外。[①] 第四步是美国和西班牙之间在暂停敌对行动的议定书中达成一项协议,即在最终达成和约之前,由美国占领马尼拉城市、海湾和港口。第五步来得很晚,时间在 1898 年 12 月 21 日。该日,麦金莱指示战争部,将已经在马尼拉行使职权的军政府的统治扩展到整个菲律宾群岛。这件事激起了菲律宾爱国者的强烈反抗,他们认为,美国政府采取的行动与以前向他们许诺的政策大相径庭。在参议院就批准和平条约进行表决的前两天,菲律宾爱国者和美国军队之间展开了第一次战斗,战斗中有美国士兵被打死。这件事似乎对公共舆论产生了重要影响。此时,政府的行动又一次给整个政治决策过程造成了明显的偏向。泰勒·丹涅特(Tyler Dennett)甚至说,参议院还在讨论这个问题的时候,麦金莱就授权发动一场以征服为目的的战役,从而"造成了既成事实……

[①] 1898 年 7 月底,美军驰援部队抵达马尼拉。此时马尼拉已被菲律宾起义军包围。美军抵达后,杜威一方面向起义军提议两军共同作战,允诺承认菲律宾独立;另一方面同西班牙达成秘密协定,不许菲律宾起义队伍入城。西班牙把马尼拉"转让"给美国,但美军必须假装进攻,由西班牙作象征性抵抗,以照顾西班牙颜面。8 月 13 日,美、菲两军向马尼拉发起总攻。西班牙军略作抵抗后缴械投降。战斗甫一结束,杜威便撕毁协议,以武力胁迫起义军撤至郊区。美军由此独占马尼拉,起义军有攻无占。——译者

起到了胁迫参议院的效果"①。这个结论虽然可疑②,但我们确有理由相信,反对政府的政策是不爱国的这种感觉,加强了扩张主义者的地位。

待到我们对菲律宾的政策开始受到公共讨论的影响时,吞并主义者已经完成了大量工作,天平已经向主张留在菲律宾倾斜,原因无他,仅仅因为我们已经待在那里。正如麦金莱所言:"现在有待处理的,不是留着这些东方岛屿的问题,而是放弃它们的问题。"③在战争热情高涨之际,说服一个民族或一个政府放弃一项已经到手的假定利益,不是一件容易的事。更何况,一个迄今对菲律宾漠不关心的巨大社会利益集团——商界——迅速转向扩张主义立场。商界开始谈论菲律宾可能是进入东亚市场的门户,认为那里潜力巨大。④ 新教神职人员看到了扩大传教的机会,也添上了自己的砝码。帝国主义者和海军至上主义者群体首次有了强大的盟友。他们鼓足信心,并在海军军官的帮助下向犹豫不决的政府施加越来越大的压力,要求其坚持到底。

处理菲律宾问题似乎有四种可能的方式。第一种方式是把这些岛屿归还给西班牙,这种方式不得人心。第二种方式是把菲律宾卖给或者让给其他某个国家,这么做似乎会引发一场欧洲大战,而且从道义上讲,这也并不比我们继续占有菲律宾更正当。更且,英国鼓励我们留在菲律宾,因为相比任何其他国家,美国占有这些岛屿,要令英国遂心如意得多。第三种可能性是把菲律宾留给菲律宾人,让他们获得阿吉纳尔多手下一直在为之奋斗的独立。这种做法在大多数美国人心目中,相当于让菲律宾陷入无政府状态或是任由菲律宾被别人征服。这么做似乎也是在鼓励其他对远东感兴趣的大国彼此之间相互争夺——正如麦金莱所言,这是在掷下"导致敌对大国之间不和的金苹果"。⑤ 最后一种可能是,美国以保护国的形式或者其他形式占有菲律宾。一开始,很多人只是

---

① Tyler Dennett. *Americans in Eastern Asia* (New York, 1922), p. 631.

② W. Stull Holt. *Treaties Defeated by the Senate* (Baltimore, 1933) pp. 170−171, 得出结论认为,在菲律宾发生的战斗对辩论没有产生重大影响;不过,还可参见 José S. Reyes. *Legislative History of America's Economic Policy toward the Philippines* (New York, 1923), pp. 33−34;试比较 Lodge: op. cit., p. 391;及 Morgan. op. cit., pp. 421−422。

③ *Speeches and Addresses of William McKinley from March 1, 1897, to May 30, 1900* (New York, 1900), p. 174.

④ Pratt. *Expansionists of* 1898, pp. 233, 261−278.

⑤ Morgan. op. cit., p. 403.

希望在吕宋岛上保留一个海军基地和一个装卸煤炭的港口,或者就是保留吕宋岛本身。然而,在深思熟虑后,大家认为,如果余下岛屿任由其他国家占领,海军基地就会受到威胁。形势的变化要求采取一种要么全有要么全无的政策,政府迅速吞并整个群岛。"我不想要菲律宾群岛",麦金莱后来回顾说,"在条约议定书中,我给自己留下了不取走它们的自由;但——最后别无选择。"①麦金莱对吞并的怀疑是否出于真诚,可以用这样一个事实来衡量:他花了足足五个月的时间才决定,我们不应仅占有一部分,而应该取走整个群岛。

四

此前,美国公众对菲律宾既不了解,也无兴趣。从1818年到1898年5月,整整80年间,美国杂志上只登载了35篇有关这些岛屿的文章。② 在杜威获得胜利的那一刻,新闻界虽然热衷于鼓动公众欢呼雀跃,但并没有直接表现出对夺取群岛的兴趣。然而,这种情绪却以惊人的速度蓄势上涨。早在1898年7月,《文粹》(Literary Digest)就注意到,共和党的主要报纸都支持扩张。《公共舆论》(Public Opinion)杂志8月份对65份报纸的抽样调查显示,43%的报纸赞成永久驻留菲律宾,24.6%表示反对,32.4%摇摆不定。在这件事情上,"摇摆不定"通常意味着以前反对扩张,但如今观点显然在改变。到1898年12月,当参议院开始进行紧要辩论时,《纽约先驱报》(New York Herald)对498家报纸就扩张问题进行了调查,结果发现有305家,即61.3%的报纸表示赞成。新英格兰地区和中部各州支持扩张的,占明显优势;西部各州则占压倒性优势;只有南方反对扩张占微弱优势。新闻舆论的状况不能衡量公众的感受,但可能确实表明了公共舆论的发展方向。③

---

① Jacob Gould Schurman. *Philippine Affairs* (New York, 1902), pp. 1—2.
② A. A. Greenberg. "Public Opinion and the Acquisition of the Philippine Islands", unpublished M. A. thesis, Yale University (1937), pp. 2, 18. 令人印象最深刻的是,战争爆发前,没有任何公众自觉信奉帝国主义。在谈到吞并夏威夷的提案未获通过时,西奥多·罗斯福只是在1898年1月13日才写道,他"感到特别沮丧,我们人民竟如此缺乏帝国主义天性,这种表现太反常了"。W. A. Russ., Jr. *The Hawaiian Republic* (Selinsgrove, Pa., 1961), p. 219.
③ 新闻舆论的发展情况,参见如下两份刊物中引用的调查数据:*Literary Digest*, XVII (July, 1898), 32ff. (September 10, 1898), 307—308;和 *Public Opinion*, XXV (August 4, 1898), 132—135 (December 29, 1898), 810.

麦金莱总统性格温和,做事从谈不上志在必得,故而舆情对他来说非常重要,因此,他总是孜孜不倦地研究新闻舆论。麦金莱不是一个在美国人民尚未明确表现出赞成何种事物的态度之时可以引领他们方向的人。当时有这么个段子,"为什么麦金莱的脑瓜像床铺?因为他每次想用的时候都得整理一番。"尽管这个段子对总统非常不公平,但他对公众舆论的反应确实就是如此。从性情上讲,他不是扩张主义者,但如果和他关系最近的顾问以及广大公众压倒性地支持吞并,他愿意和大家同行,而且完全有能力找到各种充足的吞并理由。1898年秋,他离开华盛顿,到西部进行一次旅行,并发表了许多简短的讲话,以试探公众对吞并菲律宾的意见,而他本人在这个问题上则似乎已经初步下定了决心。麦金莱沿途受到了热烈欢迎,他每次提到扩张问题,人们都报以热情洋溢的回应。受这次公众舆论的影响,以及他从记者和手下顾问那里获得的关于公众心态的消息的影响,麦金莱明显坚定了自己的意图。当他返回华盛顿时,那些反对扩张的人发现他的决心已然无法动摇。① 在巴黎参加条约谈判的和平委员会(Peace Commission)奉命索要菲律宾所有群岛,1898年12月10日签署的和约中写进了这一条款。

关于是否保留菲律宾的争论随后经历了两个阶段。第一个阶段是从1898年12月到1899年2月的第二个星期,这个问题在参议院和各公共舆论平台都有辩论。② 2月6日,参议院以微弱优势批准了和平条约,第一阶段接近尾声。2月14日,来自佐治亚州的参议员培根提出的一项要求菲律宾早日独立的决议,以一票之差被否决——副总统的投票解决了29票对29票的平局,第一阶段就此告终。第二阶段的辩论贯穿于1899年和1900年。在此阶段,美国的菲律宾政策既是普通百姓街谈巷议的话题,也是1900年总统大选中党派争论的话题。

哪些人支持吞并?反对吞并的又是哪些人?这个问题在很大程度上是一个党派问题。《纽约先驱报》的一项民意调查显示,241份共和党报纸中,有

---

① Greenberg. op. cit. ,pp. 84—86. 内政部长科尼利厄斯·布利斯(Cornelius Bliss)说:"自他从西部回来以后,我们谁也说动不了他回心转意。"Morgan. op. cit. ,p. 408.

② 关于参议院的辩论,参见 Congressional Record ,55th Cong. ,3rd sess. ,passim;Reyes. op. cit. ,Ch. 2;Holt;op. cit. ,Ch. 8;Marion Mills Miller. Great Debates in American History (New York,1913)III,245—324;Pratt. Expansionists of 1898,pp. 345—360.

84.2%支持扩张;174份民主党报纸中,有71.3%反对扩张。在某种程度上,支持吞并也是年轻人的动向。从地理上看,支持吞并的遍及全国各地,而且似乎除南方外,所有地区支持吞并的人占多数。即使在南方,支持吞并的力量也很强大。我们缺乏这一时期清晰的民意指数,但务实的政治家——他们的职责就是以他们所知的最佳方式来评估民情——得出的结论是,绝大多数人倾向于吞并。①

关于获取菲律宾的争论,也许只不过是个仪式,双方可以借此机会宣示一下各自的价值观罢了。真正的决定是在西奥多·罗斯福的办公室、在参议院的衣帽间、在海军军官们的密室(麦金莱政府对吞并持怀疑态度这一段时期,有关菲律宾的主要信息就来自那些海军军官)以及深夜在麦金莱的接待室(根据他的证词)里做出的。总的来说,公众面对的是一个既成事实。这个既成事实尽管从理论上讲是可以逆转的,但其存在本身就具有一种初始推动力,可以推动它继续向前。无论如何,公共讨论的激烈程度表明,至少有些美国人的良心的确受到了震动。双方都没有放过任何一种类型的论据。那些想拿下菲律宾的人指向的论据包括:东方潜在的市场、"白人的责任"(White Man's Burden)、生存竞争、"种族"命运、美国的扩张传统、如果菲律宾任由欧洲人争夺可能会有爆发全面战争的危险、对所谓天真烂漫的菲律宾人承担几乎是父母的责任、菲律宾人没有自治能力。反帝主义者诉诸的论据基本建立在政治原则上。他们指出,美国的诞生意味着,美国已经在这样一种信念面前立过誓,即任何人未经他人同意,不得统治他人。他们认为,违反这些政治传统(我们国家得以繁荣,靠的就是这种传统)不仅是对他人的严重不公,我们应对此深感羞愧;同时也冒犯了天意,作为对我们自己政治原则萎缩的一种惩罚,我们会有由此走向堕落和解体的危险。他们还指出海外自治领、常备军和海军至上主义耗资巨大,指出我们有卷入帝国主义战争的危险,并认为试图吞并在种族上没有自治能力的民族是不明智的。

许多反帝头面人物都是很有名望的人,他们的队伍包括文学界和思想界的大部分杰出人物。然而,他们当中大多数人以前要么是赞成这场战争,要么是

---

① 关于这一点的鲜明证据,参见 Greenberg, op. cit., pp. 35,42—43,46—47,49—50,60,67—69,71,86。

没有反对这场战争,如今却来反对美国将战争果实纳入囊中,这种处境对他们来说非常不利。与扩张主义者不同,他们未能完全控制一个大党(民主党中的扩张派人数比共和党中的反扩张派人数多),处境绝望,成分复杂,其中包括黄金民主党人(Gold Democrats)、民主党布赖恩派(Bryan Democrats)、新英格兰良心共和党人(New England-conscience Republicans),以及一些零散的改革家和知识分子。①

他们组织得很晚(反帝联盟是在1898年11月以后几个月内逐渐形成的),而他们的政治领导层,无论感情多么炽烈,走的都是犹豫不定的路线。他们中最杰出的政治领导人主要是老年人,反帝运动似乎在这个国家洁身自好的老年群体中最受垂青,而年轻人更多的是被扩张主义言论点燃了想象。② 显然,这个少数派的主要机会,是利用自己在参议院的地位,让参议院在投票时,达不到批准从西班牙手中获得这些岛屿的和平条约所需的2/3的票数。反对吞并的人本可以在这里拖延够长的时间,以便让公众有机会了解自己的立场。然而,威廉·詹宁斯·布赖恩出于我们尚不完全清楚的原因,说服了党内许多成员投票支持该条约,从而输掉了这场运动。布赖恩当然希望继续斗争,并在稍后同意准予菲律宾独立,但不管是他的行为,还是他的解释,都透出一种失败不可避免的沉重感。这种沉重感源于他已经认识到,多数人的声音是要求采取大胆、激

---

① 关于反帝运动,参见 Fred H. Harrington. "The Anti-Imperialist Movement in the United States, 1898—1900", *Mississippi Valley Historical Review*, XXII(September, 1935), 211—230。关于知识分子阶层与反帝国主义,参见同一作者的"Literary Aspects of American Anti-Imperialism, 1898—1902", *New England Quarterly*, X(December, 1937), 650—667; William Gibson. "Mark Twain and Howells: Anti-Imperialists", *New England Quarterly*, XX(December, 1947), 435—470。克里斯托弗·拉什(Christopher Lasch)指出,不管是在北方还是在南方,反帝论证几乎都是以种族主义为前提的,"The Anti-Imperialists, The Philippines, and the Inequality of Man", *Journal of Southern History*, XXIV(August, 1958), 319—331。

② 哈林顿指出,反帝联盟中来自共和党的重要成员平均年龄为71.1岁,该联盟41位副主席平均年龄为58.3岁。相比之下,14位扩张主义领导人1898年平均年龄为51.2岁。美国驻伦敦领事威廉·M.奥斯本(William M. Osborne)写信给麦金莱说:"如果我听到的、读到的消息都是真的,国内则应该有一个正在不断发展壮大的庞大群体,要求国家扩张领土。特别是国内那些比较年轻、活跃的人群,他们的渴望尤其强烈。"(强调为笔者标注)这一句话为格林伯格所引, op. cit., pp. 46—47。

进的政策。①

五

用以主张吞并的论据中,有两个基本的道德及心理主题一再出现。这两个主题用两个词来表达,就是"责任"和"命运"。根据第一条,拒绝吞并菲律宾就是没有履行庄严的义务。根据第二条,无论是具体吞并菲律宾,还是总体而言的扩张,都既是不可避免的,也是不可阻挡的。

大家参加战争时,内心抱持的是所谓的利他主义和人道主义——为了古巴人的解脱和解放。那种认为应该从这场纯粹发自内心的解放战争中攫取领土的想法,以及美国人与菲律宾人之间的关系行将走向西班牙人与古巴人之间的关系那样的现实,令人感觉很不自在。这就引发了道德上的问题。反帝主义者自然没有放过说出和利用这些道德上的问题。他们指责帝国主义者违背了我们国家的诺言,违反了麦金莱本人所作的保证,即根据我们的道德准则,强行吞并将是"万恶的侵略"。他们还指控帝国主义者违反了开国元勋们的严正警告,特别是亵渎了"独立宣言"的各项原则。针对这种煽动罪恶感的企图,用"责任"说辞来作答,足以打消人们的疑虑,给人带来宽慰。

美军的迅速胜利加强了帝国主义者在心理上的地位。一项可能是不道德的行动,如果陷入困境,那种可能做了坏事的负罪感就会加剧②;反之,如果成功执行了该项行动,那种负罪感就会减到最小。不幸被解释为来自天意的惩罚,而成功则如其在加尔文主义体系中那样,被看作是内在恩典状态(inward state of grace)的外在标志。这场战争中最引人注目的事情之一是美国军队取得的非凡成就。其中最令人吃惊的,是杜威未折一兵一卒而在马尼拉湾摧毁了整支

---

① 布赖恩认为应该批准条约,因为"如果人民确实支持殖民政策,取得反对签约的胜利就只是暂时的",而且如果反对条约的人赢了,则他们"就必须对战争状态继续负责,对同敌国谈判时出现的各种风险负责"。他认为,少数群体无法永远阻止吞并。布赖恩的方针是为1900年的竞选吸引选民,但总不可能把总统大选变成一场纯粹关于外交政策的全民公决。布赖恩发现,反帝在1900年的总统大选中,不是一个劲爆话题。试比较 Bryan. *The Second Battle* (Chicago, 1900), pp. 126—128; *Bryan on Imperialism* (Chicago, 1900), p. 16. 关于选举,参见 Thomas A. Bailey. "Was the Presidential Election of 1900 a Mandate on Imperialism?" *Mississippi Valley Historical Review*, XXIV (June, 1937), 43 ff.

② 试比较 Sigmund Freud. *Civilization and Its Discontents* (London, 1930), pp. 110—111.

西班牙东方舰队。这样的胜利很容易解释为天意,解释为神的赞许。当时美国广泛报道说,这是杜威自己的解释。"如果我是个虔诚的教徒,我也希望我是",他说,"我会说,这是上帝之手。"①这句话正是大家所需要的那份安慰。浸信会一份期刊的某个作家宣称,"西班牙的豪华舰队"——他指的是西班牙衰朽的海军——"不可思议地倒下了,几乎可以说是像耶利哥城墙那样不可思议地倒下了。"《基督徒与传教士联盟》(Christian and Missionary Alliance)的一位编辑说,这场胜利"读起来简直就像是约书亚、大卫和约沙法时代为主征战的古代战争故事"。

此外,以前看上去也许是一种罪恶的东西,如今进一步转换成正面的义务,转换成了一种责任。这种感觉就是,上帝对我们如此厚爱,赐予我们如此十足的成功,如果我们不接受祂要求我们承担的责任,我们就罪孽深重。新教神职人员自诩为国家良知的守护者,他们毫不犹豫地对这类论调大加利用。《浸信会传教士评论》(Baptist Missionary Review)的一位作者推论说:"让整个世界上的人在今生和来世都过上更加富足的生活,是上帝召唤美国人民要肩负起来的责任。这一召唤浅白明显。上帝之手在历史上从来都是浅白明显的。"《教会人》(Churchman)的一位作家坚持认为:"如果上帝已经把我们带到了十字路口""我们就不能退缩,不能拒绝神圣的领导地位"。② 世俗领导人的言辞也同样鼓舞人心。"我们不会放弃属于我们种族的使命,我们是上帝和世界文明的受托人",参议员阿尔伯特·J.贝弗里奇说,"上帝可一直没有让说英语的民族和说条顿语的民族一千年来成天无所事事,就在那儿徒然内省和孤芳自赏。不!他已经让我们成为这个世界的杰出组织者,要我们在混乱盛行的地方建立制度。他已经让我们成为治理能手,以便我们可以在野蛮民族和衰老民族中施行统治。"③

"命运"主题是从"责任"主题推导而来的必然结论。人们总是反复宣称,扩张是一种"宇宙趋势"的结果、"命运总是会降临"、这是"事物发展的必然逻辑",如此等等。扩张不可避免这一学说美国人当然早已耳熟能详。我们都知道,在

---

① Louis A. Coolidge. *An Old-Fashioned Senator:Orville H. Platt*(New York,1910),p. 302.
② 以上引文引自 Pratt. *Expansionists of 1898*,pp. 289—290,294,305。
③ Claude G. Bowers. *Beveridge and the Progressive Era*(New York,1932),p. 121.

整个 19 世纪人们援引"天定命运"的次数有多频繁。不过，阿尔伯特·温伯格（Albert Weinberg）指出，这个词语在 19 世纪 90 年代有了新的含义。此前，命运的含义主要是指，只要我们有扩张的意愿，在美国的扩张面前，任何想要阻挡我们的人都是螳臂当车。它的意思是指，"被命运缠绕的美国人，不管自己愿意与否，都无法抗拒扩张"。① 这里暗含的意思是，我方其实并不情愿。这绝不是我们想要做的，而是我们不得不做的。我们的侵略被含蓄地定义为非做不可——不是我们自己意志的产物，而是客观必然性（或者说上帝意志）的产物。

麦金莱总统说："责任决定命运。"责任意味着我们有道德上的义务；而命运则意味着，我们一定会履行它，履行它的能力是我们天生固有的。我们的历史是一部不断扩张的历史。扩张是国家和"种族"的遗产，是一种根深蒂固、不可抗拒的内在需要。针对扩张严重破坏了传统的指责，这里给出了一个貌似合理的传统型回答。

不足为怪的是，公众也本该在这种无法抗拒命运的观念中找出几分真理，毕竟，最初让他们国家卷入菲律宾命运前途的行动，出自他人的意志，也是由他人实施的，而且只是在木已基本成舟之后，这个问题才成为公开讨论和决策的对象。在这个问题上，公众并未实现自由行使自己的意志，对广大公民来说，面对自己无法理解或控制的力量，"命运"修辞也许已经成为一种软化和美化他们面临的既成事实的做法。那么，那些在这件事上其意志确实发挥了作用的人呢？如果我们去审视他们的情况，我们就会发现，必然性的生产者对他们自己生产出来的产品竟是深信不疑。虽然我们不知道命运观被普遍接受的程度究竟如何，但它在有影响力的政客、编辑和鼓吹家当中广泛流行，的确是不争的事实。参议员洛奇 1898 年写信给西奥多·罗斯福说，在不可阻挡的形势逼迫下，整个吞并行动正在迅速扩大；麦金莱总统就占领夏威夷一事私下对他的秘书说，"此乃命中注定"；他在给和平委员会委员的私下指示中，宣称"事情的发展决定人类的行动，决定他们只能这么干，不能那么干"——他们这么说的时候，可不是在向公众推销一种观念，而是局内人在掏心窝子交流。这里涉及的也许是一种神奇的思维方式，通过这种方式，他们可以打消自己的疑虑。站在 20 世

---

① Weinberg. *Manifest Destiny*, p. 254. 正如温伯格所示，当菲律宾终获独立时，这件事又被非常得体地描述为出自"我们自己的自由意志"，而不是"命运"的产物。

纪的角度，我们可以很轻巧地说，我们认为，跟西奥多·罗斯福同时代的人听到的来自上帝的声音，其实发自西奥多·罗斯福的肉体喉咙。但是，如果局内人自己认为他们听到了上帝的声音，我们就得小心，不要将其归结为虚伪。很能说明问题的是，即使是在那些严重怀疑留在菲律宾是否可取的人们中间，命运的观念在他们身上也发生了效力。海军部长约翰·D. 朗(John D. Long)在菲律宾问题上被西奥多·罗斯福看作是老顽固，他在1898年向一位朋友吐露说，他真希望美国保持19世纪上半叶那个样子——用他自己的话说，就是那种"地方味"，而且"大家都谨遵新英格兰理念"。"但是"，他又道，"我不能对事情的发展视而不见——事情的发展似乎人类无法控制。"①

如果大家认为，只有帝国主义论点中使用了崇高的道德和形而上学概念，这个印象肯定是错的。杜威获胜后，进入亚洲市场的言论时有耳闻。但即使是那些谈论物质利益的人，也表现出无法区分利益、权利和义务的明显征候。前驻华公使、麦金莱专门成立的菲律宾研究委员会成员查尔斯·田贝(Charles Denby)为《论坛》撰写了两篇很有意思的文章，里面充满了这种困惑。田贝承认，外交的中心任务是促进商业发展。我们是作为征服者拥有菲律宾的。到此为止，田贝先生都是一位地地道道的现实主义者。但他接下来说，他之所以赞成美国保留这些岛屿，是因为美国要是不这么做，那就只能去夺取中国的领土，除此之外别无他法，而且他不想进一步压迫"可怜无助的中国政府和人民"！一种奇怪的顾虑就这样不知不觉地渗入进来了。但田贝先生马上解释说，这只是因为中国的强大和繁荣符合美国的利益。他接着说，"我们要的是市场"——这下他又回到现实政治；"随着这些市场的开拓"——他又滑回道德——我们的慈善机构也将同往彼处。慈爱会让我们幸福。在第二篇文章中，田贝先生又回到了"那个客观、冷酷而又实际的问题上。……拥有这些岛屿对我们国家有好处吗？如果没有，明天就撒手；如果这些土地上的人们乐意，就随他们去自相残杀吧"。但田贝先生说得很清楚，我们可是来这些地方施恩施惠的，我们来这些地方就是为了给我们残酷无情的朋友带来"至宝——自由、希望和幸福"的。②

---

① Greenberg. op. cit. , p. 89.
② Charles Denby. "Shall We Keep the Philippines?" *Forum*, XXVI (October, 1898), 279 – 280; "Why the Treaty Should Be Ratified", ibid. , XXVI (February, 1899), 644, 647.

除了田贝先生左摇右摆的言论外，还有一个"让我们打开天窗说亮话"派。《华盛顿邮报》登载了他们的看法："所有这些关于善意同化的言论，所有这些为提升当地人的道德、社会和智识水准而夜不能寐的伪善表演……欺骗不了任何人，一点用都没有。……我们内心深处都知道，这些岛屿……对我们的重要性只在于其客观存在的潜在价值究竟有多大，而不是其他。……大家干吗不直抒胸臆？"①

还有一些人认为，我们新获得的帝国身份，有一个最重要的好处，那就是国家的干劲本来用在内部冲突上，如今转向用于对外斗争，这样社会凝聚力便会水到渠成，军人气概也会应运而生。《路易斯维尔信使报》（*Louisville Courier Journal*）著名编辑亨利·沃特森（Henry Watterson）"老爷"对一位纽约记者说："我们从一个店主的国度变成了一个勇士的国度。我们像英国那样，通过采取殖民与征服政策，摆脱了平均地权论等的威胁与危险。我们从由一根沙绳捆在一起的一群微不足道的主权行为体，崛起为一个高贵、超凡、远比罗马伟大的共和国。诚然，我们是把国内各种危险换成为各种外部危险，但我们在各个方面都成倍增加了人民的机会。我们当然要冒帝政主义（Caesarism）风险，但即便是帝政主义，也好过无政府主义。我们的确是冒着战争风险，但人固有一死，也只会死一回，而且无论是在和平时期还是在战争时期，他都不可能在死期到来之前死去……简而言之，世上最糟糕的事，莫过于当下这些危险影响灌入我们的生活之前，我们还在醉生梦死。这个国度朝气蓬勃的男儿气质本就是用烈火锻造出来的一柄利剑，如今更是可以用它来立德、立功、立言。"②

沃尔特·海因斯·佩奇在马尼拉战役后不久于《大西洋月刊》上发表的文章，大概是众多有关这场战争和整个帝国主义冒险事业对美国人思想上的价值的论述中，最引人注目的。佩奇认为，战后美国人民面临的问题将比此前几年经历的要更加严重。"我们国家政策的改变，可能会改变我们的性格"，他说，"我们现正在与可以塑造世界未来的大国博弈——简直太突然了。"在此之前，我们国家一直在从事平淡乏味的和平事业，一直是一个专注于财务与管理问题

---

① 引自 Grayson L. Kirk. *Philippine Independence* (New York, 1936), p. 25.
② *Literary Digest*, XVII (July 2, 1898), 214. 强调为笔者所加标注。

的商业国家。如今它面临的则是与管理世界帝国有关的那类问题,它的孤立状态已经结束。"我们是应该安于和平事业,抑或是我们身上还潜藏着盎格鲁—撒克逊祖先的冒险精神?我们是否已经到了这样一个时刻:国内不再有伟大的事业等着我们,我们会挡不住诱惑要到国外去追求它们?"

佩奇的信念是明确的。美国人源自"一个千百年来一直在世界上从事江湖冒险的种族"。他们源出英国人,本身就是探险家、征服者和国家的缔造者,一直在从事伟大的、讲究实际的事业——同印第安人作战、清整林木、建立新政府、扩张领土、发财致富、解决与奴隶制以及内战有关的重大问题。这些都是"任何一个种族所必得从事的事业中,接连不断的、最伟大、最激动人心的事业"。盎格鲁—撒克逊人古老的闯荡江湖的精神就这样在我们最近的实践中有了广阔的用武之地。

"但现在,没有参与过任何伟大冒险事业的一代,已经长大成人。"内政方面的主要活动,如文官制度、货币改革和市政改革,一直都没有想象中那么令人振奋,我们的政治长期以来只有些小土匪和二流人物感兴趣。我们的文学也在走下坡路。我们读者最多、影响最广的三本书——《进步与贫困》(*Progress and Poverty*)、《回顾》(*Looking Backward*)和《硬币的金融短训班》(*Coin's Financial School*),事实上讲的都是不切实际的社会纲领和荒诞不经的哲学。"预防小恶习和鼓励小美德之类的社团"这样小打小闹的社会改革运动的泛滥,表明我们社会缺乏冒险机会。宁静的生活极有可能已经让人心生厌烦,这种生活对我们来说是不"自然的"。"在经历了一千年的冒险之后,我们是不是真的不能忍受一种满足不了冒险想象的职业生活?"也许我们内心深处还是那个古老的殖民天下、杀伐四方的盎格鲁—撒克逊种族。"我们还没弄明白海外属地对一国在这个日益猜忌的世界里的意义,就已经在两大洋上都拿下了岛屿;我们从昨天躲进小楼成一统的守家在地政策,到如今被东方开放政策带向直接面对欧亚世界列强,这种局面似乎正在造就人类历史上最伟大的变化之一。……没有谁比我们自己更出乎意料地发生了变化。我们还不知道它究竟意味着什么的时候,这种变化就已经降临。是不是这么回事?"①

---

① Walter Hines Page. "The War with Spain, and After", *Atlantic Monthly*, LXXXI (June, 1898), pp. 721—727,尤见 pp. 725—727。

六

自从朱利叶斯·W. 普拉特 1936 年出版《1898 年的扩张主义者》一书以来，从理性的经济动机角度对美国从 19 世纪 90 年代走上帝国主义道路进行的所有解释，均明显不符合事实。这并不是说市场和投资同美国走上帝国主义道路没有关系。两者之间是有关系，但美国走上帝国主义道路这种情况，有些地方用市场和投资根本无法解释。在不否定经济因素的重要性这一前提下，把大萧条、公众情绪和政治制度之间的关系纳入考虑，可以更好地研究这一问题。

另一种解释是，将这场战争归结为一场由报纸发动的战争。这种解释也同样过于简单。再说一遍，这种看法有一定道理，但它肯定不能解释战争本身，更不能解释其扩张主义结果。新政时期，富兰克林·德拉诺·罗斯福在政治上的一系列胜利，都是在报纸一边倒的反对下取得的。这表明，新闻界的力量再怎么强大，也不足以使公众对公共事件产生彼此完全不相投的看法。它的运作肯定大致处在公众偏好的框架之内。更何况，并不是 19 世纪 90 年代所有报刊都是哗众取宠的报刊。我们必须去探究媒介权力的结构，也必须去调查了解报社老板和编辑的看法，以找出究竟是什么造成了哗众取宠的编辑和出版人同保守的新闻界两者之间的区别。

我们还必须给新闻界的作用加上另一条限制：新闻界本身，无论它能对舆论做什么，都没有权力将舆论迅速化为行动。那是在政治过程中发生的事。因此，如果不考察政党竞争的状况、政治精英的起源和目标，乃至整个政治背景，我们就无法讲清楚这部分情况。因此，我们必须在报纸扮演的角色之外，再补充至少两个其他因素：其一，报纸对其产生作用的公众情绪状态；其二，政党竞争将国内冲突烧到对外侵略上的方式。在这里，竞争性两党制下反复出现的一个政治问题，在 19 世纪 90 年代再次显露出来。无论出于何种原因，只要公众情绪发泄的渠道中出现一股强大的沙文主义潮流，政党竞争往往就会推波助澜。如果执政党谨慎行事，反对党往往就会大肆宣扬、极力鼓吹。例如，1896 年克利夫兰还在台上的时候，共和党阵营在古巴问题上的态度要急促得多。麦金莱上台执政后，开始表现出不愿推动干涉的态度，这时民主党成了施加干涉主义压力的中心；很快，大量共和党人又在这种压力之上增添了新的压力，他们除了在这个问题上同民主党人意见一致之外，还担心这件事会影响他们政党的命运。

当我们去考察公众的情绪时，我们会发现，经济萧条和其他一些重大事件，如我们大陆快要住满人口、托拉斯的增长和内部社会冲突的加剧等，给许多人的经济生活和职业生涯带来了严重的挫折。对其他人来说，这些重大事件也让他们担心国家的财富和权力已经陷入停滞。1896年布赖恩的败北，让那些不满阶层的情绪更加躁动。由于世界帝国主义的复活，特别是由于觉得美国受到了德国、俄国和日本的威胁，政治家和鼓动家当中对美国地位的焦虑进一步加深。主张扩张主义的政治家，本身就主要来自一群不知餍足的中上层精英，他们一直在为国内政治中的保守改革从事徒劳无益的斗争，并热切地期待着有一个更加广阔的行动舞台。

人们在遇到挫折时往往会采取进攻性行动，用对他人构成威胁的行为，来缓解自己的焦虑。对与西班牙开战的主意，美国社会中退居下风的势力的响应，要比那些对自己的经济政治地位感到满意的群体热烈得多，这一点很能说明问题。我们进入菲律宾之后，保守派群体来了兴趣，它们对解放古巴这种堂吉诃德式的行为漠不关心，但对占领新市场的契机甚是灵敏。帝国主义对商界精英和政界精英都有吸引力，他们认为这是在扩大美国的权力和利益空间；在退居下风的群体中，也有非常多的人对主张国家权利的这个新调门作出了响应。其他人则认为，我们在菲律宾的行动是对美国国家原则的背叛。反扩张主义者力图在全国范围内激起人们的一种负罪感和不祥的预感。然而，1898—1900年这段时期的情况——经济恢复繁荣、战争捷报频传——让他们很难令大多数人产生这两种感觉。"责任"和"命运"这两个华丽的辞藻占据了上风。反扩张主义者在人数上不占优，在士气上也不如对手。他们既缺乏动力，又缺乏信心，其最显而易见的结果就是布赖恩在批准条约问题上采取的令人惋惜的战略。

这种试图从社会史的角度来看待战争和扩张的做法，无疑已经把我们引向了社会心理学的高地和危险地带，并让我们进入了你猜我揣的活动场。但纯粹从理性主义角度来解释国家行为，也不能让我们满意。我在这里只是尝试为一个也许可以接受的解释模型画一份草图。进一步的探究也许会让这个解释模型在某些方面看起来更合理，而在另一些方面则显得更成问题。

本项研究仅聚焦于单一事件。我们历史上其他扩张主义危机同这次危机之间存在重要差异。我没有去比较美国的帝国主义和其他国家的帝国主义；也没有去确定我们的行为究竟在多大程度上是我们国家所特有的，或同其他地方发现的行为究竟有多大程度的相似。我们可以发现，在其他国家的历史上，新闻界和政治党派在挑起对外危机方面发挥的作用，以及某项外交政策尚未成为公众讨论话题之前，政府在推动国家采取该项外交政策方面扮演的角色，同我们都有许多相似之处。扩张的言论和意识形态并非我们独有，责任、命运、种族优越论（racism）以及其他陈词滥调到处可见。

除了上述有关历史理解方法的说明外，我还是忍不住想对这段历史本身的悲喜过程作个说明。我们不妨回顾一下19世纪90年代某些宏愿究竟实现得如何，这么做也许对我们具有一定价值。就巴蒂斯塔（Batista）、马查多（Machado）和卡斯特罗（Castro）治下的小国可以视作独立国家而言，古巴诚然最终在战火中获得了解放，但它本可以是无须干戈即可实现解放的。那些耸人听闻的报纸当初大肆鼓吹战争，到头来却因昂贵的额外费用、费钱的战争报道和日益减少的广告而损失惨重。① 我不知道那些想发动这场战争的主张自由铸银的人士是否真的指望战争能使白银重新货币化，如果他们真是这样想的话，结果便算得上适得其反，麦金莱在大选中再次胜利和1900年《金本位法》，就是他们从这场战争中获得的回报。至于商业，东方的巨大市场从来就没有成为现实，菲律宾在挨近这些市场方面的确切价值颇有疑义。这些岛屿本身也已证明只是一个略有微利可图的殖民地，吸收了美国所有海外投资的1%多一点。然而，不到一代人的时间，美国就答应恢复菲律宾的独立。当这一承诺1934年付诸行动时，阿吉纳尔多起义武装的后代当中，许多人对他们国家新的经济和战略地位并无热忱。② 最后，如何准确评价我们始于菲律宾的远东战略投入，如今依旧见仁见智。但我们应该注意，我们最杰出、最有远见的政治家当中，有一位早在1907年就宣称，菲律宾是我们战略地位的阿喀琉斯之踵，应该"尽量早些"给予它"几近完全的独立"。③ 说出这番话的是——西奥多·罗斯福。

---

① Frank Luther Mott. *American Journalism* (New York, 1947), pp. 537—538.
② Pratt. *America's Colonial Experiment*, pp. 243—244, 291—310.
③ Pringle. *Theodore Roosevelt*, pp. 408—409.

反托拉斯运动究竟是怎么回事？

这篇文章是为一场讨论美国商业活动的政治与社会环境的会议撰写的，最初带有副标题"论一则美国信条的演变"(Notes on the Evolution of an American Creed)。① 这场会议由福特基金会(Ford Foundation)资助，于1964年1月在加州大学伯克利分校举办。组织这场会议的厄尔·切特(Earl Cheit)将6位作者为会议撰写的论文编辑发表在《商业机构》(*The Business Establishment*)(New York, 1964)上。此次收入这本书的版本做了大幅修订。《评论》(*Commentary*)杂志1964年8月刊也刊载了本文部分内容。

一

反托拉斯运动是美国业已消退的诸多改革激情之一。历史学者一直都对这个颇具传奇色彩的老故事情有独钟，但他们惊人一致地缺乏人们通常都会有

---

① 虽然霍夫施塔特出版本书时删除了此篇文章的副标题，但读者在阅读这篇文章时心里需要时刻装着这个副标题，否则在某些地方可能会误以为作者文章不紧凑。——译者

的现实感，都不重视告诉我们故事结束时发生了什么。我们通史著作的作者在讲述大公司的兴起和《谢尔曼法》(Sherman Act)的通过时，会论及反托拉斯问题，然后在讨论进步主义时代的反托拉斯情绪和进一步颁布各种监管法律时再次谈到它。在讲述"新政"反托拉斯的复兴、瑟曼·阿诺德(Thurman Arnold)和临时全国经济委员会(T. N. E. C.)时，他们当中大部分人又会简要地谈及这个问题。接下来，他们通常会放下这个问题，不再触及。学生或普通读者必须学习法律、经济或商业管理，才能认识到反托拉斯事业在当代社会，比西奥多·罗斯福或者威尔逊(Woodrow Wilson)时期，甚至比瑟曼·阿诺德如日中天的时候，都更加重要。

历史学者将反托拉斯话题打住在1938年或在此前后，大概不是因为他们认为反托拉斯在我们社会中已经失去了作用，而是因为自那以后它不再是搅得公众焦虑不安的话题了。简而言之，是因为此后再也没有反托拉斯运动了。对历史学者来说，把公众对某一问题的关注程度作为自己的研究指针，固然不可靠，但在这里，他们的忽视体现了某种自我保护的智慧。他们对那之后的反托拉斯不予理会，原因和普通大众一样：这个话题已经变得复杂难懂、费力麻烦，而且枯燥无聊。不管怎样，管制垄断与竞争，无论是从法律上还是从经济上都错综复杂，历史学家缺乏这方面的专业能力。对他来说，由法学家和经济学家们所做的各种技术上的精细改进，让这座迷宫令人晕头转向。把整件事遮掩起来，和普通大众一道抽身而退，还是相对容易些。

也许问题的根源可以用这样一个悖论来表述——尽管这么说有点过于简单化：以前美国有反托拉斯运动而没有反托拉斯案；我们这个时代则是有反托拉斯案而没有反托拉斯运动。反托拉斯运动在当时对我们的政治生活和思想生活产生了极为深远的影响，以致任何一位书写1890—1940年这段时期历史的历史学者都不能对它完全熟视无睹。但是，反托拉斯事业如今作为一种大家都习以为常的现实，在没有太多公众关注的情况下，正静静地沿着自己的常轨前行，我们对它已经视而不见。由于未能更多地获知它的实际运行情况，历史学者漏掉了我们改革史上最有趣的其中一个出乎意料的局面，漏掉了我们习以为常的生活中最具启发性的其中一个方面。就在公众失去对它的强烈兴趣这些年里，反托拉斯事业竟然成为影响企业行为的一支真正重要的力量。

自由派历史学家对反托拉斯这件事，长期以来都持有一种神话般的看法。这么做尽管在任何时候都不会全错，但最终的结果基本上完全是误导。反托拉斯作为一种意识形态和一项改革运动，同它在管制企业方面取得的实际成效之间，总是形成极其强烈的对比，因而我们往往止不住对它冷嘲热讽。常规的历史都是这样写的：为了安抚公众情绪，1890年，极端保守的国会作出了一种毫无意义的犬儒姿态，通过了《谢尔曼反托拉斯法》(Sherman Antitrust Act)。该法案措辞含混不清，这让我们不得不怀疑，通过该法案的人根本就没有指望它得到执行。反托拉斯的早期历史，充分证实了对它的这类怀疑。由于行政部门不予理会和司法部门的敌视对抗，它从一开始就形同虚设。尽管大企业几乎没有受到它的任何影响——按理说这些才是它的主要目标——但它在对抗工会方面却取得了更大的成功。到西奥多·罗斯福上台时，《谢尔曼法》才刚刚出台十多年，结果就已经明显成了一场闹剧。这场闹剧的背后，是大企业的合并在飞速发展，尤其是在1898—1904年间更是加速进行。要拆穿西奥多·罗斯福的托拉斯杀手这副颇负盛名的假面具，非常容易，也非常有趣，人们只需要看看他检控的案件究竟有多稀少、有多隔靴搔痒，看看他对整个反托拉斯事业的价值的怀疑，把他铿锵有力的言辞同司法部反托拉斯局的滑稽而可悲的形象放在一起进行比较，看看这个全体员工就五名律师加四名速记员的机构，面对企业巨头联合力量的包围，怎样前冲后突、左支右绌，一切就都了然在目。

历史学者接下来在叙述威尔逊政府为加强对垄断行为的管制所作的法律法规方面的努力时，无论怎样看待它们的价值和背后的意图，心里都得装着这些努力的最终收场，而且结局都得这么说：由于需要为第一次世界大战组织工业生产，反托拉斯的努力付诸东流；20世纪20年代是又一个企业大合并的时期，接踵而至的反扑狂欢让威尔逊的各项改革成果化为乌有。联邦贸易委员会(Federal Trade Commission)事实上已经从一个管控商业的机构变成了一个被商业把控的机构。最后，罗斯福时期反托拉斯运动的复兴、临时全国经济委员会(Temporary National Economic Commission)的建立以及瑟曼·阿诺德的改革实施，似乎多半是一场铤而走险的运动，就政府方面说，是折回到以前那种装模作样的老式反托拉斯把戏上。这个政府为了改革已经拼尽全力，但在努力实现经济复苏方面收效甚微。任命瑟曼·阿诺德为反托拉斯局局长，似乎完美凸显了整个反托拉斯事业的喜剧性,因为他的著作有力地嘲讽了反托拉斯法,指出这些反托拉斯法就是一面幌子,美国产业可以躲在这个幌子后面继续不受阻碍地走向集中。正如我前文所言,标准的反托拉斯史多半就在这里戛然而止,也许会用寥寥几笔介绍一下阿诺德所面临的困难,以及他的真诚努力是如何在第二次世界大战期间被人们设法绕过的。

我们不否认,这个版本的反托拉斯史含有真实的成分,但在这一叙述的基础上再做某些补充,似乎相当重要。公平地说,虽然在 1890 年《谢尔曼法》通过时,出现了某种急切的犬儒主义心态,但这里大家也确实存在迷惑。在规模和垄断之间的关系问题上,大家的担心即便纯属徒劳,但至少大家是真诚的,而且用什么样的适当方法来解决这些问题,大家的怀疑也都是发自内心的。《谢尔曼法》的一般性措辞,可以被看作是一项宽泛的赋权措施,至少有些人希望后续会有法律法规和行政方面具体的跟进措施。至于人们通常一直说,《谢尔曼法》随后在执行过程中松松垮垮,此处无须多言,只需补充一点,之所以执行起来困难重重,既同这些进步主义总统及其顾问们采取的相对保守、谨慎的态度有关,也涉及反托拉斯本身所固有的各种难题。这些人生活在一个既想从规模庞大的企业中获得好处,又想防止垄断带来各种恶果的社会。而且总的来说,尽管像西奥多·罗斯福和威尔逊这样的人发现,很值得在竞选活动中作出自信的表态,但他们心里清楚,自己根本不知道如何迅速、满意地解决这个问题。对于进步主义时代所有那些关于垄断、关于规模庞大(bigness)的看似空洞、无用的言辞,无论人们还有其他什么说法,它们确实有助于保持美国对过度的市场权力的担忧,这种担忧尽管往往让人不愉快,但确实有益。

关于富兰克林·罗斯福和瑟曼·阿诺德领导下反托拉斯的复兴,也必须多说几句。纯粹从扁平的时间角度观察,罗斯福 1938 年关于垄断资本主义的表态、临时全国经济委员会以及阿诺德的检控工作,也许都可以看作是出于行政上的铤而走险,并被视为实质性的失败。但从长远来看,它们恰恰标志着反托拉斯有效行动的真正开始,因为正是这个时候开始的努力——更不用说罗斯福已经为联邦司法部门引入新的人事组织——创造了可以在反托拉斯问题上有所作为的社会气候和法律气候。回过头来看,20 世纪 40 年代可以视作反托拉斯法史上的一个分水岭。今天,任何一位了解美国商业行为的人都知道,大公司的经理们做生意时都会不停地转过头瞟一眼反托拉斯局。反托拉斯事业在影响商业行为方面取得了相当大的成功，弥补了其无力扭转企业合并的缺憾。反托拉斯作为解决大企业问题的一种有效途径，在美国已经站稳脚跟，并被整个西方世界开始慢慢接受。自第二次世界大战以来，由于它在美国的成功，英、法两国均已经有所仿效，而且在共同市场（Common Market），反托拉斯已经进入初步实施阶段。

二

反托拉斯的历史可以分为三个阶段。第一阶段大约从 1890 年始至 1904 年止，这是属于反托拉斯创始人的时代。他们在法律法规和司法裁决方面开始采取行动，确定联邦政府可以采取哪些形式的反托拉斯措施，并观察其如何运作。整个进步时代（Progressive era），反托拉斯情绪都很强烈。企业合并现象的井喷，则进一步加剧了这种情绪。对大企业的共同敌意，通常就是将在其他问题上有分歧的各种利益集团联系在一起的那根纽带。进步时代——随着《克莱顿法案》（Clayton Act）的通过和联邦贸易委员会（Federal Trade Commission）的成立，在 1914 年走向高潮——可能是我们历史上反大企业情绪的高涨时期。作为一场运动，反托拉斯此时尽管很难说已经在行政上走向现实，但它的确在高速运转。

第二阶段是从第一次世界大战持续到 1937 年左右，这个阶段可以说是一个反托拉斯不被重视的时代。在 20 世纪 20 年代，检控工作几乎可以忽略不计，甚至新政开始的头几年也搁置了反托拉斯方面的法律，以便为全国复兴总署（N. R. A.）的各项法规提供施展空间。

第三阶段，即现阶段，可以追溯到 1937 年，是反托拉斯的复兴阶段，"新政"重新启动反托拉斯局和临时全国经济委员会的调查拉开了这个阶段的序幕。这一时期，法律、行政方面的活动热火朝天，但公众反大企业的情绪并未相应恢复，事实上，公众对大公司的接受程度越来越高。反托拉斯几乎完全只是由法律和经济专家组成的各种小组关心的问题，他们的工作没有激起公众的广泛兴趣，也没有得到公众的广泛支持。

这三个阶段中，第一阶段是尝试性实施，结果几乎可以忽略不计；第二阶段实施极少，或者说是象征性实施；第三阶段相对力度很大，我们可以通过比较这个阶段同前两个阶段的案件数量来大致衡量一下。1891—1938 年，政府平均每年处理 9 起案件。这将近半个世纪的顶点是 1912 年和 1913 年，分别为 29 起和 27 起。1913 年以后大约 30 年里，典型案件大约每年 12 起，通常年份比这要少得多，而且检控的对象在美国产业部门中通常也不占关键位置。1940 年，随着罗斯福—阿诺德反托拉斯复兴计划的顺利进行，案件数量一下子跃升到 85 起——只比《谢尔曼法》实施的头 20 年少了 2 起。此后，案件数量虽有波动，但仍维持在比 1938 年以前高得多的水平上。[①] 1962 年，反托拉斯局雇用了 300 名律师，预算为 660 万美元，共提起 92 起检控。数字作为证据当然很粗糙，但通过对反托拉斯复兴在法律上取得的许多胜利的定性分析，我们可以看到，反托拉斯局在法庭上——特别是自 1940 年以来——赢得的判决，已经极大地增强了反托拉斯在执行上的可能性。尽管无论是在大多数公众还是自由派知识分子当中，反托拉斯情绪已经急剧衰退，但反托拉斯作为一项法律行政事业，在过去 25 年里已经实现了稳固的制度化。

　　反托拉斯运动及其立法具有典型的美国特色。这也许是由于垄断在美国发展的最初几年里采取的形式特别不能容忍。但我们也可以这么说，除了加拿大人以外，还没有哪个国家的人民如此热衷于采取经济竞争原则，以致用法律法规为其背书；直到最近，才有一些欧洲国家对美国处理这一问题的方式开始产生兴趣。[②] 竞争作为一种社会调节的手段——作为一支经济、政治和道德力量——这种观念，在美国比在其他地方具有更坚实的根基，部分原因在于，美国没有贵族理论、军国主义理论或者劳工—社会主义理论可以与之竞争。反托拉斯传统在某种程度上是建立在普通法传统的基础上的，但普通法传统中禁止限

[①] 关于至 1940 年为止的反托拉斯检控，参见 Walton Hamilton and Irene Till. *Antitrust in Action*, T. N. E. C. Monograph No. 16 (Washington, 1940), 尤见 pp. 135—143; 另见 *United States versus Economic Concentration and Monopoly*, a Staff Report to the Monopoly Subcommittee on Small Business, House of Representatives (Washington, 1940), pp. 276—289。

[②] 关于欧洲反托拉斯法律方面的发展情况，参见 *Antitrust Developments in the European Common Market*, Report of the Subcommittee on Antitrust and Monopoly of the Committee on the Judiciary, U. S. Senate, 88th Cong., 2nd sess. (Washington, 1964) 以及 *Comparative Aspects of Anti-Trust Law in the United States, the United Kingdom, and the European Economic Community*, Supplementary Publication No. 6 of *International and Comparative Law Quarterly* (London, 1963)。有关美国、加拿大和英国的反托拉斯立法方面的简要比较，参见 W. Friedmann. *Law in a Changing Society* (London, 1959), Ch. 8。

制贸易的规定并不足以保护竞争,因而反托拉斯传统在智识上也依赖于古典经济学理论和美国民主思想中的多元主义。

但在美国,竞争不只是一种理论,也是一种生活方式、一则信条。从殖民地时期开始到19世纪的大部分时间,我们国家是农民和小镇企业家占压倒性多数的国家,这个国家的人民雄心勃勃、流动性强、处世乐观、富有冒险精神、反对威权、主张人人平等、爱好竞争。随着时间的推移,美国人开始理所当然地认为,财产将在全社会广泛扩散,经济权力和政治权力将走向分散。杰克逊担任总统期间,合众国银行(Bank of the United States)遭到非理性的攻击,表明任何机构哪怕只是看上去会形成垄断威胁,只是看似会搅扰他们的这些期望,他们都会愤然起来反对它。他们那些最尊敬的思想家习惯于向他们保证,他们的社会秩序是天定的或是顺乎自然的,而且他们可能还会认为,这种社会秩序将会永远持续下去。

随着时间的流逝,这一秩序被巨型企业以惊人的速度压垮。在19世纪的最后30年里,一种全新的经济形态出现了。1828年也就是杰克逊当选的那一年出生的美国人,是在这样一个社会里长大的:在这个社会里,旧的小企业经济,无论多么充满活力,无论扩张到哪个地步,都几乎原封不动地保持着它原来的基本模式。但在自己的成年岁月里,他将会见证那种经济迅速走向过时;如果可以活到1904年,他将会看到工业竟然集中到如此程度,不仅是他的父辈无法想象,甚至在他的大部分成年生活中,他自己也难以置信。这种经济转型发生得如此之快,人们根本无法那么容易理解它。我们不可能期望全国人民一夜之间不再做小企业家美梦。在1900年,大企业问题和垄断威胁仍然是个崭新的问题,人们很难知道下一步该怎么做。大企业经济猛然急速来临,而且似乎势不可挡。没有人知道什么时候或者该怎样才能阻止它。

不足为奇的是,第一代反托拉斯人对未来作了一些可怕的推断。1890年,甚至到1914年,大企业还没有被当作经济世界中的一支力量或美国人想象中的一大因素而对其加以驯化。一个从竞争性小企业向公司巨头快速转换的国家,可能也很容易从公司巨头快速发展成为一种垄断暴政体系。因此,19世纪最后几十年和20世纪头十年,关于大企业的讨论充满了各种黑暗的预言,其中大多数在当时是有鼻子有眼、活灵活现,尽管最后基本上都没有成真。

由于人们普遍认为竞争是"自然的",基本上是自我维持的,因而古典理论并没有考虑到是否有必要运用法律法规来为竞争提供支持。但到了19世纪80年代,旧的对竞争可以自我维持的信心已经不复存在,而现行法律又似乎没有给竞争提供足够的保护。一旦明确反对限制贸易的普通法传统不再具有任何效力,而针对这个问题的州法又完全不足以达到目的,要求联邦政府采取行动的情况就会出现。乔治·冈顿(George Gunton)在1888年认为,"公众的心态已经开始进入一种差不多相当于惊恐的疑惧状态",社会上"充斥着对托拉斯的无限而又不可名状的恐惧"气氛。① 谢尔曼参议员也向他的同事们发出警告,"那些可能搅乱社会秩序的问题让大众心理躁动不安"。谢尔曼特别指出,财富的不平等以及资本联合的形成,其程度之高,已经到了产生"控制每一种生产的托拉斯和操纵每一件日常生活必需品定价的主宰"的危险地步。他说,国会必须倾听选民的呼声,"否则就要准备好迎接社会主义者和虚无主义者等。社会现在受到了以前从未感觉到的力量的干扰"。② 和同时代人一样,历史学者对要求联邦政府采取行动的必要性看法不一。汉斯·B. 托雷利(Hans B. Thorelli) 1890年就人们对"托拉斯"问题的明确意见开展了一项精心的调查,最后得出结论认为,公众的要求虽然也许没有达到不可阻挡的潮流那样的程度,但的确非常强烈,政治人物绝不可忽视。

1890年的国会只是基于犬儒的考虑来迎合公众情绪,给公众画饼充饥吗? 该届国会的财阀特征,让这一观点具有一定的可信度。正如参议员奥维尔·普拉特(Orville Platt)在辩论时所说,参议院这些天来的所作所为,"并不是在真诚准备制定一项禁止和惩罚托拉斯的法案",而只是为了"提交一项议案,顶着'惩罚托拉斯的法案'的名头,为国会选举做准备"③。反托拉斯起源时的这些情

---

① G. W. Stocking and M. W. Watkins. *Monopoly and Free Enterprise* (New York, 1951), 257.

② *Congressional Record*, 51st Cong., 1st sess. (March 21, 1890), p. 2460. "尽管这个机构一直都是保守的",谢尔曼满怀希望地说,"但是,不管怎么说,它不仅始终愿意维护广义上的人民权利,而且随时准备维护个人的权利不被联合企业的财富和权力所侵犯。"

③ Hans B. Thorelli. *The Federal Antitrust Policy* (Baltimore, 1955), p. 198. 阿瑟·P. 杜登未出版的博士论文《反托拉斯主义》里包含大量美国传统中反托拉斯方面的信息。Arthur P. Dudden. *Antimonopolism*, 1865—1890, University of Michigan (1950). 有关同时代人的看法,亦可参见 Sanford D. Gordon. "Attitudes towards Trusts prior to the Sherman Act", *Southern Economic Journal*, XXX (October, 1963), 156—167。

况,的确有助于证实许多历史学家的怀疑,即它自始至终都只是在做戏。

但我们也有理由相信,恰恰相反,大多数国会议员认为商业竞争秩序是整个民主生活方式的基石,认为自己正在迈出试探性的第一步,在制定一项管控托拉斯的方针。如果该方针能建立在牢固的宪法基础上,就可以作为矫正性诉讼以及接下来也许会修改法律的基础。无可否认,他们正在从事开创性的工作。参议员霍尔(Hoar)说,国会正在进入一个全新的立法领域,因而"这些参议员,这些有能力、有学识、有经验的立法者,对这个问题的看法非常粗糙"[1]。

当然,该届国会产生了一部用最笼统的措辞写成的法律。这部法律多年来因司法机构的判例和行政机构的冷漠而徒具空壳,这是事实。但当时国会完全有可能是在试图制定一份有关禁止合谋限制贸易和图谋垄断的总体政策宣言,将其作为今后行动的指南。宽泛的措辞保证了宣言的弹性,其方式与宪法本身在1787年后国家发展过程中发挥作用的方式大致相同。许多国会议员无疑认为,该法的自我实施特征(self-enforcing features)将远比现在的实际情况有效得多——就是说,限制贸易的受害方有权要求3倍的损害赔偿,将会使商人承担起大量的经济监督工作。我们可以试着想象一下,一个完全平民主义的、极端反对大企业的国会,是否会通过一项与《谢尔曼法》迥然不同且明显更为有效的法律,以及接下来在行政官员和法官手中,这样一部法律是否有望比《谢尔曼法》得到更成功的执行。这样,我们在重现1890年国会所面临的问题时,或许可以抱有更多的同情。

我们可以有理由肯定地说,国会对反托拉斯究竟具有什么经济意义的困惑,实际上反映了整个美国社会中某种更具普遍性的认知上的混乱。反托拉斯目标可以分为三大类:第一类目标是经济方面的。古典的竞争模型坚定了人们的这种信念,即竞争会带来经济效率的最大化。这种优美的认知模型肯定至少吸引了有些国会成员,因为他们能够用抽象的语言来表达他们在经济问题上的意向。第二类目标是政治性的。反托拉斯原则旨在阻止私人积累权力,保护民主政府。第三类目标涉及的是社会与道德。据信,竞争过程是品格发展的一种训练机制,人民的竞争心——国家士气的根本动力——需要保护。

在这三大目标中,经济目标夹杂的各种不确定的地方最多,多到似乎可以

---

[1] *Congressional Record*, 51st Cong., 1st sess. (April 8, 1890), p. 3146.

毫不夸张地说，反托拉斯基本上是一项政治规划而不是一项经济上的规划。①经济思想中有一个根本性的难题，自从一开始出现就令人费心劳神，这个难题出自联合与竞争问题上的相关主张。《谢尔曼法》是在前专家时代拟订并提交国会正式讨论的，当时经济学家作为一个专业群体，立法者并没有直接征求他们的意见。但即便去征求他们的意见，他们给出的也会是混杂的、不确定的建议。这个专业群体当时已经分裂。几年前，反对古典传统和自由放任主义的学者创立了美国经济学会（American Economic Association），尽管许多老派经济学家自然仍旧稳踞高等院校。经济学家们都熟悉这样一种看法，即竞争秩序非但没有固定在一个永久、有益而且可以自我维持的平衡状态，反而可能有一种通过较弱的竞争对手不断消失而进行自我清算（self-liquidation）的强烈倾向。早期历史主义者 E. 本杰明·安德鲁斯（E. Benjamin Andrews）在 1893 年提出，自由放任不过是无政府状态的系统化表达。第二年他又警告说：

> 这些法案已经提交给了半数联邦立法机构，以图通过将贸易辛迪加变成完全非法的东西来恢复竞争自由。在我看来，这种立法毫无疑问是徒劳的。我们所知的竞争时代已经一去不返。②

比这更有影响的声音来自理查德·伊利（Richard Ely）。伊利同样坚决反对纯粹竞争的理想，他不仅是坚持不应将规模同垄断画上等号的学者之一，而且早在瑟曼·阿诺德之前，就认为反托拉斯立法不但徒劳无益，实际上反而助长了垄断，因为它导致企业领导人以兼并的形式用"硬"联合取代"软"联合。③

政府应该对托拉斯采取什么样的行动才算适当，或者国会应该通过什么样的法律，在这些问题上，人们都没有达成共识。几乎所有经济学家都认为，试图仅仅通过法律来禁止联合无济于事。越来越多的人倾向于认为，竞争与联合都需要某种程度的控制，而且两者都不可能用法律消除。正如威廉·莱特温（William Letwin）所指出的那样，在这个意义上，经济学家提供的立法方面的建

---

① 汉斯·B. 托雷利在仔细考察了国会关于《谢尔曼法》的辩论之后，得出结论："《谢尔曼法》不应只被看作是经济政策的一种表现"，在维护普通人的商业权利方面，该法"体现了一种明显的'社会'目的"。托雷利认为，谢尔曼和他同时代的许多国会议员都将这项立法看作是"实现免于腐败和保持政治生活中独立思考的自由的一个重要手段"。

② Thorelli. op. cit. , pp. 112n, 316.

③ Ibid. , pp. 314—315.

议,无论是受到多大关注还是在多大程度上被忽视,都是模棱两可的。这一点同立法者自己作为法学家所能感觉到的情形一模一样:

> 经济学家认为,不管是竞争还是联合,都应该在经济中发挥作用。法学家则看到,普通法在某些情况下允许联合,在另一些情况下禁止联合。国会议员们抓住了这一隐秘的一致之处,着手制定法规,通过利用普通法原则,消除过度竞争和过度联合,但允许"健康"的竞争和"健康"的联合一道茁壮成长。①

如果我们对这件事的各种不确定性给予应有的关注,并由此充分考虑到任何迅速解决问题的尝试都不可能奏效,我们就可能会对1890年的国会作出比较宽容的裁定。国会成员当时可能在力图制定一般性的指导方针,以便继任者能够据此慢慢发展出一项政策,让社会能够同时享受竞争和联合的好处。正如参议员谢尔曼所言:"我们作为立法者所能做的,就是宣布一般原则。"②就这些原则的阐述而言,《谢尔曼法》中所使用的语言已经是最宽泛的了。想必许多国会议员都希望法院能找到一种办法,在不禁止有益的合并,甚至是不禁止签订旨在消除无法承受的无底线竞争的限制性协议的同时,来打击各种臭名昭著的不公平竞争手段,这些手段已经被用于成立诸如标准石油公司(Standard Oil)和全国收银机公司(National Cash Register Company)。

在第一次世界大战前的几年里,这种反托拉斯的经济原理,其内在的不确定性继续困扰着好心好意的进步主义者。在这个年代,聪明而又相对坦诚的政治领导人如此经常暧昧含糊和反复无常,必须被看作是反映了问题本身的内在难度,而不应被看作是其缺乏领导才能的反应。

在这方面,西奥多·罗斯福对托拉斯的担忧最小,而其表现则可谓精明至极。除了铁路管制外,罗斯福对他担任总统期间令美国公众不安的那些经济问题并不十分感兴趣。他确实非常坦率地承认,他不愿意正面处理这些问题。就像1907年那样,在遇到难题时,他倾向于信赖参议院保守派人士或是华尔街各

---

① William Letwin, *Law and Economic Policy in America: The Evolution of the Sherman Antitrust Act* (New York, 1965), p.85;关于国会意图的总体情况,参见 Ch. 3.

② *Congressional Record*, 51st Cong., 1st sess. (March 21, 1890), p.2460. 谢尔曼在这里承认,要从法律上界定合法联合与非法联合之间的确切区别确有困难,并表示倾向于由法院根据特定案件的具体情况来进行裁决。

方经济力量的判断及其在政治上和金融上的领导。但他认为托拉斯问题必须在政治层面上予以解决,既然公众对这个问题的担忧如此迫切,那就不容忽视。他明白向公众保证美国政府有意愿、有能力对大公司行使权力究竟有多重要。因此,他的反托拉斯检控,虽然寥寥无几,但有几起案件办起来声势煞是浩大。他在评估北方证券公司案的影响时,没有说该案将为全面打击大型企业开辟道路,而是说这件事的重要性在于,它向世人表明,"这个国家最有权势的人被追究了法律责任"。他解决这个问题的根本做法——必须接受大企业乃是现代工业秩序和社会秩序的一部分,同时政府应该在公众充分知情的情况下对大企业的行为实施行政方面的管制——比他同时代大多数政治人物的观点,远远接近于反托拉斯程序的未来走向。

和罗斯福同道的,或许也可以说追随他的,是一批自由派政治家,其中包括查尔斯·R.范·海斯(Charles R. Van Hise)、赫伯特·克罗利(Herbert Croly)和沃尔特·李普曼(Walter Lippmann)等。这些人接受了罗斯福的信念,即《谢尔曼法》背后的哲学只是他所谓的"真诚的农村托利主义(sincere rural Toryism)"的产物,而这种"农村托利主义"则早已过时。李普曼对反托拉斯哲学进行了最犀利的抨击,其中一次直斥其为"乡民国家(a nation of villagers)"的哲学。这一派进步主义者认为,西方世界正在进入一个组织化和专业化的新时代,在这个时代,旧的竞争哲学步步后撤,徒呼奈何。这一派中有些人,特别是克罗利和范·海斯,也认为小规模企业不足以在世界市场上竞争,而参与国际竞争则是美国形势所需。现在回过头来看,他们似乎比那些期待《谢尔曼法》可以真正起到瓦解大企业作用的人更有见识,更有预见性。他们预见到反托拉斯作为一种运动的衰落,甚至在某些情况下还认识到,如果《谢尔曼法》继续保留下去,该法将成为偶尔临时安排的监管案件的基础,而不是瓦解公司经济的工具。

伍德罗·威尔逊在谈"农村托利主义"和乡村民主(village democracy)——"农村托利主义"和乡村民主在普遍的反托拉斯情绪中似乎一直居于核心位置——时,比罗斯福更富有感情一些。但他基于同样的原因,比罗斯福更清楚地体现了两人思想上的障碍。1912年的竞选活动充分显示了这两派进步主义者在托拉斯问题上的各种分歧。威尔逊在这次竞选活动的发言中声称,他也不反对规模本身。在他看来,不管什么时候,只要效率高,其结果都必然是规模大。在这种情况下,规模的增长是不可避免的,是自然而然的。但威尔逊反对通过非法竞争发展而来的"托拉斯"。然而,他从来没有成功解释过,通过合法手段壮大起来的企业,为何不会像通过非法竞争做大的企业那样,对竞争构成威胁。他的声明"我支持大企业而反对托拉斯",似乎只是为了回避竞争中内含一种与生俱来的自我清算的威胁这种看法所作的一次不尽如人意的努力。[①]

三

反垄断的政治与社会论点比经济论点更清晰,表现出来的强烈情感也只高不低。我们要把反托拉斯当作一个国家所作的政治判断去理解:这个国家的历代领导人对支撑政治的经济基础总是表现出一种敏锐的意识。在这方面,《谢尔曼法》只不过是又一次体现了美国长期以来对高度集中的权力的疑虑而已。从革命前的各种宣传小册子,中间经过《独立宣言》(Declaration of Independence)和《联邦党人文集》(*The Federalist*),到州权论者的著作,再经过内战,进入反垄断作家和平民党人时代,长期以来,人们一直在孜孜不倦地寻求一种办法来分割、分散和制约权力,防止由处在某个单一的权力中枢的、某个单一的利益集团或由各利益集团结成的某个牢固的群体,来行使全部权力。因此,《谢尔曼法》背后的政治倾向比经济理论更加清晰,表达得也更加清楚有力。那些使用最含糊的语言谈论"托拉斯"和垄断的人,那些还没有想透规模本身和垄断做法之间区别何在的人,那些无法证明竞争对于效率究竟有多必要的人,那些不能在任何情况下都可以说出他们认为什么样的竞争行为是公平的还是不公平的人,那些无法公布一个可以将他们对规模的接受与对竞争的渴望调和起来的合理计划的人,都相当清楚他们正在努力防止出现什么情况:他们想阻止高度

---

① 有关伍德罗·威尔逊在垄断问题上的立场,参见其 *The New Freedom*(New York,1913),pp. 163—222。我们可以在威廉·戴蒙德(William Diamond)《伍德罗·威尔逊的经济思想》(*The Economic Thought of Woodrow Wilson*)(Baltimore,1943)一书中清楚地看到,威尔逊早些时候一直信奉进化论者在这个问题上的主张,即接受、认可规模,但在走进公众视野后,他接受了布兰代斯的建议,便更倾向于竞争原则了。到 1913 年,他似乎已被说服,解散托拉斯是必要的一招。"只有动真格解散托拉斯才能满足我们的要求,只有这一招。"他私下写道。威尔逊还曾间接提及,这是一项"使国家良知得以实现"的必要计划的一部分。Ibid.,p. 112.

集中的私人权力破坏民主政府。

竞争模式最引以为荣的地方之一是，它意图通过否认市场权力处在任何特定的地方，来解决市场权力问题。市场作出的决定不带任何个人色彩，因为这些决定只是成千上万个个体所作的决定的平均值，这里没有人享有任何决定性的权力。市场机制表明，任何人都没有真正行使权力。由于亚当·斯密"看不见的手"与个人完全无关，因而决定是由市场做出的，不应将做出决定的市场权力赋予任何特定的个人或集体。因此，市场机制满足了权力分散的愿望，似乎从经济上完美对应了美国的民主多元主义。

在必须行使权力的情况下，人们一致认为，权力不应掌握在私人手里，而应该由政府来掌握。但州政府已经实力不济，纯粹就规模而言，商业企业已经让它们黯然失色。早在1888年，查尔斯·威廉·艾略特（Charles William Eliot）就指出，作为经济组织单位，大公司在实力上已经开始超过各州。例如，波士顿一家铁路公司雇用了18 000人，每年总收入约为4 000万美元，而马萨诸塞州只有6 000名雇员，年收入只有700万美元。[①] 即便以单个论，有些大公司也足以支配州政府；如果联合起来，它们则几乎可以左右联邦政府。

各种工业联合体的存在以及在这种或那种支持——也许是投资银行家的支持——下，某一天终会出现一个比政府本身更强大的由各联合体组成的联合体的威胁，激起了工业时代的作家们的普遍恐惧，包括许多对社会的看法和艾略特一样保守的作家，大家心头全都始终萦绕着这种恐惧。威廉·詹宁斯·布赖恩在1899年芝加哥托拉斯问题大会（Chicago Conference on Trusts）上发表的一次讲话中，很好地阐述了人们对私人权力根本上的恐惧：

> 我不把私人手中掌握的垄断分为好的垄断与坏的垄断。私人手中没有好垄断。在全能的上帝派遣天使前来掌管垄断之前，私人手中不可能有什么好垄断。也许一个专制者比另一个专制者要好，但没有

[①] C. W. Eliot. "The Working of the American Democracy", *American Contributions to Civilization* (New York, 1907), pp. 85—86. 3/4个世纪后，临时全国经济委员会发现，作为经济单位，只有10个州的资产大于两家最大的公司，有超过一半的州在规模上完全被私营企业盖住光芒。*Final Report and Recommendations of the Temporary National Economic Committee* (Washington, 1941) pp. 676—677; David Lynch. *The Concentration of Economic Power* (New York, 1946), pp. 112—113.

什么好专制统治。①

人们普遍认为,垄断造成的那些可怕的经济后果和政治后果是合为一体的,这一点甚至写进了民主党1900年的政治纲领:

> 私人垄断是没法辩解的,是不能容忍的。……它们是迄今为止专为少数人设计出来的最有效的工具,目的是以牺牲多数人的利益为代价,让少数人攫取全部工业果实。除非他们的贪得无厌受到遏制,否则所有财富都会集中在少数人手中,共和国将毁于一旦。②

进步主义者也坚决反对经济上的垄断,认为它会带来政治上的权力。伍德罗·威尔逊于1912年对进步主义者这方面的立场作了最明确有力的阐述。与西奥多·罗斯福不同,他的核心论点是,一旦容忍大批企业联合体的存在,政府就不可能对它们进行管制,因为企业合并带来的政治力量将大到足以使一切控制它的企图都完全落空。威尔逊巧妙地利用了小企业家的恐惧和疑虑。他说,即使是一些非常有权势的人也知道,"在某个地方存在着一种力量,这种力量是如此组织有方,如此不易察觉,如此昼警夕惕,如此紧密关联,如此齐整老练,如此无处不在,以至于当他们谴责它的时候,最好不要大嗓门……他们知道,有人在某个地方控制着工业的发展"③。他把集中资本描述成已经控制了政府:"美国政府的主人是已经联合起来了的美国资本家和制造商。……当今的美国政府乃是特殊利益集团的养子。"④

这种状况必定会继续存在下去,直到这些企业联合体不仅被人民赶下台,而且被人民解散——直到"这个庞大的'利益共同体'"的关系被理顺。法律必须把这个东西"拆开,采用和缓而又坚定、持久的方式把它拆成小块";否则,按照罗斯福的计划,接受垄断组织并对其加以管制,最后的结果将只会是垄断和政府的联合:"如果由垄断组织控制的政府反过来又控制了垄断组织,伙伴关系最终就圆满无缺了。""如果垄断持续存在,则它将永远掌着政府的舵。我不指望看到垄断约束自己。如果这个国家有人体量够大,大到足以占有美国政府,

---

① Thorelli. op. cit. ,p. 336.
② Kirk H. Porter and Donald B. Johnson. *National Party Platforms*(Urbana,Ill,1956),p. 114.
③ Wilson. op. cit. ,pp. 14,62.
④ Ibid. ,pp. 57—58.

则他们就会占有它。"①

反托拉斯行动的第三大目标指向的是心理与道德方面，其重要性不低于其他目标。它起源于这样一种信念，即竞争除了具有严格的经济用途外，还对人的品格具有规训价值。在人们看来，美国之所以成为美国，是因为竞争性个人主义塑造了美国一种特殊的品格，这种品格已经在美国茁壮成长，因为在美国，竞争机会俯拾皆是，细心、机敏的人几乎都可以发现它们、抓住它们和利用它们，并因而被它们塑造出这种特殊的品格。人们普遍认为，美国的男子气概一直都受到了发现机会与追求机会的鼓舞和训导。要实现这一进程，重要的是经济活动要公平——"公平"这个体育词汇从来远不像表面那么简单——而且新入局的企业家要能够在足够开放的条件下进入这一游戏。

只有牢记我们经济思维中的新教背景，才能充分把握依靠竞争即可塑造品格这种信念的重要性。经济学家们本身并不习惯用纯粹机械、世俗的术语来分析经济关系。他们是这样，一般人就更是这样。美国人的思维方式深处有一个悠久的新教传统，即倾向于把经济力量等同为宗教和道德力量，从它对行为准则及品格发展所作的贡献这个角度来看待经济进程。经济秩序不仅仅是生产和服务的器具，也是锻造良好品行的一套规则。我想，每个人都听说过这种说法，即古典经济学的有些概念是在一种审慎道德的影响下形成的，在这里，储蓄和节制不只是经济分析的工具，也是道德约束的手段。今天，人们一直听到保守派人士直言不讳地指责政府的财政政策。他们诉诸清教传统，指责政府背离了适合于家庭预算的审慎原则——在他们那里，政府财政政策就应该像家庭预算一样，都必须符合这种清教传统。在整个 19 世纪至 20 世纪初，人们普遍认为，保护竞争，保护对竞争的激励，是对国民士气的维护，是调动和奖励勤劳、谨慎的人的手段，也是惩罚那些被威廉·格雷厄姆·萨姆纳（William Graham Sumner）称为"贫穷的人和软弱的人，粗心大意、不思进取、效率低下、不明事理和轻率鲁莽的人……懒惰、放纵和恶毒的人"的手段。② 我们今天的保守派批评

---

① Ibid.，pp.118，207，286. 后来道格拉斯大法官在"美国政府诉哥伦比亚钢铁公司案"中就裁决表达的反对意见，采用的也是这种看法。参见 U. S. v. Columbia Steel Co.，334 U. S. 495(1948)。（"美国政府诉哥伦比亚钢铁公司"一案最终的结果是，美国最高法院驳回了美国政府根据《谢尔曼法》第 4 条提起的诉讼。——译者）

② William Graham Sumner, *What Social Classes Owe to Each Other* (New Haven, 1925), p. 21.

人士,就是这种思维的正统继承人。

这种对品格发展的经济基础的强调,又可以在伍德罗·威尔逊那里,特别是他1912年的那些精彩演讲中,再次找到最清晰的表达。在这些大师级的演讲中,威尔逊表达了他对"刚开始创业的人""只有一点资本的人""拼命追求前程的人"的关怀,认为美国就建立在这些人的天才之上。"美国的宝藏",他坚决认为,"就在那些抱负、那些活力之中,这些不可能只限于某个特殊的特权阶级。"它建立在"那些默默无闻之辈"的创造力和活力的基础之上,如果经济秩序停止激发这种创造力与活力,它就会失去自己的力量。① 威尔逊暗示说,一旦出现大型组织,美国就可能会抛弃自己的过去。他以鲜活、生动的措辞追忆道:

……以往,美国就坐落在每一个村子里,坐落在每一条幽深的山谷内。美国在辽阔的草原上展示她的巨大力量,在山腰上、从地底下燃起她熊熊的事业之火。那时候,到处都是心情迫切的企业家,而不是步履匆匆的雇工。他们不是将目光投向遥远的城市,想在那里发现自己可以做什么,他们就是在邻居中间来往,看看自己可以在这里做什么。他们借款贷款,凭的是自己的品格而不是人脉,能借多少能贷多少,全凭大家对他们里里外外的了解,而不是他们手头究竟有多少大家未曾听闻,但可以拿出证据来证明自己确实持有的、可以用作抵押担保的东西。②

这些"熊熊的事业之火"即将被扑灭的前景表明,旧时的美国品格将遭摧毁,原先的美国即将走向灭亡——同单纯从产业效率角度来为反托拉斯行动寻找契机相比,这个解释要迫切得多。

自往昔以来,美国人当中有一种信念,至今未从熄灭,那就是小资产以及小企业拥有的机会塑造了美国品格。如果没有企业家之间某种特定的竞争灌输的行为准则,那么这种品格就可能会失去其外在形式。第二次世界大战即将结束之际,参议院小企业委员会(Small Business Committee of the Senate)明确表达了这一信念,声称小企业主对机会的追求

---

① 此句中的两个"它",指的是"美国的宝藏",即作者此文一再论及的时人眼中的"美国品格"。——译者

② Wilson: op. cit., pp. 18—19.

一直是我们人民当中的一股巨大动力。这种追求激发人们展现出节俭、勤奋、智慧、好学、看重亲属关系、追求家庭荣耀等基本美德——简而言之，对培养我们的力量和品格起到至关重要作用的那些炉边美德。[①]

正如证券交易委员会一位成员在1945年所说，给小企业保留机会，比其他任何经济目标都重要，这个"目标超越了经济与政治的形式和进程本身，从根本上涉及的是组成这个国家的男男女女的品格"[②]。

四

约莫60年前人们所察觉到的大企业问题同今天人们所感知到的大企业问题之间，有两个显著的区别：第一，大企业问题在今天已经不再是个新问题；第二，当今经济的运行方式在第二次世界大战之前是做梦也难以想到的。1965年的我们距离《谢尔曼法》的通过，在时间上的距离，同1865年人们距离乔治·华盛顿的第一个任期一样长。公众已经有了近3/4个世纪的与大企业相处的经验，分析大企业问题的人也不再像六七十年前那样，会对未来的危险做出令人恐惧的预测。与此同时，人们很难不注意到，在大公司主导经济的时期，大众的生活水平急剧提高。不管我们怎样数落大企业有千般不好，那种认为垄断行业是一只庞大的、不断膨胀的寄生虫，寄生在一个日益贫困和匮乏的社会身上的观念，如今已经基本上消失了。

有关公众态度同六十年前相比的变化，我们只能进行推测，当然，这种推测并非没有根据。今天，我们可以对照民意测验来检验我们对公众想法的印象；而在早期，我们只有对公众想法的印象。但任何一个广泛阅读1890—1914年间政治文献的人都很难认定，如今公众对大企业的担忧会像当时那样感觉如此紧迫。1951年，密歇根大学社会研究所（Institute of Social Research of the University of Michigan）发布了一项很有启发性的调查结果《大众眼中的大企业》（Big Business as the People See It）。该项调查虽然表明以往对大企业的普

[①] 引自John H. Bunzel. *The American Small Businessman*（New York, 1962），p. 84。
[②] Rudolph L. Weissman. *Small Business and Venture Capital*（New York, 1945），p. 164.

遍怀疑留下了一些残余,但其中值得注意的,却是公众对大企业的接受。美国人总是不得不在他们对规模大和效率高的喜爱,与他们对权力的恐惧以及对个人主义和竞争的尊重之间,保持平衡。调查结果显示,这种矛盾心理已经在很大程度上朝着有利于大企业组织的方向获得解决。

该研究所所作的全国抽样调查显示,有 1/4 的人口对大企业有所关注,并意识到大企业对他们的生活具有重要影响。但绝大多数人对大企业的反应是正面的、积极的。在被问及对大企业的社会影响大致怎么看时,调查对象答复如下:

利大于弊	76%
两者看起来差不多	2%
弊大于利	10%
不知道	5%
很困惑;无法评估	7%
合　计	100%

显然,大企业对公众来说已经不再是一个令人恐惧的字眼。84%的受访者对这个问题没有明显的情绪反应,只有少数人对大企业的反应不佳。在被问及具体问题时,受访者特别欣赏大企业的生产能力及其创造就业和平抑物价的能力。对大企业最严厉的批评主要涉及它对"小个子"的影响和破坏竞争。人们很少担心大企业会任意摆弄工人（在人们眼里,大企业通常是一个好雇主）,也极少担心它对政府的影响。

50 年前,人们老生常谈的担心是,大企业的政治权力会无限持续增长;1951 年的调查则表明,人们常见的预期是,大企业的权力将会下降,事实上也的确在下降。与进步时代一样,人们强烈偏好权力平衡,并坚信如果一定要有谁在权力方面明显占据优势,这种优势应该掌握在政府手上,而不是落入私囊。但认为现在企业权力很大、很危险的看法,如今并不普遍。事实上,大企业主在五大力量中只排在第三位——在联邦政府和工会之后,州政府和小企业之前。大家对工会的抵触情绪比对大企业的抵触情绪更强烈。小部分公众认为大企业比工会拥有更大的权力,并希望看到这种情形能够发生逆转;但有将近两倍的公众认为工会权力更大,他们也希望看到形势逆转。[①]

[①] Burton R. Fisher and Stephen B. Withey, *Big Business as the People See It* (Ann Arbor, 1951), passim.

密歇根研究小组的调查结果与埃尔莫·罗珀(Elmo Roper)几年前的发现相比,没有太大变化。当时,罗珀将过去15年来公众对有关商业的各种问题的反应进行了整理和比对。他发现"公众对大企业的感情很复杂。人们为大企业取得的成就感到很骄傲、很自豪,但对大企业可能滥用自己与生俱来的权力非常担忧"。公众非常希望设立一个针对商业中不辨是非和贪婪无厌行为的监督机构,但只有1/4的受访者认为,规模大的缺点盖过了它的优点。[①]

公众为什么会认可大企业呢?我想,这与那些大企业家为大公司塑造良好"形象"所作的努力关系不大。正如战后大肆宣传"自由企业"的最终结局一样,如果这些做法只是为了让公众对大企业有时用来自我安慰的空话信以为真,这些努力也许会遭到严重失败。[②] 让规模上的大比其他任何情况都更受公众欢迎的,是自第二次世界大战开战以来美国经济的卓越表现。此外,政府和工会所拥有的巨大权力,也在一定程度上抵消了人们对大企业的怀疑。前述密歇根大学的调查,就清楚地表明了大政府和大工会对公众态度产生的影响。更何况,任何一个了解对大企业的敌意盛行的历史背景的人,肯定都知道,大企业还没有走到像揭露黑幕时代宣传的那样令人可怕的地步。这里涉及的不仅仅是,今天没有一家企业会像全国收银机公司或标准石油公司早期那样对待自己的竞争对手;重要的是,进步时代笼罩着的一系列恐惧——这些恐惧基本上都是基于对未知未来的忧心忡忡——已经不复存在。我们现在就生活在那时的未来,这个未来尽管也有自己的恐惧。这些恐惧甚至比布赖恩和威尔逊时期面临的任何东西都要更加令人毛骨悚然,但两者的起源完全不同。平民主义者—进步主义者最可怕的噩梦可能是下述这个观念,即在投资银行家的主持下,由各种联合起来的公司再进一步联合,最后形成一个庞大的辛迪加,这个辛迪加将把国家置于自己暴虐的铁腕统治之下。普约委员会(Pujo Committee)[③]的调查、

---

① Elmo Roper, "The Public Looks at Business," *Harvard Business Review*, XXVII (March, 1949), 165-174.

② 小威廉·H. 怀特在《有人在听吗?》一书中对这样一场运动的失败进行了雄辩的阐述。William H. Whyte, Jr., *Is Anybody Listening?* (New York, 1952).

③ 1907年金融大恐慌爆发后,美国国会专门成立的一个调查委员会,委员会主席A.P.普约(A.P. Pujo),故名。该调查委员会于1913年发表报告,称美国已经形成一个货币托拉斯,垄断了美国金融体系。——译者

布兰代斯的《别人的钱》(Other People's Money)①、威尔逊的各种演讲和杰克·伦敦(Jack London)的《铁蹄》(The Iron Heel)②,都表达了这种观念。但大公司内部融资的特性、投资银行业的竞争一如既往,以及1929年大崩盘后投资银行业未能保住首席权力,最终使中央辛迪加得以止息。

如果说没有什么邪恶的中央辛迪加需要担惊受怕的话,在世纪之交,预计产业的日益集中最终将使国家丧失所有竞争优势这一点,至少看起来的确像那么回事。在这里,就反托拉斯事业针对的是规模本身或者说针对的是集中而言,我们可以说,反托拉斯事业还没开始就已经输了。1904年西奥多·罗斯福正在夸夸其谈北方证券案(Northern Securities case)的教训时,美国工业就已经高度集中。但就进步主义者当年夜不能寐、结果却是经济学家后来终于称之为行业内的"有效竞争"而言,随着时间的推移,他们很有可能已经放下心来。M. A. 阿德尔曼(M. A. Adelman)、G. 沃伦·纳特(G. Warren Nutter)和乔治·J. 斯蒂格勒(George J. Stigler)等经济学家的研究,对垄断的范围或者集中的程度自20世纪初以来事实上一直在扩大或增加这种看法,提出了严重质疑。"集中的程度",阿德尔曼在一项重要研究中得出结论,"没有显示出增加的趋势,反而可能正在下降。无论是哪种趋势,假如确实存在的话,其速度一定会像形成冰碛那样缓慢。"③垄断的判定是一项相当复杂的工作,所涉问题也争议不断。但我们至少可以有把握地说,对这个问题的难度有足够认识的人,再也不会无视那么多令人敬畏的强大证据,危言耸听地嚷嚷着垄断或集中正在迅速发展。

---

① Other People's Money,美国华尔街俚语,指公司或是个人以借用他人资金的方式来增加本身投资资金的报酬。——译者

② 《铁蹄》,杰克·伦敦的政治幻想小说。杰克·伦敦在这部小说中预言,美国财阀阶级的寡头政权("铁蹄")最终必然走上法西斯道路。——译者

③ M. A. Adelman. "The Measurement of Industrials Concentration", *Review of Economics and Statistics*, XXXIII(November, 1951), 269—296. 另见阿德尔曼等人的讨论, ibid., XXXIV(May, 1952), 156 ff.; G. Warren Nutter. *The Extent of Enterprise Monopoly in the United States*, 1899—1939(Chicago, 1951); 以及 George J. Stigler. *Five Lectures on Economic Problems*(London, 1949), pp. 46—65。不管怎样,诺曼·柯林斯和李·普雷斯顿还是探讨了巨型公司如何认定的问题和企业升至领导地位的流动性问题,见 Norman R. Collins and Lee E. Preston. "The Size Structure of the Largest Industrial Firms", *American Economic Review*, LI(December, 1961), 986—1003。弗里兹·马克卢普在《垄断的政治经济学》中就这个问题的难点之处作了一番颇富教益的探究,参见 Fritz Machlup. *The Political Economy of Monopoly*(Baltimore, 1952), pp. 469—528。另见 Edward S. Mason. *Economic Concentration and the Monopoly Problem*(New York: Atheneum ed., 1964), pp. 16—43。

对垄断的另一个担忧,与工业进步有关。这种担忧对进步时代的许多人来说非常真实,但从当前的角度来看,却煞是离奇。"垄断",威尔逊在1912年警告说,"总是阻碍发展,压制自然繁荣,阻碍自然进步。"他说,过去美国社会充满竞争性,从而研制出蒸汽船、轧棉机、缝纫机、收割机、打字机、电灯,以及其他种种伟大的发明,但这一切可能即将被垄断终结。"你可知道,或者你可曾了解,如今大家对发明的热情已经荡然无存?激励你在工作中发挥聪明才智的东西没有了。……反对新奇的事物是垄断的本能,垄断偏好使用旧的东西,偏好用旧的方式方法制造东西。"只有恢复自由,才能再次释放美国的创造力:"谁能说得清,一旦自由恢复,将会有多少现在还躺在暗屉里和文件格里、尚未转化为成果的专利为天下所知,或者有哪些新发明会让我们惊讶、让我们受惠?!"① 自1912年以来,整整两代人,几乎自生至死都在为层出不穷的发明所讶异,都在受惠于层出不穷的发明,因而这类言论已不再令人震惊或是让人备受鼓舞,大家有的只是一种好奇。我们今天不需要动嘴去说服公众,带来技术进步的恰恰是拥有研究项目的大公司。正如加尔布雷斯所言,美国工业进步的样板,主要是由少数几家大公司主导的,"经济合作署邀请到美国参观的外国访问者,他们访问的公司就是司法部派出的律师前往进行反垄断调查的公司"。②

进步主义作品中表现出的另一种典型的担忧是,一旦国家的工商业活动完全被大公司支配,个人的提升空间将不复存在,过去曾给美国的发展带来活力、带来激励的向上社会流动将走向终结。美国公众究竟如何看待当今社会流动的前景,我不太确定,尽管大家对教育阵地和教育优势竭力争抢,表明中产阶级大众,甚至许多工人阶级大众都相当清楚,社会流动仍然存在。他们也意识到,可以通过教育机制追求向上流动。我更有把握确定的是,见多识广的观察家已经不再把流动性下降或者机会减少一直挂在嘴边。

事实上,有确凿的证据表明,在商业界,中下层人士升至高层的机会,同五六十年前相比有所增加。③ 我们也有理由相信,有一件事给公众留下了深刻的

---

① Wilson. op. cit., pp. 265—266, 270.
② John Kenneth Galbraith. *American Capitalism* (Boston, 1952), p. 96;试比较 Joseph A. Schumpeter. *Capitalism, Socialism, and Democracy* (New York, 1947), pp. 81—82.
③ 李普塞特和本迪克斯对相关调查结果做过一番精心的回顾,参见 Seymour M. Lipset and Reinhard Bendix, *Social Mobility in Industrial Society* (Berkeley and Los Angeles, 1960), Ch. 3.

印象,那就是就业机会增加了,至少是同以前持平。事实已经证明,同旧有的个体企业和家族企业体系相比,现代企业是一个更好的社会流动介质和就业机会介质,前者在这方面的开放度一直被严重夸大。说来也奇怪,从长远来看,资本的集中,以及所有权与企业家职能的分离,也许比所有权的分散更有利于缓解社会紧张局势和实现政治稳定。[1] 实现职业提升和经济成功的方式已经发生了变化,与科层制的职业生涯相比,个人创业是一条不那么可靠也不那么令人满意的路。获得专门技能如今变得更加重要,而要获得专门技能,就得抓住和利用教育机会。

我的意思并不是说,人们已经完全抛弃了原先的个体经营观念,放弃了原来通过创业走向成功的信心,而选择了按部就班的职业生涯。尽管自《谢尔曼法》颁布以来的3/4个世纪里,个体经营的情况和真正以竞争理想为生的人已经大大减少,但这主要归于家庭农户数量的减少。1890年,家庭农户人数仍占总人口的近一半,今天则只占约 1/10。依赖补贴和政府管制价格(government-administered prices)的农民,很难再被视为竞争性生活方式的积极倡导者。但是,主导 19 世纪农业—创业社会的个体经营梦想依然存在。据估计,约有 20%—30%的美国劳动人口迟早在从事个体经营。[2] 过去十几年来,小企业的增长在数量上大致与成年人口的增长同步,小企业的抱负已经在参众两院的相关委员会以及某些反托拉斯活动中被制度化。

然而,小企业尽管本身作为经济职业部门,守住了自己的位置,但其作为致力于创业理想的社会部门,作用已经下降。小企业已经不再被看作是独立、坚韧或献身竞争原则的典范。它也指望政府以维护转售价格、进行反连锁店立法等形式,或者通过小企业管理局来干预经济,让它们得以维持下去。正如一位作者所言[3],小企业过去是"机遇、事业、创新和成就的象征",也是"一种独立的生活方式"的象征,现如今基本上被挤到经济生活的边缘地带。它在这里常常

---

[1] 阿德尔曼对大公司的政治与社会影响曾经做过一个敏锐独到的论述,与主流看法完全不同。参见 M. A. Adelman. "Some Aspects of Corporate Enterprise",载 Ralph Freeman(ed.). *Postwar Economic Trends in the United States*(New York,1960),pp. 289—308。

[2] Lipset and Bendix:op. cit. ,pp. 102—103。

[3] Theodore O. Yntema,in the Foreword to A. D. Kaplan. *Small Business:Its Place and Problems* (New York,1948),p. vii.

攻击竞争原则,以便维护自己。各个产业部门的小企业,当年都纷纷施加压力,要求支持《1936年罗宾逊—帕特曼法》(Robinson-Patman Act of 1936)和《1937年米勒—泰丁斯修正案》(Miller-Tydings Amendment of 1937)。这表明,当竞争妨碍了它们的利益时,它们就会迅速团结起来反对竞争。它们积极拥护《谢尔曼法》和《克莱顿法》,因为这两部法律会对大企业造成影响。但一旦背弃竞争符合自己的利益,它们就会立马抛弃勇于竞争这种男子气概。就竞争作为一项原则而言,如果说还有什么情况比小企业主质疑竞争的价值还要罕见的话,那就是当竞争事实上真的困扰他的时候,他还能理解与遵守这项原则。①

在任何一位见闻广博的观察者眼里,小企业主不仅没有资格标榜自己自始至终都是充满激情的竞争理想的典范,其他各阶层具有进步主义思想的人士也不能再将其理想化,不能再像比如说伍德罗·威尔逊时期那样,去谱写"寒门"新人造就伟大美国这类狂想曲。如今在美国和世界其他地区,自由派知识分子都对小企业主投以怀疑的目光,即便不视其为支持法西斯运动的潜在据点,也至少会将其看作是共和党反动派的骨干力量。大企业领导人不时会因为他的开明和彬彬有礼而引人注目。相比之下,小企业主多半是一个执拗地反对工会的雇主,是一名狭隘的、早已过时的反自由主义思想人士,是民间自发组织的纠风队的支持者,是想法稀奇古怪的右翼人士的拥趸。② 作为我们经济界的一分子,小企业主仍然发挥着相当重要的作用,但他们几乎已经不再是美国自由派联盟当中的一员,进步主义传统中那种反大企业的许多原始感觉也随之消逝。

尽管如此,如下信念并未消失,那就是:只有小企业继续存在,美国品格得以滋养,美国民主才能维持下去。往日进步主义者的这种信念被今天的保守派继承了下来。正如我们接下来会看到的那样,这种信念在年轻人那里似乎没有在老年人当中那么盛行,老年人经常为不能说服晚辈相信它如此这般重要而烦恼不已。在一本小企业主经营手册中,合作编写手册的两位作者说:"在培育自

---

① 林奇曾引用过一份临时全国经济委员会的证词,这份证词非常有趣地说明了人们对竞争的茫然不解。Lynch, op. cit., pp. 155—156.

② 小企业主群体内部,当然依旧存在一个自由主义少数派。有关小企业政治的情况,参见 Bunzel, op. cit., Ch. 5。

力更生方面,在挣钱的同时成就人生方面,小企业主胜过所有其他人。"①《罗宾逊—帕特曼法》于1936年提交审议时,众议院司法委员会主席力捧这一为经销商背书的议案,标榜它是民主秩序的潜在屏障②:"许许多多人认为,在美国,如果我们想要维护政治上的民主,就必须在商业经营活动中保持民主。……我们必须努力保住商业领域的自耕农。"③

有证据表明,20世纪40年代和50年代,社会上普遍存在一种心神不安的看法,即认为连年的战争、经济上的萧条以及官僚主义的膨胀,最终抽干了年轻人往昔对创业精神的敬佩,让旧式的竞争理想焕发生机的创业精神最后在大公司的环境里化为泡影。这方面的迹象和征兆不胜枚举,1949年《财富》(Fortune)杂志上刊登的一篇令人难忘的文章《49届毕业生》,可以视为其中的一个里程碑。《财富》杂志通过调查发现,"49届毕业生"或许是美国历史上最值得注意的一届大学毕业生。这是人数最多、年龄最大(退伍军人比例很高)和责任感最强的历届毕业生之一,但其显著特征是厌恶风险,酷爱安全。《财富》杂志报道说,"49届毕业生想为别人工作,最好是为大企业工作。小企业不再是乐土。至于自己创业,似乎已经过时,有这种想法的人寥寥无几。"只有在西南部——这个地方似乎不论是在社会方面还是在思想认识方面都落后于美国其他地区——有一些明显的例外迹象。这代人在大萧条时期正处在容易受到外界影响的儿童时代,而后又在战争的阴影下长大成人,这让他们一心求稳,只想替别人打工,追求生活上的宽裕(衡量标准就是不错的收入),而不是冒险,不是一心想着干大事、中大奖。《财富》记者们报道说,这些处在发展初期的年轻人"不担心企业大。他们父亲20多岁的时候,害怕一事无成,默默无闻,非常厌恶和恐惧企业大。到他们这一辈,企业大则恰恰是吸引他们的地方。"④

这就是在大企业经济形态中成长起来的一代人的反应。他们中经常有成

---

① Pearce C. Kelley and Kenneth Lawyer. *How to Organize and Operate a Small Business*(Englewood Cliffs, N. J.,1949),p.11.

② 《罗宾逊—帕特曼法》旨在防止生产商或销售商对与大经销商处在同一竞争层面上的小经销商实施价格歧视,故有众议院司法委员会时任主席哈顿·W. 萨姆纳斯(Hatton W. Sumners)对议案的赞誉。——译者

③ 引自Merle Fainsod, Lincoln Gordon, and Joseph C. Palamountain, Jr.. *Government and the American Economy*(New York,1959),p. 549. 强调为笔者标注。

④ "The Class of '49", *Fortune*(June,1949),pp. 84—87.

千上万的学生在大学里接受教育,军旅生活使他们纪律严明,对组织性、规模性以及效率方面的要求,他们也都习以为常。他们无疑常常看到,在大企业里有机会从事实验室工作和市场研究工作,而大学学业则已经让他们提前适应了这些方面的工作。由于有过部队经历,1949届毕业生可能具有异乎寻常的安全意识,但毫无疑义,他们对大企业的认可,代表了一种长期趋势。《财富》杂志刊文后不久,青年研究所调查中心(Youth Research Institute Survey)也在4 660名高中和大学高年级学生、刚毕业的大学生以及退伍军人中,就如下问题开展了一次调查:"你觉得你能通过为别人工作实现你在经济上的所有愿望吗?"61.1%的人回答"是",20.4%的人回答"否",18.5%的人回答"不确定"。[1] 大卫·理斯曼(David Riesman)的论文《找回的一代》(*The Found Generation*),分析了1955届毕业生表达的人生理想。他发现,这届毕业生不仅认为终其一生在大公司工作很平常,不值得大惊小怪,而且对职场生活的条件和回报甚是自得。1949届毕业生至少意识到,他们做出的选择多少有些棘手,可能会让他们的个性受到威胁。1955届毕业生则已经将科层制职业生涯视为理所当然。[2]

正是这种对科层制职业生涯的认可与接受,最能告诉我们,为何反托拉斯运动不复存在。它比有关垄断管制的司法案例或法律书籍更能揭示问题。这也完美地说明了往昔的问题怎样没有得到解决,却随着社会的发展而不再成为问题。今天,只有少数人关心如何让大公司更具竞争力,而数以百万计的人关心的则是他们如何在公司架构内谋生。公司的存在和运行基本被大家接受,而且大体上被视为从根本上说是有利的。如果现在有什么事情遭到质疑的话,那便是个人风格方面的事项:在大公司已经成为一种生活方式的时代,个人主义或者说个性究竟有什么可值得挽救的?正是这件事标志着时代的转变。在以往,《大企业的诅咒和别人的钱》(*The Curse of Bigness and Other People's Money*)说出了人们的普遍焦虑;而如今,每个人都在读《孤独的人群》(*The Lonely Crowd*)和《组织人》(*The Organization Man*)。

长期盛行的价值体系通常都不会不战自败,公司在得到人们接受和认可的

---

[1] William H. Whyte, Jr.. *The Organization Man* (New York, 1957), p. 79 n.

[2] David Riesman. "The Found Generation", 载 *Abundance for What?* (New York, 1964), pp. 309—323.

同时，公司生活也给社会带来了大量的局促与不安。年轻一代也许正在失去长辈那种充满阳刚之气的事业优先的追求。他们现在当然更倾向于关心这种经济秩序是否维持了足够高的就业水平、是否让国民生产总值得以以足够的幅度增长这类更加实际的问题，而不是它是否在滋育一个由积极进取、吃苦耐劳的人民组成的国家。但与此同时，社会上也存在一种持久的局促与不安，这种局促与不安在左右两派那里均各有表现。左派——如果可以称之为左派的话——借特立独行为由反叛社会，以披头族和颓废派成员的方式选择退出整个资产阶级世界。右翼认为经济生活应该向人们反复灌输行为准则和品格，他们以巴里·戈德华特及其支持者的方式，借老式个人主义为由发起反叛。虽然他们都极不愿意承认这一点，但两派的确均被同一问题以不同的方式所困扰。我们看到，两派都试图把各自的特立独行之处变成大众的信条——用术语来说，这叫自相矛盾。垮掉的一代们选择不参与公司的游戏规则，穿着他们的奇装异服，并把自己塑造成一种固定的刻板。右翼分子则用枯燥沉闷、严格死板的集体合唱来歌颂个人主义，并为那些自发组织的纠风队成员把名副其实的异议铲除殆尽鼓掌喝彩。

当然，在政治上，真正起作用的是右翼分子——他们有人、有钱、有政治影响力。他们还可以唤起老美国人的虔诚，吸引那些认为联邦财政政策就像家庭预算一样的老式美国家庭。我们的许多保守派文章都对那种相对较旧的经济道德的下滑甚是担忧，这种担忧的情绪同小企业家精神是一致的。但是，保守派又不敢将大公司作为批评对象。他们的表现可以理解，因为将大公司作为批评对象，具有太浓的颠覆意味。他们有一个更安全、更合宜的出口，来发泄他们对现代生活组织的敌意，那就是对大政府大张挞伐。大公司就这样躲过了人们对它应有的那份怨恨。但从历史上看，让老式经济道德黯然落幕的是大公司，而不是政府采取的政策。

在这里，保守派和自由派的立场均发生了将近180度的大转弯。对当代经济生活方式感到不满的主要是保守派，而自由派则突然转向了为经济生活辩护，尤其是为企业规模上的大进行辩护。正如我们所见，总有一些进步主义知识分子更愿意接受公司组织，对他们来说，有望实现合理化和秩序，比完美的竞争理想更有吸引力。今天，就是持这种观点的人似乎继承了美国自由主义残余。当然,在自由主义信条中,大企业仍然是一个消极符号。对当年如此靠近进步主义核心的反大企业情绪,自由派信条仍然给予了某种仪式性的遵从。但总的来说,正如卡尔·凯森(Carl Kaysen)所言,"今天的自由主义者没怎么挣扎就已经抛弃了竞争这个自由主义的象征。"①

近年来,从新政传统中走出来的自由派人士,为了实现我们同当前企业结构之间的和解,撰写了一些格外引人注目的著作。大卫·E. 利连索尔(David E. Lilienthal)曾经是新政当局最坦率的民主派理想主义者当中的一员,是布兰代斯的信徒。就在1953年出版的一部著作中,他对大企业唱起了赞歌,其中断言,人们对大企业情绪上的敌意乃基于大企业自身"早已纠正的弊端";大企业的领导人是"对公众具有强烈而务实的责任感,并能认识到当今商业竞争伦理的人""大企业一只手被绑在背后,但仍然创造了经济奇迹";它实际上带来了更多竞争,并让小企业数量成倍增长;"规模是我们最大的一项功能性资产";大企业滋养了多样性;"我们生活在一个可能是到目前为止人类所知的最具有高度竞争性的社会里";大企业的探索为小企业增加了成倍的机会;考虑不周的反托拉斯检控给"国家安全造成了严重影响""大企业经济是社会的物质基础,可以促进世人皆知的那些最高价值,也就是我们所称的精神方面的价值"。② 彼时,如果有人在阅读这部著作,则他再也不会以为自己一直在看的理应是哪位通用汽车公司(General Motors)或美国电话电报公司(A. T. & T.)董事的讲话。彼时在得知该书出自利连索尔之手后,他再也一点儿不会觉得诧异。

人们也许可以说利连索尔在大型公共企业(如田纳西河流域管理局和原子能委员会)的经历重塑了他的感情,他对大企业的天真狂想,就是这种感情的过分流露。③ 但我们这里还有另一位新政人(New Dealer)A. A. 伯利(A. A. Berle, Jr.)。伯利的第一份工作就是在布兰代斯的办公室。他担任公职时,同罗伯特·拉福莱特(Robert La Follette)、乔治·诺里斯(George Norris)和富兰克林

---

① Carl Kaysen. "Big Business and the Liberals, Then and Now", *The New Republic* (November 22, 1954), pp. 118—119.

② David E. Lilienthal. *Big Business: A New Era* (New York, 1953), p. 5, 7, 27, 33, 36, 47, 190, and passim.

③ 相关评论参见 Lee Loevinger. "Antitrust and the New Economics", *Minnesota Law Review*, XXXVII (June, 1953), 505—568, 以及 Edward S. Mason. *Economic Concentration and the Monopoly Problem* (Cambridge, Mass., 1957), p. 371—381.

·D.罗斯福结下了友谊。在他最近的作品中,伯利一直在猜测,是否可能会出现一种公司良知(corporate conscience),并坚持认为,当代企业权力系统是由社会共识支配的。在其《没有财产的权力》(*Power Without Property*)一书中,伯利敦促自由派人士重新审视他们以前对大企业的反感(这种反感在历史上是正当的),并根据其在增加收入和分配财产方面取得的成就来对它作出评判。① 最后,还有约翰·肯尼斯·加尔布雷斯(John Kenneth Galbraith)。在调整当代自由主义思想,使之适应竞争——作为现代经济社会中的一支力量——的作用减弱这一事实方面,其著作《美国资本主义》(*American Capitalism*)所做的贡献,可能不亚于其他任何著作。在该著作中,加尔布雷斯提出了抗衡力量原理,将其作为控制市场权力,以维护公共利益的另一种机制。当然,不管是伯利还是加尔布雷斯,都不主张废除反托拉斯法——加尔布雷斯实则认为,总的来说,同托拉斯相抗衡的力量并不是自动出现的,而是在联邦政府反托拉斯政策的帮助下产生的②——但两位对我们社会的见解,其产生的实际效果是,人们不再像过去那般珍视竞争,大家的关注点转向了其他有希望对过逾的市场权力加以控制的经济社会机制。

诚然,自由派知识分子从未停止过对商业文明的批评,间或也会批评大企业。但其他形形色色的问题,如外交政策、城市发展、民权、教育等,已经日益成为人们关注的中心,而在这些问题上,自由主义者并不总是像过去那样,认为自己同大企业之间处于简单的对立之中。他们如今对商业文明的批评更多的是基于文化方面而非经济方面。他们最不感兴趣的,就是把回归竞争作为革除他们所看到的弊病的解决方案。③ 即便是像通用电气事件(General Electric affair)这样的丑闻,尽管证实了他们对生意人可能会有怎样的见解,也不再能在他们内心激起多大波澜。总之,之前的自由主义和保守主义的意识形态,都受到了这场"创造性破坏的风暴"(gale of creative destruction)——约瑟夫·熊彼特(Joseph Schumpeter)在描述资本主义技术的进步特征时,对这种"创造性破

---

① A. A. Berle, Jr.. *Power Without Property* (New York, 1959), pp. 11—16.
② Galbraith:op. cit., p. 151.
③ 当代人也不激进。在我们这个时代,对大企业中的统治阶层控诉最有力的著作,当属 C. 赖特·米尔斯(C. Wright Mills)的《权力精英》(*The Power Elite*)。但即便是这部著作,也没有对市场权力的问题哪怕只是一笔带过。《谢尔曼法》和《克莱顿法》两部法律都没有列入该书索引。

坏的风暴"给予了极富表现力的描写——的狂吹猛打。

五

　　反托拉斯运动的衰落属于公众情绪问题，对这个问题的解释相对比较容易；反托拉斯事业的持续与发展，是一个法律和行政上的事实，对它的解释比前者要费劲一些。但是，包括两者在内的整个反托拉斯的命运，给我们提供了一个极好的例证，让我们看到，用含糊的语言表达出来的、经常同顽固的现实完全对立的公众理想，怎样可以化身为拥有精心设计的自保规则和程序、合情合理的功能和顽强的生存能力的机制制度。机制制度通常不像信条那般弱不禁风。

　　反托拉斯的复兴发端于新政收尾阶段，是对1937—1938年的经济衰退所作的回应。这次衰退给新政人的思想和政治策略都带来了危机，也让布兰代斯自由派——新政各委员会里一直都有他们的身影——有机会重申他们对竞争的看法和对大企业的怀疑。早在政府放弃将全国复兴总署卡特尔化之前，即1934年，时任农业部经济顾问的经济学家加德纳·C.米恩斯（Gardiner C. Means）就围绕管控价格（administered price）[①]问题准备了一份备忘录，为政府采取应对萧条的新办法提供经济上的依据。1935年年初，参议院刊布了这份备忘录。[②] 米恩斯把市场价格和管控价格放在一起，进行了一番比对，前者是按照传统经济理论的方式，通过买卖双方之间的不断互动，在市场内形成并不断发生变化的价格，后者则出自企业的行政行为，并保持相当一段时间不变。市场价格灵活，可以随时对需求下降做出反应；管控价格则僵硬死板。米恩斯认为，

　　[①] "administered price"，用于政府行为通常翻译为"管制价格"，用于企业行为则通常翻译为"垄断价格"。此处用于企业行为，但米恩斯又没有将其等同为垄断价格，故此处权且翻译为"管控价格"。——译者

　　[②] Gardiner C. Means. *Industrial Prices and Their Relative Inflexibility*, Senate Document No. 13, 74th Cong., 1st sess. 这份文件的部分内容，连同米恩斯后来同一主题的相关论文，收入了他的 *The Corporate Revolution in America*(New York, 1962)。有关该理论引发的后续兴趣，这方面的评论和某些思考，参见 Richard Ruggles. "The Nature of Price Flexibility and the Determinants of Relative Price Changes in the Economy"，载 *Business Concentration and Price Policy*, (Princeton, 1955)，尤见 pp. 443—464。经济学家在基福弗委员会(Kefauver Committee)上发表的相互冲突的看法，见 Kefauver Committee. *Administered Prices*, Hearings before the Subcommittee on Antitrust and Monopoly of the Committee on the Judiciary, United States Senate(Washington, 1957)。

价格灵活和价格僵硬之间的差异,是导致萧条恶化的一个重要因素。米恩斯尽管没有把管控价格等同为垄断,但他的注意力再次聚焦在那些市场权力已经高度集中,足以形成管控价格的行业上。一些与他同时代的人,抓住了这个概念,将其作为加强反托拉斯活动的基本依据。富兰克林·D. 罗斯福则在1938年的咨文中援引了米恩斯的看法,呼吁建立临时全国经济委员会。与此同时,其他新政理论家,特别是时任司法部部长助理兼反托拉斯局局长的罗伯特·杰克逊(Robert Jackson)和内政部长哈罗德·L. 伊克斯(Harold L. Ickes)深信,大企业的有组织的权力正试图通过"资本罢工"来蓄意破坏改革,必须对企业权力发起新一轮打压,作为采取进一步措施以复苏经济的基础。企业权力是对民主政府的威胁这支老调由此进入罗斯福的临时全国经济委员会咨文。

对企业权力的新一轮打压采取了两种形式:第一种形式是临时全国经济委员会的调查。调查尽管没有定论,但的确经过了精心策划。调查带来了大量第一手资料,其中大部分是以前不为人知的新信息,但调查人员最后拿不出任何有把握的建议方案。[①] 第二种形式是在反托拉斯局新任局长瑟曼·阿诺德的领导下逐步加大反托拉斯活动的强度。1939年,国会对阿诺德领导的反托拉斯局的拨款翻了一番,1940年又翻了一番。1938—1943年,该局员工几乎增加到原来的5倍。

回顾过去,看看当时那些含糊、犹豫、间或考虑不周的开头,最后呈现出什么样的结果,颇具启发意义。如今,杰克逊—伊克斯一派对经济衰退的看法似乎偏见很深,也很不切实际;从实用的角度看,临时全国经济委员会的调查,就其收集到的所有信息而言,最后的结局确实尴尬;米恩斯对管控价格的强调,其价值在经济学家中备受争议;瑟曼·阿诺德在执行反托拉斯法方面的实验,至少可以从一个角度被判定为遭到了重大失败。然而,就像新政中许许多多的探索一样,这里也留下了一项宝贵的成果。通过观察瑟曼·阿诺德遭遇的挫折中

---

① 临时全国经济委员会在其《最终报告》开头第4页坦承,委员会成员"不会轻率地认为他们能够制订出什么方案来解决这些困扰世界的重大问题,但他们坚信,委员会收集的信息,一旦最终获得恰当的分析并传播开来,就可以使美国人民知道,要维护人类的自由,究竟该怎么做"。简言之,临时全国经济委员会不知道怎样准确看待自己收集的材料,却希望公众有一天能够做到这一点。参见该委员会两位成员伊萨多·卢宾(Isador Lubin)和利昂·亨德森(Leon Henderson)所作的一针见血的评论:ibid., pp. 51—52。

包裹着的成功内核,就可以抓住这项成果。

阿诺德的情况充满了讽刺意味。他以前对反托拉斯事业的描述,其嘲讽的口气,给人留下了极为深刻的印象。政府任命这么一位对反托拉斯冷嘲热讽的人为反托拉斯局局长,尤其是,政府近几年还一直在努力推进全国复兴总署全盘卡特尔化,这就不能不引起那些持反托拉斯态度的参议员的怀疑,认为这可能是政府蓄意采取的破坏反托拉斯局的行动。但阿诺德着手招募、培养了一批出色的员工,并修复了全部反托拉斯职能。他的目标不是打击大企业,不是打击高效的大规模生产或高效的销售,而是在关键时刻约束企业的价格政策——滥用价格政策产生的影响似乎最为重大。反托拉斯从此将成为社会和经济政策的工具,旨在阻止企业定价高于合理水平,防止企业把新的工艺流程排斥在市场之外,以及减少失业。所有这些都不是通过孤立的反托拉斯案或者对这样那样的投诉作出反应来实现的,而是通过对全部行业——电影、石油、无线电广播、药品、住房——采取系统行动来实现的。

从短期看,阿诺德采取系统行动这种组织方法可以视为遇到了失败。他的住房方案因最高法院的阻挠致其无法对工会采取有效行动(工会是束缚该行业的关键);食品工业计划在战争期间全然失去了意义;交通运输方案遭到了战时生产委员会(War Production Board)的搅扰。[①] 他做不到哪怕只是对一个行业进行全方位的改革,更不用说给经济带来重要而广泛的结构性变化。然而,他成功地让人们看到了反托拉斯法律的用处。在实际运用《谢尔曼法》的过程中,由于国会给了他更多人手,他第一次向世人表明《谢尔曼法》做得了什么、做不了什么。虽然它不能改变经济的根本特征,也不能缓和经济的周期性不稳定倾向(正如阿诺德在其《商业的瓶颈》一书中所预料的那样),但它可以在现有结构框架内显著影响企业行为。阿诺德领导的反托拉斯局很快就赢得了法院的许多裁决,特别是1945年的美国铝业公司案(the Alcoa case)和次年的美国烟草公司案(the American Tobacco case),从而为执行《谢尔曼法》开辟了新的可能。国会以前的支持甚是吝啬,现在它的政策发生了永久性的逆转。就这样,它最终为反托拉斯事业找到了立足的根基,使其无论是在民主党政权下,还是在共

[①] Corwin D. Edwards, "Thurman Arnold and the Antitrust Laws", *Political Science Quarterly*, LVII(September,1943), pp. 338—355.

和党政权下，都能蓬勃发展。

共和党人在艾森豪威尔领导下夺回政权后，并没有减少使用《谢尔曼法》，也没有缩减反托拉斯局。相反，艾森豪威尔政府成立了司法部下属国家反托拉斯法研究委员会(Attorney General's National Committee to Study the Antitrust Laws)。1955 年，该委员会一致宣告，支持反托拉斯政策和判例法现状。据此，艾森豪威尔政府加大了执法力度。该委员会虽然没有提出任何要求更加严格执行反托拉斯法的重大建议，但其工作的要旨恰在于，通过认可民主党政府在过去 15 年中取得的成就，重申反托拉斯事业是两党的共同追求。[①] 此外，我们不要忘了，同价格串谋犯罪相关的最引人注目同时也最具启迪价值的反托拉斯案——通用电气案(the General Electric case)——就发生在艾森豪威尔政府时期。

反托拉斯活动的制度化之所以自 1938 年以来一直维持在较高的平稳水平上，并不是因为经济学家一致认为它在提高经济效率方面发挥了作用，而是由于整个社会形成了这样一个大致的共识，即它在遏制过度的市场权力带来的危险方面颇有价值。它从一开始就建立在政治和道德判断之上，而不是基于经济方面的考量或者甚至是某些特殊的经济准则。"必须承认"，爱德华·S. 梅森(Edward S. Mason)说，"维持竞争可以大大提高资源使用效率这一见解中，是有信念的因素在里面。"采取公共政策来帮助维持最低水平的竞争，这个选项尽管可以得到大量经济方面的论据的支持，但"基本建立在政治判断之上"。卡尔·凯森和唐纳德·F. 特纳(Donald F. Turner)在有关托拉斯政策的调查中写道，"在我们这个民主、平等的社会，决不能容忍不受控制的私人权力大面积存在。""我们发现"，J. B. 德拉姆(J. B. Dirlam)和 A. E. 卡恩(A. E. Kahn)在他们的《公平竞争》(Fair Competition)一书中写道，"仅靠经济标准无法完全理解或公正评估(法院和委员会)的决定。因此，我们的结论是，在反托拉斯政策上，经济学家应该问的问题，不是这是不是构建或重组经济的最有效方式，而是倒过来：反托拉斯是否严重干扰了效率要求？只有这么问才算恰当。""反托拉斯的根本原因"，研究美国经验的英国学者 A. D. 尼尔(A. D. Neale)写道，"本质上是

---

① *Report of the Attorney General's National Committee to Study the Antitrust Laws* (Washington, 1955). 这方面的批评意见，可参见 Mason, op. cit., pp. 389—401。

希望通过制定法律条令来限制经济权力,而不是追求效率本身。""对大多数美国人来说",约翰·肯尼斯·加尔布雷斯总结道,"所谓的自由竞争,长期以来一直是一个政治概念,而不是一个经济概念。"①

不管怎样,反托拉斯法的执行状况似乎契合一种公共取向。经济学家和法学家对反托拉斯法过去有效性究竟如何,以及如果执行更到位的话其效果又会怎样,存在重大分歧②,但几乎每个主要行业都发生过一两起重大诉讼,而在人们认为需要进行干预的大多数行业,政府采取的行动所产生的影响,也并非完全不值一提。③ 反托拉斯不管是有效还是无效,都无法精确记录在案,这也是它的一种力量:反托拉斯的效果如何,取决于那些没有发生导致反托拉斯调查的情况。这些情况究竟有多少,又具有什么样的意义,我们不得而知。换言之,反托拉斯的效果取决于可能在公司法律顾问的办公室里便告夭折的拟议中的合并;取决于从未达成圆满的勾结协议(collusive agreement);取决于设想过但从未付诸实施的不公平做法。自由派支持反托拉斯,因为他们保留了对商业行为本身旧有的怀疑;保守派支持它,是因为他们依旧信奉竞争,而且他们也许还希望将其作为抗击通货膨胀的另一个支点。似乎没有人打算建议大幅压缩——更不用说放弃——反托拉斯事业,而且国会一贯支持它扩充人员。反托拉斯的执法现状,符合公众的心态,即接受企业规模上的大,但依旧不信任企业的商业道德。甚至连企业本身也接受了反托拉斯原则,虽然颇带几分勉强和恼怒,而且基本上将抵制限定在法庭上。尽管司法部的巡视令人生厌,诉讼费用十分高昂,起诉自带可憎的污名,但这些反托拉斯做法,可以视为对诸如直截了当地控制物价这类更加强人所难的监管的一种替代。不管怎样,大企业从不认为有必要发起一场反对执行反托拉斯法的公共运动,或认为发起这样一场运动可取合宜。这样一场运动牵扯到的虔信太深,不能冒险触碰。

---

① Edward S. Mason in the Preface to Carl Kaysen and Donald B. Turner: *Antitrust Policy* (Cambridge Mass., 1960), p. xx; ibid., p. 5; J. B. Dirlam and A. E. Kahn. *Fair Competition* (Ithaca, 1954), p. 2; A. D. Neale. *The Antitrust Laws of the U. S. A.* (Cambridge, Eng., 1962), p. 487; Galbraith: op. cit., p. 27.

② 例如,参见德克斯特·M. 基泽等人的专题讨论会,Dexter M. Keezer(ed.). "The Effectiveness of the Federal Antitrust Laws", *American Economic Review*, XXXIX(June,1949),689—724。

③ 西蒙·N. 惠特尼所作的逐行业的调查,Simon N. Whitney. *Antitrust Policies: American Experience in Twenty Industries*, 2 vols. (New York, 1958)。

对执行反托拉斯产生影响的最后一个因素在于,政府本身现在是一位主要消费者,官方对产业价格(industrial prices)的关注和反应程度已经成倍增加。反托拉斯运动1938年复兴,其中一个原因就是,政府官员对串通投标盛行极其恼火。瑟曼·阿诺德希望能够把消费者动员起来支持新的反托拉斯行动,这与美国消费者在历史上的被动性和无组织性并不合拍。但作为消费者,政府的存在可以发挥一定的杠杆作用,瑟曼·阿诺德当时念兹在兹的就是寻找这么一根杠杆。

反托拉斯改革并不是美国历史上第一次这样的改革——改革的效果更多地取决于一小批极富影响又深切关注这个问题的专家们的活动,而不是激进的大众情绪掀起的广泛运动。反托拉斯基本上不再是一种意识形态,而已经成为一门技术,在我们社会中许多其他已经分殊化、专业化和科层化的领域据有一席之地。既然围绕这个问题产生的海量判例法以及令人望而生畏的经济学分析与论证的文献,任何一位非专业人员均只能望洋兴叹,因而不再有能力介入这个问题,围绕反托拉斯展开的各项活动,便几乎完全成为由法学家和经济学家组成的技术精英的专属领地。事实上,研究、攻击、保护和评估寡头垄断行为以及对寡头垄断行为的监管,这些业务已经成为我们生机勃勃的小型产业之一,为许多天资聪颖的专业人士提供了就业岗位。这一点无疑是反托拉斯能够一直维持自我运行的另一个原因(如果说这个原因不是那么重要的话,至少也是原因之一):清算一个与这么多人利害攸关的行业,不是我们的处事方式。

如果有谁以为我把这一切看作是某种过于乐观的结局的前奏,那就误解了我的意图。我并不是想暗示市场权力这个老问题即将得到解决,而只是想说明人们的期望、人们的信条如何能够改变,以及一项特定的改革在经过两代人喧闹而又似徒劳的鼓动之后,是如何悄然而有效地制度化的。但是,说反托拉斯终于开始发挥作用,是一回事,而忘记这种作用其实并不太大,又是另一回事。尽管75年前人们认为集中和垄断会带来种种弊病这一点并未成为现实,但美国人传统上对高度集中的权力的恐惧,在今天差不多依旧如故。美国的经济,无论其集中程度是否仍在显著上升,就目前情况来看,确乎非常集中,则是一个不争的事实;而且其企业结构(business structure)已经导致美国开始出现一个不但拥有巨大的市场权力,而且拥有巨大的社会权力和政治权力的管理阶层。

这个阶层绝对谈不上目的邪恶或用心险恶,但其人性的局限往往似乎甚至比其巨大的权力更令人印象深刻。因此,当下,我们有权再次发问,我们是否可以拿出足够的手段来约束它。它所掌管的经济,在增加商品生产和服务性生产方面,取得了显著的成就。然而,生产这些产品的城市大众社会,仍然没有摆脱普遍的贫困,而且其间广泛存在的各种莫名顽症之根深蒂固、没有得到解决的问题涉及的范围之广——可恨的是,有些情况甚至试都没试——一再令我们印象深刻。如今我们国内面临的最大危险,不是我们由于缺乏足够充分的竞争,生产不出足够的产品,而在于我们提供不了某些基于人道的、有利于解决这些顽症和问题的、力所能及的生产性与修复性社会服务。在竞争道德观盛行的风气下,人们根本理解不了这些服务。在当今条件下,最好的情况,顶多不过是大企业不提供此类服务;最坏的情况则是,它可以养活这么一类人,这类人会阻止开展此类服务。

自由白银和"硬币"哈维的思想

  1963年，约翰·哈佛图书馆再版了威廉·H.哈维的《硬币的金融短训班》，这是19世纪90年代最畅销的有关自由白银的著作。哈维一直是个很难搞得清楚的人物。他为民间骚动发的声、说的话，不比我们历史上其他任何一位替民间骚动明确发声的人士少，但他没有留下任何档案材料，因而我们永远也写不出一部反映其生平的完整传记。本文最初是以约翰·哈佛图书馆版《硬币的金融短训班》的导言形式面世的，如今略微做了些修改。这篇文章是有关哈维的最详尽的记述，并将其放在了白银之争的复杂背景当中加以观照。

一

  今天有谁可以不经过绞尽脑汁的想象，就能理解曾经被自由白银的呼声所激起的那些强烈的情感？尽管1934年联邦政府迫于白银利益集团的压力，采取了毫无意义的持续购买白银政策，但随着现代货币管理手段的出现，一度火爆异常的双本位制争议已经过时。然而，从19世纪70年代到90年代，整整一代美国人都卷入了白银之争。对那个时代的参战双方来说，白银和黄金不仅仅是贵重的金属,而且是备受珍爱的象征,是他们信条与信念的主旨,在此后很长一段时间里,对那些仍然生活在19世纪正统学说回声中的人们,依旧具有十分重要的意义。当富兰克林·D.罗斯福在1933年宣布美国"同金本位脱钩"时,刘易斯·W.道格拉斯(Lewis W. Douglas)在一个漫长而焦虑的夜晚结束之际吁叹:"这是西方文明的末日。"另外,财政部长摩根索(Morgenthau)曾追问亚利桑那州参议员艾舍斯特(Ashurst)对白银究竟痴迷到何种程度,艾舍斯特回答说:"伙计,我从孩提时代开始就是靠白银喂大的。这个问题我无法跟你讨论,就像你无法跟我讨论你的宗教信仰一样。"①

1896年围绕着自由白银开展的总统大选,是我们历史上各方大闹不休并引发社会混乱的大选之一,也是自杰克逊时代以来首次紧紧围绕财政问题展开的总统竞选。自由铸造银币的观点虽不足以让布赖恩当选,但足以使他从克利夫兰总统手中夺过对民主党的控制权,足以令共和党分裂成势不两立的两大派别,足以把新兴的平民党(Populist party)变成一个只关注单一议题的政党,变成布赖恩与民主党的外围组织。其所构成的威胁,足以令麦金莱身后所有主张金本位的体面人士团结在一起,足以激发我们历史上一场前所未有的选战。主张金本位的人极力反对自由白银,不仅仅是在反对一场改革,而是在阻击一场圣战。

今日试图去重新捕捉这一圣战情感的学者,都会把布赖恩的《黄金十字架》(Cross of Gold)演说当作有关白银事业的一篇极有价值的文献。然而,他的演说其实是对一个已经论证过的问题所作的概括总结。对于一个不了解此前几年中发生的货币政策争论的读者来说,这篇演说臆断的地方太多,解释的地方基本没有。通读这篇演说,我们无从得知白银派人士是如何形成他们的信念的。倘若布赖恩一出口,在场听众马上就明白他说的是什么,那是因为此前在大量的分析与鼓动作品的塑造和煽动下,人们已经形成了一系列想法,而他只不过是表达、玩弄了大家的这一系列想法而已。所有这些作品中,最灵验、最令人难忘的,显然是威廉·霍普·哈维(William Hope Harvey)于大选前两年,即1894年6月首次出版发行的一本只有155页的小册子。

1894年是个极为严峻的年份。1893年初,经济开始急剧萧条。5月份的一

---

① Raymond Moley. *After Seven Years* (New York, 1939), pp. 159–160; John M. Blum. *From the Morgenthau Diaries* (Boston, 1959), p. 186.

场股市恐慌,以及联邦黄金储备面临枯竭的威胁,进一步加剧了萧条。到1894年中季,经济已经彻底处在萧条中。农民为小麦和棉花价格的暴跌心急如焚。银行倒闭和企业破产如潮水般涌到无法想象的高度。正如此前亨利·亚当斯哀叹整整一代人都危在旦夕时所意识到的那样,成千上万财力雄厚的人士倾家荡产。各式工厂每天都有关闭;很快,每5个劳动力中就有1个人失业。饥饿绝望的人们排成长龙在大街上、公路上流浪。哈维的《硬币的金融短训班》准备付梓之际,考克西(Coxey)的失业"大军"正在掀起向华盛顿进军的抗议。该书问世当月,惊涛骇浪的普尔曼大罢工开始爆发,很快就遭到克利夫兰总统派遣到伊利诺伊的联邦军队的镇压。到1894年年底,克利夫兰所在的政党为他的财政政策争论不休,被某些保守派人士视为无政府主义动乱先锋的平民党,在西部和南方不断侵蚀两大政党的力量,取得了重大进展。没有人知道这场危机会让这个国家在多大程度上偏离故辙,也没有人知道还会有多少机构、制度和习俗面临消亡的命运。

这场危机的受害者们迫切需要一个简单的解决方案,而他们对危机爆发原因的困惑不解,只会让他们解决危机时教条主义更加严重。自1890年以来,围绕政府购买白银这个核心议题的争论,让每个人满脑子想的都是货币问题。国库黄金储备几近枯竭,引起了人们日复一日的紧张关注。几乎每个人,不是在挞伐西部和南方的自由白银狂热分子,就是在鞭笞纽约和伦敦的银行家与"夏洛克们"(Shylocks)。①《硬币的金融短训班》便乘在这个几乎难以置信的货币躁狂的浪头之上。1895年5月,有个人写信给克利夫兰的秘书:"自从我们上次见面以来,我已经走遍了几乎整个国家,穿过了24个州,走了1万多英里,踏遍了南方和西部。那里的人在货币问题上简直发疯了,大家根本不能理智地讨论这个问题。"肯塔基州一位乡村记者写道:"这里的政治已经陷入癫狂。这个国家稀奇古怪的人全无拘束,只有一道石墙才能阻止他们。"下面这段话是肯尼索·M. 兰迪斯(Kenesaw M. Landis)发自伊利诺伊州的报道:

说真的,印第安纳州和伊利诺伊州的民主党在这个问题上极度疯狂。……农民特别无法无天。……我在印第安纳州接触了很多农民

---

① Shylock,夏洛克,莎士比亚《威尼斯商人》中放高利贷的犹太人,后转喻为"冷酷无情的高利贷者"。——译者

大叔,他们都是非常诚实、聪明的人——就是我们今日大家普遍接受的那种诚实、聪明——但在货币的问题上他们完全是胡作非为。你对他们毫无办法,只能随他们去。

1895年4月,一位来自密西西比州的国会议员写信给克利夫兰政府的战争部长:"每列火车上的报童、每家雪茄店都在出售一本叫作《硬币的金融短训班》的自由白银小书。……几乎人人都在读这本书。"①

二

如今很长一段时间以来,只有少数专家读过这本小书,曾经可是"几乎人人都"读过它。这本小书尽管印刷了几十万册,但现在很难找到。那些泛黄的书页由于人们的翻阅如今已是破损不堪。诚然,反复阅读以致翻烂了这本书的读者,只是数以千计。但不管是哈维,还是他的这本小书,都不该被世人遗忘。哈维是自由白银运动的托马斯·潘恩(Thomas Paine),《硬币的金融短训班》对1896年白银派人士的意义,就如《常识》(Common Sense)之于1776年的革命者一样。自由白银事业是一项失败的事业,但我们绝不能因其失败就认为《硬币的金融短训班》不重要。这部作品实际上是对美国大众想象的基本反应。

布赖恩在谈到《硬币的金融短训班》时,说它"在双本位制问题上发挥了最强而有力的教育作用。可以肯定地说,近年来还没有哪一本书就某个经济问题的论述产生过这么大的影响"。没有人知道这本书发行了多少册。哈维在1895年写给《论坛报》的信中说,在最初的11个月里,该书销量超过了40万册。在1896年的竞选运动中,国家白银党(National Silver party)购买并分发了12.5万册。按照最保守的估计,销量是65万册;往最高处估计,是哈维所说的150万册。哈维遗孀的猜测要谨慎一些,她的估计是100万册。这个数字似乎更接近标志值,而且绝非不合情理。②《硬币的金融短训班》定价分为25美分、50美

---

① James A. Barnes. *John G. Carlisle, Financial Statesman* (New York, 1931), pp. 449, 452, 438.
② William Jennings Bryan. *The First Battle* (Chicago, 1896), pp. 153—154, 292; *The Forum*, XIX (July 1895), 573n; Frank L. Mott. *Golden Multitudes: The Story of Best Sellers in the United States* (New York, 1947), pp. 170—171. 在《硬币的最新金融短训班》(*Coin's Financial School Up to Date*) (Chicago, 1895)第 i 页,哈维谈到《硬币的金融短训班》销量达到每天5 000册。

分和 1 美元不等，纸张和装订的质量各异，各种相关组织批量购买，摊贩到处都在兜售，其畅销的程度，那个时代的流行杂志固然时常可以达到，但绝少有书籍可以与之比肩。

哈维用来阐述其思想的文学形式简单而有效。"硬币"是一位年轻却异常聪明的小金融家，这位小金融家力图通过抨击酿成大萧条的错误思想观念，来弥补大萧条造成的苦难。他在芝加哥的艺术学院（Art Institute）开设了一个短训班，邀请芝加哥市的年轻人参加关于货币问题的六场系列讲座。这本书记述了他的讲座，但由于他有时会被提问打断——这些提问既有友好的，也有很容易引起争论的，所以该书采取了一种独白形式，偶尔会有对话打断。[哈维采取这种戏剧式的写作手法，可能是受他公司出版的第一本书——沃尔什大主教（Archbishop Walsh）关于双本位制的小册子——的启发，这本书采用的是接受记者采访的表现形式。]据信，随着讲座的进行，听众中挤满了各种真实人物，哈维毫无顾忌地点出了他们的姓名，其中几个是他自由白银事业的朋友，这些人默默无闻、鲜为人知；剩下的主体部分都是著名的编辑、政客、商人、律师和经济学家。这样，虚构的硬币似乎是在进行真实的交锋，像菲利普·D. 阿穆尔（Philip D. Armour）、马歇尔·菲尔德（Marshall Field）、H. H. 科尔萨特（H. H. Kohlsaat）和参议员谢尔比·库伦（Shelby Cullom）这样的人都在仔细倾听。① 金本位倡导者自信满满，相信他们提出的问题会绊倒硬币，但硬币回之以雄辩的事实与理论，让他们不知所措、尴尬不已。其中被驳得最体无完肤的是芝加哥最重要的银行家、后来担任麦金莱政府财政部长的莱曼·J. 盖奇（Lyman J. Gage），以及芝加哥大学（University of Chicago）经济学教授、货币专家 J. 劳伦斯·劳克林（J. Laurence Laughlin）。尽管"短训班"的中心人物一眼看上去就知道纯属虚构，但引入这些同时代的人，给了"短训班"一种真实的气氛，以致许多读者认为确实举办过这些讲座。劳克林对自己被经济学方面的新手暴虐这种描写感到特别愤怒，觉得自己宜于同盖奇、科尔萨特和其他一些据称参加过"短训班"的人——对于读者来信询问他们在"短训班"上本该会说些什么，大家

---

① 我们只需花上 1 个小时去翻翻那个时代的名录，就可以辨认出《硬币的金融短训班》中提到的大多数人。然而，同时代没有"年轻的麦迪尔"（Medill）（第 99 页）这个人，此外，还有其他一些名字也可能有误。

都已经疲于回复———一道发一份声明,讲清楚整件事从头到尾都是子虚乌有。

虽然劳克林认为像哈维这样的业余作品"不值得认真讨论",但他觉得有必要在小册子《货币的真相》(Facts about Money)中回应哈维,甚至有必要在公共平台上与他辩论。《纽约晚报》(New York Evening Post)经济记者贺拉斯·怀特(Horace White)是另一位发起驳斥哈维的著名人物,他的论货币和银行业的权威著作《硬币金融小丑:或云破绽百出、只顾自己脱身的无信无义之徒——对硬币的金融短训班的全面答复》(Coin's Financial Fool: or The Artful Dodger Exposed. A Complete Reply to Coin's Financial School),对哈维发起了猛烈抨击。哈维这本小书取得的非凡成功,让早就按捺不住想要加入货币论战的金本位支持者迫不及待地作出了一系列回应———这些回应的作品可谓汗牛充栋,足以成为文献学家的重要课题。[1]这些回应写得有深有浅、有高有低,标题也或尖刻或严肃,择略如下:乔治·E. 罗伯茨(George E. Roberts)的《金融短训班上的硬币》(Coin at School in Finance)、爱德华·韦斯纳(Edward Wisner)的《现金与硬币》(Cash vs. Coin)、杰伊·洛林(Jay Loring)的《破绽百出、故步自封的硬币的金融短训班》(Coin's Financial School Exposed and Closed)、罗伯特·F. 罗维尔(Robert F. Rowell)的《硬币的错误》(The Mistakes of Coin)、约翰·A. 弗雷泽(John A. Frazer)和查尔斯·H. 塞尔格尔(Charles H. Serghel)的《稳健货币》(Sound Money)、梅尔维尔·D. 兰登(Melville D. Landon)的《货币、黄金、白银,抑或双本位制》(Money, Gold, Silver, or Bimetallism)、约翰·F. 卡吉尔(John F. Cargill)的《金融界的怪胎》(A Freak in Finance)、斯坦利·伍德(Stanley Wood)《对〈硬币的金融短训班〉的答复》(Answer to "Coin's Financial School")、W. B. 米切尔(W. B. Mitchell)的《除了美元,还能怎样?》(Dollars or What?)、L. G. 鲍尔(L. G. Power)的《乡巴佬农民进城:或论硬币的金融短训班的最后日子》(Farmer Hayseed in Town: or, The Closing Days of

---

[1] 威拉德·费雪(Willard Fisher)在他那篇极具见地和价值的论文《"硬币"及其批评者》中回顾了这方面的一些优秀文献。Willard Fisher. "'Coin' and His Critics", Quarterly Journal of Economics, X (January, 1896), 187—208. 哈维写了一篇有关该部著作的批评者的文章。他在文中说,他们是"一群跃跃欲试,着手准备鞭打该书作者的奴隶,他们的主人就是货币"。他说,基督是犹太货币兑换商吩咐杀害的,而现在他——哈维,也正在遭受这个"无敌而又无情的"货币权力的迫害。"'Coin's Financial School' and Its Censors", North American Review, CLXI(July, 1895), 72, 74—75.

Coin's Financial School）、查尔斯·埃尔顿·布兰查德（Charles Elton Blanchard）的《山姆大叔的金融说教报告》（Report of Uncle Sam's Homilies in Finance）、埃弗雷特·P. 惠勒（Everett P. Wheeler）的《真正的双本位制，或云真币对阵假币》（Real Bimetallism or True Coin versus False Coin）。然而，这些著作中，没有一部产生的影响，可及它们所要驳斥的那部作品的哪怕是一斑半点。

这些著作的标题，让人们感受到那个时代激烈论战的气氛，但就《硬币的金融短训班》来说，也许最值得关注的是，相比之下，它的语气反倒是比较克制、严肃。无可否认，书中不时会出现一些冷嘲热讽的幽默、令人眼花缭乱的无关笔触，以及某些轻率的言辞。但总的来说，如果考虑到哈维本人冲动暴躁的脾气，记得那个时代主张金本位的媒体动不动就说主张自由白银的参议员是"狂热分子""哥萨克人""边境上的匪帮""强盗""数典忘祖的家伙""叛徒"和"精神病人"，则《硬币的金融短训班》尽管充满了虚妄，但它坚持理性分析的主调更值得注意。它的背后，有着执着于一个观念的彻底逻辑；有着复杂的社会问题可以拆解到最后一步，并永远可以做到明确说明的坚定信念；有着社会问题确实可以解决，而且可以用简单的手段来解决的坚定信念。无论多么业余、多么不靠谱，它总归是在对货币本位问题这么一个世界上最错综复杂的主题之一进行技术性的分析与讨论；一想到那些期待通过仔细阅读这本书，从而理解货币本位问题究竟是怎么回事的读者，一想到他们肯定会在阅读过程中绞尽脑汁，我们有的只是感动。它可能比我们其他任何一本政治、社会类畅销书更需要读者将推理放在首位。同我们其他关于社会问题的通俗书籍相比，其吸引力究竟何在，很难理解——它没有潘恩《常识》那样伟大的革命言论，没有广为传阅的反天主教小册子玛丽亚·蒙克《惊天秘闻》中诱人的色情，没有《汤姆叔叔的小屋》对人性的呼唤，没有《进步与贫困》中的重大预言和一贯的高水平分析，没有《回顾》的小说形式和普遍意义。它贴近的都是有关货币问题的细节，主要依靠给人印象深刻的连环漫画来产生情感冲击。对哈维本人来说，这本书是一个罕见时刻的产品。他后来撰写的著作，没有哪一部议论如此激越，前后如此连贯；他以前所做的事情，没有哪一件可以从中找到他将以某本书的作者而为世人所知的蛛丝马迹。

三

威廉·霍普("硬币")·哈维于1851年出生于弗吉尼亚州西部一个小村布法罗,父亲罗伯特·哈维,母亲安娜·哈维。两人共育有6个孩子,威廉·霍普·哈维排行第五。① 罗伯特·特里格·哈维(Robert Trigg Harvey)是苏格兰和英格兰血统的弗吉尼亚人;妻子祖上有一方是弗吉尼亚人,可以追溯到殖民时代,祖上另一方则是法国血统后裔,长期以来一直居住在加利波利斯(Gallipolis)附近。我们对威廉·哈维的童年生活几乎一无所知,仅仅知道其生活被该地区主张统一的多数派同分离主义支持者之间的冲突搅得很不安宁,他父亲家族中有些成员,就是分离主义的支持者。内战期间,为了安全起见,哈维有一个妹妹被送进了修女院,后来成为一名修女,令全家人颇感伤心。他的一个哥哥在李将军手下打仗,负过伤。

战争结束之际,岁数不大的哈维进入布法罗一所小型私立学校学习。16岁时,他教了几个月的书,之后进入马歇尔学院(Marshall College)上过一段时间的学。马歇尔学院当时是一所国立师范学校,从事中学阶段的教学。在那里学习3个月后,哈维的正规教育就此宣告结束。哈维按照当时准备从事律师职业的惯常做法,花了一段很短的时间补习法律,于19岁时考入律师界,并在卡贝尔县(Cabell County)县治所在地西弗吉尼亚的巴博斯维尔(Barboursville)村镇开始执业。铁路大亨科利斯·P.亨廷顿(Collis P. Huntington)在俄亥俄河镇(Ohio River)为切萨皮克及俄亥俄铁路公司(Chesapeake and Ohio Railroad)建造了一个以自己名字命名的小火车站后,威廉·霍普·哈维换了居所,到西弗吉尼亚的亨廷顿(Huntington)与自己的一个哥哥合伙执业,这是哈维成年后第一次更换居所。这个镇发展非常快,是哈维到彼时为止住过的最大的地方。

没过多久,从不安于现状的哈维又开始搬家。1875年,24岁的哈维搬到了俄亥俄州的加利波利斯,这是个很热闹的地方,位于亨廷顿上方约40英里的俄

---

① 传记资料除另有说明外,均取自珍妮特·P.尼科尔斯(Jeannette P. Nichols)写的一篇非常棒的小传"Bryan's Benefactor: Coin Harvey and His World", *Ohio Historical Quarterly*, LXVII (October, 1958),299—325。

亥俄河谷。在那里，哈维遇到了安娜·哈利迪(Anna Halliday)，并于1876年同她结为夫妻。不久，夫妇二人就去了克利夫兰(Cleveland)，哈维打算在这么一个重要的商业和工业中心试试自己在法律方面的才华。他们夫妇俩的四个孩子中头两个就是在那里出生的。[①] 在克利夫兰待了3年后，哈维带着不断壮大的家庭来到了芝加哥，但他在芝加哥待了只有一年多一点的时间，就心生倦意。1881年，哈维带着已是五口之家的家庭，又回到了加利波利斯，并成为俄亥俄州几家批发公司的法务。1883年，哈维因帮客户办事来到科罗拉多州的西南角。在那里，探矿者不久前发现了丰富的银矿，32岁的哈维就是在这里，第一次接触了这种让他在历史上据有一席之地的白色金属。翌年，哈维便带着家人，以及10个年轻工人，去了科罗拉多。抵达之后，哈维着手在乌雷(Ouray)附近申请购买土地。这位年轻的企业家将还在不断壮大的家庭安置在山坡上一个大木屋里。在寒冷的冬季，他的妻子和孩子搬到加利福尼亚州，他则待在矿上，除圣诞节外，都住在他工作地附近一间用发动机房的一个角落改成的房间里。3年来，哈维辛辛苦苦地监管着银钟矿(Silver Bell)的生产，并为此付出了一定的健康代价。银钟矿是一座产量非常可观的银矿，但当他进入银矿业的时候，该行业正处在最糟糕的时期。高昂的经营成本不断将小企业家淘汰出场，大型生产商倒是由此得利。矿区挤满了失业工人，工资直线下降，整个银矿产业因罢工而支离破碎。最糟糕的是，19世纪70年代灾难性下跌的银价，随着产量的增加，仍在急剧下落。

不久，哈维就放弃了矿山，转投房地产，并将其与自己的律所业务结合在一起。在接下来的6年中，他先后在普韦布洛(Pueblo)、丹佛(Denver)和犹他州的奥格登(Ogden)从事这个营生。在科罗拉多州，哈维有两件事让世人记住了他：一件是出售一种能治愈很多种疾病的"仙丹"(Elixir of Life)；另一件是在普韦布洛和他人一道发起创办了一家名为"矿物宫"(Mineral Palace)的展览馆，收藏了一批落基山脉的矿物。1890年夏，矿物宫举行了盛大的开张仪式，这是哈维参与的各项事业中最花哨、最成功的一项。成功的滋味并没有止住哈维的漫游癖，在普韦布洛的商业冒险之后，他又先后搬到了丹佛和奥格登。在奥格登，

---

① 俄亥俄州是19世纪70年代绿币风潮的中心，哈维极有可能是在这些年里第一次对货币问题发生兴趣。

他买了一套房子,并做了一些改进,也许他心里有就此定居下来的打算吧。他还买下了沿大盐湖(Great Salt Lake)1英里长的临湖地段用于开发,而且似乎尝试过仿照新奥尔良狂欢节(New Orleans Mardi Gras)的模式,筹划一个节日项目。当地传闻说,他在这个项目上亏了一大笔钱。

尽管如此,哈维还是有足够的资金于1893年5月再次将一大家子迁回芝加哥,并成立一家专门致力于宣传自由白银的出版公司。年满42岁的他,既不是一个彻底的失败者,从他雄心勃勃的眼光来看,当然也不是成功人士。从他开始做律师以来,这13年里,出于对财富的不懈追求,他先后待了9个地方。哈维在科罗拉多待的时间,足够他感受银矿主的痛苦和失望,吸收自由白银倡导者口耳相传的历史知识和货币学问——就像金本位在纽约一样,自由白银在科罗拉多就是正统观念。哈维没有接受过复杂的经济学学术训练,他上的是辛酸的人生学校。他在这里习得的信念,让他关注的焦点集中在那个时代的重大不满上。"硬币"哈维已经为自己突然跃上历史舞台打下了基础。

四

"硬币"哈维是个在货币方面想法古怪的人,这类人在美国数量已经相当庞大。早期对充足的货币供应的需求、完备的中央银行系统的长期缺乏、企业经济的开放性、个人命运的剧烈沉浮——所有这些导致美国产生了大量经济上的异见人士,并让他们朴素的思想体系受到广泛欢迎。每一次萧条,都给万能之计和兜售万能之计的贩子以及撰写金融小册子的作者提供了沃土。19世纪90年代的大萧条最引人注目的一点,是要求免费铸造银币的呼声,以驱霆策电之势,迅速把其他改革建议挤出舞台中心。

要理解这一点,我们必须简要回顾一下内战以来有关货币问题的历史。内战爆发前,美国在法律上(虽然实际上并不是这样,我们后面将看到这一点)一直实行双本位制。1861年,因战时需要,美国被迫暂停用铸币赎回通货,并发行美国纸币——"绿币"。除了不能用于支付关税和公债利息外,这些都是具有完全法律效力的法定货币。国家现在实行的是一种不兑现纸币本位制。流通的绿币对黄金的折价非常厉害,而且折价幅度越来越大。狂热的通货膨胀时期于是随之而来。因此战争结束后，许多经济和政治领袖敦促停止使用绿币，立即恢复铸币支付。他们遭到了来自农民和商人的巨大阻力（抵制浪潮在西部地区尤甚），这些人已经受到了战后经济衰退的影响，他们脑海中还记着战时通货膨胀带来的繁荣，因而对通货进一步紧缩极为担心（支持通货膨胀的，还有一些做高关税商品生意的商人，这些人东部和西部都有。他们认为，通货膨胀会产生贸易保护主义效果）。

因此，战后通货膨胀主义首先采取的形式是抵制停止使用绿币。从表面上看，这场运动于1868年迎来了一次胜利时刻。当时国会做出决议，禁止绿币进一步停止使用和作废。另一次这样的时刻出现在1874年，当时，在大萧条的压力下，国会又稍稍增加了绿币的发行量。实际上，在始于1873年的整个大萧条期间，绿币通货膨胀主义变得越来越强大。一个新的政党绿币党出现了，其候选人在1878年的国会选举中总共获得了100万张选票。

但是，就价格水平本身而言，自1865年以来，通货膨胀主义者一直在从事一场毫无胜利希望的斗争。这些年来，指导美国政策的人奉行的是斯巴达式的政策。他们坚信，除非政府恢复铸币支付——更确切地说，除非完全按照金元的价值，恢复使用战前盛行的金元，否则货币不会稳健或是稳定。为实现这一目标，美国的物价水平必须降到低于欧洲的物价水平——欧洲的物价水平本身也在下降。若不然的话，美国的高物价就会降低出口，增加进口，并造成黄金外流。这样就会破坏财政部的政策，即为最终恢复铸币支付，积累足够的黄金储备。

通货紧缩政策并不要求执行实际的通货紧缩——这么做总是充满政治危险。由于银行存款和纸币的增加，公众手中的货币供应量实际上从1870年稳步增长到1875年，又在1878年后再次增长。价格水平的急剧下跌——这令金本位制战略家十分满意——并不像绿币理论家认为的那样，来自货币供应量的实际减少，而是来自实际产出的快速增长，其速度超过了货币供应的增长速度。此时美国经济的增长正好可以套在货币外衣里面，表面上看是货币政策在起作用，实际上是货币外衣下的经济增长在起作用。那些控制货币政策的人唯一所做的，仅仅只是抵制大量发行新绿币的政治要求，其余的事全由经济增长代为完成。① 与此同时,绿币党人在反对通货紧缩的过程中强化了一种错觉,这种错觉将会为白银运动所继承。他们把焦点放在绿币上,似乎绿币是扩大货币供应的唯一希望所在。他们往往忽视了银行的活动尤其是银行活期存款的大量增加所带来的货币供应的持续增加。这样,大家全都强调经济周期中的货币因素,相应地一致忽略其他因素的做法,在绿币运动期间,便进一步强化并左右了19世纪90年代本位制之争期间双方的看法。

不管怎样,许多原本持保守看法并同金本位制之间具有实质利益关系的人,此间确信,回到金本位要付出巨大代价。但通货紧缩主张者成功实现了他们的目标:绿币很快开始恢复它们同黄金之间的价值关系。1875年,国会通过了《恢复硬币支付法》(Resumption Act),规定自1879年1月1日起恢复硬币支付。绿币美元本身的价值不断稳步上升,终于在原定恢复硬币支付日期前两周,同黄金之间达到了平价。

只要全面了解信息,就会明白,一旦恢复硬币支付,用于支付的金属,将只有黄金。在这里,牢记货币本位制度的法律状态和实际状态之间的区别,可能有助于避免认识上的紊乱。哈维和他的有些同时代人,就是把两者混淆在一起。起初,美国在法律上一直奉行双本位制。但要成功做到事实上的双本位,政府必须具备调整两种金属价值的能力,以保持它们都在流通。"双本位制"意味着,政府要将其货币单位——在我们这里,就是美元——规定为两种金属各占一定重量,保持它们可以按照固定比例进行兑换,允许它们自由进出口,只要它们被带到铸币厂,就可以无限量地买下它们或是铸成硬币。在这里,我们很容易看出,双本位系统的运行机制是怎样被打乱的。政府设定的法定兑换比价,必须同世界市场上的兑换比价保持紧密一致,后者反映了这两种金属既用作货币用途又用作非货币用途的供需关系。如果两种金属中有一种在市场上

---

① 关于通货紧缩和恢复使用铸币,参见 James K. Kindahl. "Economic Factors in Specie Resumption in the United States, 1865—1870", *Journal of Economic History*, LXIX(February,1961),30—48。关于绿币运动,参见欧文·昂格尔所作的全面研究,Irwin Unger. *The Greenback Era*(Princeton,1964);以及如下两篇有关货币供应的论文,J. G. Gurley and E. S. Shaw. "The Growth of Debt and Money in the United States,1800—1950:A Suggested Interpretation", *Review of Economics and Statistics*, XLI(August,1959),250—262,尤见 p. 258 和 Seymour Harris(ed.). *American Economic History*(New York,1961),Ch. 4,尤见 pp. 111—114。对整个主题展开研究的主要著作是米尔顿·弗里德曼和安娜·J. 施瓦茨的《美国货币史(1867—1960)》,Milton Friedman and Anna J. Schwartz. *A Monetary History of the United States*, 1867—1960(Princeton, 1963)。

的价值总是高于其作为铸币的价值,该种金属就不可能被带到铸币厂大量铸成硬币。① 它将进入工业用途或被人们贮藏起来,这样就只剩下另一种金属作为单一的流通媒介。因此,如果两者的法定比价同两者的市场比价相差很大,两种金属货币就只会在短期内同时流通(当然,如果一定数量的政府拥有足量的共同需求,能够达成一个法定比价,它们采取的联合行动,就会有助于稳定这两种金属的价值,从而让它们同时在市场上流通)。

当年美国在汉密尔顿指导下创立货币体系时,国会根据他的建议,将法定比价确定为 15∶1,即 15 盎司的白银可以兑换 1 盎司的黄金。但商业市场比价几乎接近 15.5∶1——这个数字后来慢慢趋于稳定,因为这是法国的法定比价。由于法国黄金兑换白银的比价估值比我们高,美国货币经纪人出口黄金和进口白银就有利可图。1800 年以后,美国黄金的流通量极小,1825 年以后则完全没有流通。实际上,整个国家都是靠白银支撑的。

1834 年,出于某些方面的原因(我们不必在此过多纠缠,对我们讨论的主题没有影响),国会故意将钟摆往反方向推得远远的,把法定比价定为 16∶1,希望如今白银可以被黄金取代。大约十多年后,这两种金属货币在市面上一起流通,但最后银元在市面上成了稀罕物。1850 年,众议院筹款委员会(House Committee on Ways and Means)主席说:"过去三四年来,我们只有单一的本位货币,那就是黄金,现在也还是这样。"②19 世纪中叶,加利福尼亚州和澳大利亚发现了黄金,这给了白银流通致命一击,黄金相对于白银的价值大幅下降,面值 1 银元的银币,实际价值升至约 1.03 银元。由于这些银元含有大量的白银,因而把它们(甚至是用白银铸造的辅币)熔化或者出口,而不是把它们当作货币使

---

① 或者说,至少备受尊重的经济理论是这样告诉我们的。遗憾的是,人们在市场上的实际行为并不总是完全符合理论预期。美国是交替出现相互抵消的两种情况:黄金估值过高时,大量白银被用于铸造货币;而当白银估值过高时,又有大量黄金被用于铸造货币。参见戈登·海耶斯在《1834 年前后的双本位制》一文中起提醒作用的注释,H. Gordon Hayes. "Bimetallism Before and After 1834", *American Economic Review*, XXIII(December 1933), 677—679, 以及尼尔·卡罗瑟斯在《辅币》第七章中所作的周密、细致的描述, Neil Carothers. *Fractional Money* (New York, 1930), Ch. 7. 尽管货币的实际铸造情况并不完全符合经济理论的要求,但其在实际流通中的特性却同经济理论的要求非常契合。

② J. Laurence Laughlin. *The History of Bimetallism in the United States* (New York, 1885), pp. 78—79;关于《1834 年法案》的背景,可参见 pp. 52—74。在我接触到的货币史著作中,最有识地、最明白易懂的单本著作是尼尔·卡罗瑟斯的《辅币》(*Fractional Money*)。该书的内容当然肯定会超出书名所示的狭窄范围。

用,现在非常划算。

美国虽然在法律上仍然奉行双本位制,但实际上一直在实行一种交替本位,1792—1834年,大部分时间是白银本位,1834年后不久,即转为金本位。白银在一代人的时间内从流通中绝迹。因此,大多数人想到19世纪70年代的铸币本位时,他们想到的只有金本位。

这就是那部波澜不惊地通过后竟在几年之内引起巨大争议的《1873年铸币法案》(The Coinage Act of 1873)制定时的背景。《1873年铸币法案》只是想把国家的铸币惯例编成法典,并简化内战结束时处于混乱状态的辅币。但是,在列举要保留下来的硬币时,法案的制定者们将早已不再使用的银元从名单中剔除了。那时,面值1银元的银币还值1.03银元①,白银也没有被带去铸币厂铸成相应金额的银币。尽管不久将导致白银价值下降的变化已经开始发生,但只有最具远见、最能明察秋毫的货币学者才能预见到,白银的价值将会在极短的时间内一泻千里。本位银元的放弃,意味着双本位制在法律上宣告终结。当时,不仅在1873年的国会中没有任何一位来自白银州的代表反对这件事,整个社会也未见其他任何人表示反对。但是,《铸币法案》通过时,恰逢美国爆发严重的经济萧条和又一次价格崩溃,而且恰好又处在世界银价急剧下跌的前夕。当《1875年恢复硬币支付法》紧随《1873年法案》而来时,每个人都很清楚,根据该法案,1879年恢复铸币支付时,美国在法律上恢复的将是金本位制,因为它以前实际上一直就是采用金本位制。现在,通货膨胀主义者虽然仍然强调捍卫绿币,但已开始要求将白银重新货币化,以补救不断下跌的价格。要求以16∶1的比价自由、无限铸造银币,很快就取代绿币问题,成为贬值货币政策主张者的首要纲领。

只要瞟一眼19世纪70年代初到90年代中期的国际价格趋势,就能明白货币通胀需求持续不断的动力和农业方面全球普遍存在的不满情绪。价格长期下跌之际,恰逢国际金本位的形成和蔓延,因而同时代许多受人尊敬的分析家都认为后者构成了前者的主要原因。1871年(不是哈维说的1873年),新兴的德意志帝国决定采用金本位制,给白银带来了第一波冲击。两年后,它又向

---

① 虽然就银元来说是这么回事,但银辅币的情况不是这样的。早在1853年,国会就发现,如果辅币的含银量降到略低于面值,则它们还可以继续流通,这样就解决了辅币长期以来的严重短缺问题。

世界市场投放了经熔化旧时银币而来的大量白银。拉丁货币联盟（Latin Union）①各国——法国、比利时、瑞士、意大利和希腊——实在难以消化这么多白银。因此他们在1873年和1874年结束了自由、无限铸造银币，市场上从此不复存在保持这种白色金属价值稳定的基本力量。继德国之后，瑞典、挪威和荷兰也采用了金本位制。与此同时，美国西部又在大量开采新的银矿，这样，一方面，白银的供应不断上涨；另一方面，整个西方世界对作为货币使用的白银的需求又在迅速下降。就在"硬币"哈维一家辛辛苦苦从他们家"银钟矿"里挖出更多白银的时候，白银价格的根基已经动摇。1872年，白银每盎司1.32美元，1884年跌至1.11美元，1894年降至63美分。

白银价格的下跌虽然更加剧烈，但与19世纪70年代至90年代世界价格总趋势大致相当。在美国，每当经济出现萧条，物价水平都会大幅下跌，而在经济繁荣时期，物价水平只会略有回升。这种价格趋势对某些新入局的、盈利有限的创业者构成了持续存在的危险，这些创业者依赖宽松的信贷，特别容易受到商业冲击的影响。当然，不消说，这种趋势对那些长年累月欠债欠款的人——农民——的打击尤其严重。首当其冲的是小麦种植者和棉花种植者，他们生产的这两种农作物，有相当大的一部分要出口到日益供过于求的世界市场。这两种农产品价格下跌的速度以及由下跌造成的致命后果，超过了所有其他农产品。小麦1870年的价格是每蒲式耳1.37美元，1894年竟下降到每蒲式耳56美分；原棉同期则从每磅23美分下降到每磅7美分。至此，我们就很好理解，为什么"硬币"希望让大家看到农民和白银派人士之间利益攸关，拿出来的证据却是一张只有白银、棉花和小麦这三类产品的历史价格比较表。因此，下面这种说法虽然未免过于简单，但的确合乎情理：政治上掀起的通货膨胀运动，靠的主要是这三个经济部门的共同关切，它们的产品在世界市场上全都面临着不堪设想的供给过剩。

五

自由白银派人士在赢得对鼓吹通货膨胀的各派力量的控制权的同时，也从

---

① 法国、比利时、瑞士和意大利于1865年建立的货币联盟。联盟内各国采用同样大小、成色、重量的金、银货币，一个国家的货币可自由流通于其他联盟国家。后希腊、罗马尼亚、西班牙等先后加入，至1880年共有18个成员国，1927年正式解体。——译者

绿币党人那里继承了大量鼓动性文献和民间政治传说。绿币运动成功地将反对意见聚焦在货币政策上,认为货币政策是解决国家弊病的基本方案。绿币运动反对将发行债券和积存黄金作为实现通货紧缩的基础。在此过程中,它令许多人深信,他们是那些持有债券的人设下的阴谋的受害者,在国外市场发行债券,使他们沦为"给外国佬'劈柴挑水的人'"。要将这份鼓动遗产化为己用,白银运动必须克服不兑换纸币(fiat-money)主张者对所有形式的铸币的偏见,其中就包括对白银的偏见。①

但相对于绿币党来说,白银派人士还是有一些优势。第一个优势来自知性层面。不兑换纸币似乎是无限量的,随意性大,而可兑换银币是与供应有限的金属挂钩的,在世界货币体系中,长期得到历史的认可,而且获得了大经济学家和政治家的支持。法律层面的双本位制,在美国和世界其他许多地方,都是传统的货币本位制。白银可以称得上是——虽然未免有些过于简单化——"我们父辈们的美元",从华盛顿、杰斐逊再到杰克逊,白银都是当时货币体系的支柱。第二个优势是政治上的。产银州在国会里形成了一个强大的集团。白银在两个主要政党中都有大量的追捧者——这同1878年鼎盛时期的绿币党形成了鲜明对比,后者甚至连一个参议员都没有选出。产银州得到了产麦州和产棉州两大盟友的支持,很难对它不予理会。最后一个优势来自资金层面。白银开采利益集团能够为白银运动提供大量资金方面的支持,这是当年绿币党运动所无法企及的。随着时间的推移,绿币党传统思想中对纸币的信奉逐渐退居幕后,其对世界的看法中更具适应性的部分,其对银行家、债券持有者、外国人和垄断寡头的敌对情绪,则被白银代言人接手。

1878年,白银派人士第一次取得了立法上的成功。1873年以来大萧条时期激起的不满情绪,导致全国各地——东起宾夕法尼亚,西至加利福尼亚——的白银骚动大幅增加,许多制造商也加入了白银派人士和鼓吹通货膨胀论的农业生产者行列。1877年末,众议院以163票对34票的压倒性优势,通过了来自

---

① 在1876年的第一份全国性纲领中,绿币党提到了白银,但他们提到白银只是为了反对用银币取代纸辅币。在绿币党看来,这项政策"尽管费尽心机,想让银矿主发财致富……但仍将进一步加重本已不堪重负的人民的税收负担。到1880年,绿币党已在纲领中呼吁"无限量铸造银币和金币"。在1884年的纲领中,绿币党则自夸说:"我们推动了银元重新货币化"——这大概指的是《布兰德—艾利森法案》。K. H. Porter and D. B. Johnson. *National Party Platforms* (Urbana, Ill., 1956), pp. 52, 57, 68.

密苏里州的"白银迪克"(Silver Dick)布兰德提出的一项议案,要求自由铸造银币,并给予其完全法定货币地位。时任财政部长约翰·谢尔曼(John Sherman)还沉浸在他的债券换新和恢复硬币支付的成功之中,但也看到自己不得不向反对通货紧缩的势力做出一些妥协。谢尔曼知道拉瑟福德·B. 海斯(Rutherford B. Hayes)总统肯定会动用否决权来阻止自由铸币,因而在总统的加持下,得以团结参议院反对派议员。最终双方达成妥协,这就是1878年《布兰德—艾利森法案》(Bland-Allison Act)。根据该项法令,财政部每月必须购入价值不少于2 000 000美元、不超过4 000 000美元的银条,并将其铸造成具有完全法定货币地位的美元。尽管谢尔曼强烈反对法定货币条款,但他还是只好接受:"在像我们这样的政府里,顺应大众潮流总归是不错的,而且我想,这部白银法案的通过,已经让这件事成为定局。"①《布兰德—艾利森法案》通过时,恰逢经济逐渐恢复繁荣,但它既未能遏制总体价格的下挫,也未能阻止银价的下跌。虽然一任任保守的财政部长一如既往地按照最低要求购入白银,但根据法律规定发行的白银款项已经超过3.78亿美元,发行的形式主要是银元券。

　　随着19世纪80年代末农业危机的到来,购入白银的要求只增不减。1889年至1890年,又有6个新的支持白银事业的西部州加入联邦②,国会里白银集团再获强援。为了让自己的高额关税计划获得足够的支持,1890年,哈里森(Harrison)政府向白银派人士做出了新的让步,增加了白银的购入量。《1890年谢尔曼购银法》(The Sherman Silver Purchase Act of 1890)要求,财政部长每月购入450万盎司白银——这一数量相当于国内银矿的大致产量——并再次要求发行具有法定货币功能的中期国债(treasury notes)来支付这笔款项。

　　天量银元券的存在,对谢尔曼和他的前任们精心建立起来的国库黄金储备构成了威胁。根据这部《谢尔曼购银法》,财政部长必须让这两种金属保持"平价",这意味着银元券等于是黄金。然而,政府并未下定决心,要让所有仍在流通的旧绿币以及银元和1890年的国债按照票面价值与黄金保持一致。由于法

---

① Jeanette P. Nichols. "John Sherman and the Silver Drive of 1877—1878: The Origins of the Gigantic Subsidy", *Ohio Archaeological and Historical Quarterly*, XLVI(April, 1937), 164. 这篇文章详尽叙述了此次妥协。

② 这6个新加入美国的西部州分别是:北达科他州、南达科他州、蒙大拿州、华盛顿州、爱达荷州和怀俄明州。——译者

律规定国库必须用黄金赎回这些款项,因而它们代表了对国库黄金供应的潜在需求。财政部的承压能力要依赖普遍繁荣的经济状况。经济繁荣带来了大量的财政盈余,从而为购买白银这种华而不实的行为留下了充足的余地。1879—1881年以及1891年期间欧洲对美国农作物的大量需求,带来了黄金的流入,暂时增加了黄金储备。

但哈里森政府甚至在1893年危机爆发之前就已经开始破坏盈余。1890年税则中的某些条款,削减了当时作为政府资金主要来源的关税收入。同时,一项不切实际的养老金法案以及其他方面开支的增加,对联邦政府提出了新的巨额资金要求。商界对国库黄金库存状况的担忧日益加剧,这就导致他们囤积黄金。财政部发现,要满足政府支出,就只能花费绿币和国债,但这些东西很快就用黄金赎回,它们就是个看不见的无底洞,无止无休地耗费黄金储备。此间,欧洲各国的中央银行也深受萧条之苦,巴林家族(House of Baring)1890年的破产[1],更是让它们雪上加霜,因而它们开始收紧黄金政策。在这种情况下,美国的处境进一步恶化。

许多年前,美国专门预留出1亿美元的黄金储备,作为财政部为确保成功恢复硬币支付必备的专项资金。随着时间的推移,这个被看作是代表了安全的财政储备水平的数字,在金融界具有正常思维的人当中慢慢有了一种奇妙的含义。按照格罗弗·克利夫兰的话说,人们对这个数字产生了"一种情感上的牵挂"。在他1893年就职后仅六周,黄金储备就跌破了这一数字,随后不久便开始了一场突如其来的金融恐慌,股市崩溃,全国各地银行纷纷发生挤兑。克利夫兰还意识到,印度即将关闭铸币厂,不再铸造银币,这将对银价造成又一次沉重打击。现在已经不可能再假装美国有能力用黄金赎回发行的银元券并继续保持金本位制了。克利夫兰认为,现在必须同白银势力摊牌,因而于6月30日呼吁召开国会特别会议,废除《谢尔曼购银法》。

曾经让白银通货膨胀论和金本位之间得以达成妥协的经济繁荣,如今已经一去不返,结果便是,由于大家的利益不可能真正得到调和,随后而来的国会辩论火星四溅,双方互不相让。金本位制论者将经济恐慌几乎全都归因于如下两

---

[1] 巴林家族是欧洲最显赫的银行家族之一,1890年因阿根廷政府连年拖欠还款而陷入财务困境,最终破产重组。——译者

个方面:一是购银政策;二是因对终值没有把握,以及对外贸易和投资面临威胁,从而造成商业信心的丧失。他们细说了银价不断下跌、西方所有贸易大国全都放弃使用白银作为本位货币之际,还把自己死死绑在这种金属上的愚蠢。

白银派人士对这场恐慌的看法截然不同。他们一再指责这是薄情无义的银行家故意挑起的,目的只是制造困境,这样就可以迫使废除《谢尔曼购银法》。① 至于《谢尔曼购银法》本身,他们并不赞成,因为目前真正需要的是无限量自由铸造银币。但他们认为,《谢尔曼购银法》是白银事业的防线。一位来自内布拉斯加州的平民党参议员称之为"我们广大爱国、勤劳的人民群众与伦巴第街和华尔街那一大堆粗野傲慢、气势汹汹、贪得无厌的货币兑换商和赌徒之间最后一道脆弱的屏障。这些货币兑换商、这些赌徒为了一己之私,会……把世界带回到黑暗时代的无底深渊,随之而来的将全是邪恶与悲苦"②。一旦人们告诉他们说,美国采取单独行动完全不可能做到保持两种金属之间的平价,而且按照现有的比价,无限铸造银币绝对不可想象,他们往往就会退回到自己的防线,去肯定美国的规模和气势,去诽谤欧洲国家,去提醒人们注意选民可怜的经济状况。在回应自由铸币实际上意味着银本位制这一论点时,他们可能会坚持认为,那样倒是更好,用后来密苏里州参议员科克雷尔(Cockrell)的话说:"如此一来,他们就不能像现在这样,为了达到我的要求,去拼命耗尽黄金储备。我们就可以在不引发金融体系的哪怕一丝波动的情况下,走向银本位。"③

威廉·詹宁斯·布赖恩在国会辩论中表现非常出色,他在众议院发表了激动人心的长篇演说。在参议院,参议员里一些极富才干的白银派鼓吹者,为购银进行了辩护。他们为拖延表决,滔滔不绝地发表了令人疲惫不堪的长篇大论,最终如愿以偿。其中,来自科罗拉多州的参议员特勒(Teller)尤其引人注目。他在描述假若废除案获得通过,自己所在的科罗拉多州将会遭受种种苦难时,痛哭流涕,瘫坐在桌前,双手掩面。然而,这一切最终都无济于事。废除案

---

① 不过,他们中大多数人乐意承认恐慌已经失控。参见"白银迪克"布兰德这句话:"恐慌如今已经到来,那些密谋制造恐慌的人,他们得到的比原先预估的还要多。"William V. Byars. *An American Commoner* (Columbia, Mo. ,1900), p. 330;试比较科罗拉多州参议员特勒的观点,载 Elmer Ellis. *Henry Moore Teller* (Caldwell, Idaho, 1941), pp. 222—223。

② Senator William V. Allen. *Congressional Record*, 53rd Cong. , 1st sess. (August 24, 1893), pp. 788—789.

③ Barnes. op. cit. , p. 367.

最后还是于 1893 年 10 月底获得通过，白银派人士只好把希望寄托在对公众的呼吁上。①

哈维正是在这里找到了自己的定位。在他《硬币的金融短训班》问世前的 18 个月时间里，所有这些激动人心的重要事件，肯定吸引了他的注意。他搬到芝加哥的时候，正值恐慌爆发，在白银之争接近白热化的那几个月内，他就在忙于成立硬币出版公司(Coin Publishing Company)。在国会决定废除《谢尔曼购银法》两个月后，公司出版的第一部作品，由都柏林大主教沃尔什撰写的著作《双本位制和单本位制》(*Bimetallism and Monometallism*)面世。尽管几年前他就对双本位制表现出了一定兴趣，但没有人确切知道，除了沃尔什的这本著作外，他还读过哪些白银之争方面的材料。②但是，如果他哪怕只是读了《国会记录》(Congressional Record)上登载的、就废除购银问题展开辩论的几百页发言稿的一小部分，他就能够在这里为自己除最怪异的见解之外，所有其他有利于白银的经济方面的论述找到依据，为自己的所有根本态度和根本看法找到根据。

六

毫无疑问，这些意见的广泛流传，让《硬币的金融短训班》在普通读者的心目中显得分外亲切，同该书阐述的核心经济内容一样，对该书的成功起了巨大作用。因此，在讨论哈维的金融见解之前，先听听他作品的调性，会对我们有所助益。

年少的硬币本身就是一个影射象征。虽然硬币处理的是些最复杂的主题，解决的是些最令人困惑的难题，但他不是一位智叟，而是一位年轻人，几乎就是个孩子。替哈维配画的漫画家把硬币画成身穿礼服、头戴高顶礼帽的模样，但

---

① 关于废除《谢尔曼购银法》的斗争，参见 Allan Nevins。*Grover Cleveland* (New York，1932)，Ch. 29，以及 Jeannette P. Nichols. "The Politics and Personalities of Silver Repeal in the United States Senate"，*American Historical Review*，XLI(October，1935)，26—53。

② 哈维的文章 "The Free-Silver Argument"，*The Forum*，XIX(June，1895)，401—409，概述了沃尔什此书的主要内容，并引证了大量相应的法律法规和统计数据，以及 1876 年与 1878 年的《货币委员会报告》(Reports of the Monetary Commissions)。

他的裤子是及膝马裤,他的脸充满稚气,而且人被称作"年少的金融家""小讲师"。在随后的一本书里,哈维似乎把硬币的年龄往后推得更小,说硬币在举办这些讲座的时候只有 10 岁。哈维选择这样一个人物作为他的代言人,其中暗含的意思是,一旦将自私和自欺这类让人分心的面目撇到一边,经济学的错综复杂,对于一个头脑敏锐、思想单纯、未受沾染的孩子来说,根本算不了什么。因此,在货币问题上,相比银行家和有奶便是娘的经济学教授那些令人费解的诡辩,普通人的直觉更加可靠。[1] 哈维认为,《马太福音》第 11 章第 25 节有一段经文,用在这里恰到好处:"父啊,天地的主,我感谢你!因为你把这些事对聪明通达的人就藏起来,对婴孩就显出来。"

哈维的作品中反复出现过这样一种看法:老年人被自私彻底腐化,文明的希望全在于让年轻人走上正途。硬币在艺术学院开设的这个短训班,首先就是为芝加哥的年轻人开办的,目的是希望这个短训班能带他们"走出把整个国家弄得晕头转向的由各种谎言、异端邪说和主义搭成的迷宫"。只是在硬币的第一堂课在年轻人当中取得了精彩绝伦的成功之后,他才在人们的要求下向所有年龄层次的男性开放了短训班,而后短训班上迅速挤满了"中老年人"。这些人来者不善,他们来短训班的目的就是希望用"刁钻难解的提问"击败这位少年。芝加哥的企业大亨眼下真可谓自作自受,他们没有难住硬币,反倒把自己弄糊涂了。"他们认真地听讲座,希望能从他讲的事实或做的推理中发现错误。一处错误也没挑出。他们大为惊讶。他逻辑上严丝合缝。……更令他们讶异的是,这竟然出自一个小男孩之口。"[2]"硬币就像一艘装有旋转炮塔的低干舷铁甲舰,置身于一支木船舰队的包围之中。他的炮弹击穿了所有对手,反对者全都默不作声。"天真无邪而又受过良好教育的年轻人,彻底战胜了狡黠的中老年人。父辈办事无能,把国家带到了灾难的边缘。硬币代表着希望寄托在儿辈身上。

---

[1] 正如来自伊利诺伊州的国会议员爱德华·莱恩(Edward Lane)在众议院就废止《谢尔曼购银法》进行辩论时所说:"议长先生,我的同胞们要认识他们的经济状况,不需要去咨询谢瓦利埃(Chevalier)、约翰·斯图亚特·穆勒、李嘉图或是任何其他财经作家。他们凭个人知识就知道,他们坐拥这整个富饶国度的园地。过去十年来,他们年年都是大丰收,但他们的钱袋却空空如也。"Barnes, op. cit. , p.268.

[2] 这里所引原文言简意赅,上下文之间缺乏过渡性语言,读起来不甚连贯,属于漫画作品的典型句式。——译者

哈维把对双本位制的背离描绘成对自然秩序的破坏。在哈维的笔下,这两种金属是上帝专门留给人类用作货币的;背离双本位制是故意不将这两种金属都作为货币使用,因此是在违抗神意。"正如人们必须用两条腿走路和两只眼睛看东西一样,人民的幸福安康也必须同时依靠这两种货币。"但是,尽管两者都必不可少,它们却并不具有相同的道德意义或经济意义。白银被看作是人民的货币,因为它在历史上一直都是小的货币单位的基干,或至少是其组成部分,普通人很有可能看得到或者接触得到。黄金则是富人的货币。白银过去一直都很丰裕,因而在哈维看来,白银必定非常丰富,黄金则如儋石之储。在这里,两种金属被赋予了人格和命运:倍受欺压的可怜人白银被铸币厂拒之门外,备受娇惯宠爱的黄金则受到了铸币厂争先恐后的笑脸相迎。两种金属在漫画中都进行了这种拟人化的处理——其中一个代表了被压迫、被忽视的广大农民和诚实正直的劳动人民。哈维甚至用这种拟人化的手法,说《1873年法案》"剥夺了白银的自由铸币权"。

西部和南方对东部的敌视、农村对城市的敌视、民间传统对英国以及约翰牛(John Bull)和罗斯柴尔德家族的货币权力的敌视,贯穿了《硬币的金融短训班》全书,并被捕捉到漫画当中,给人留下了深刻的印象。书中,美国已经陷入"欧洲强加给我们的金融体系"里。对于这种状况,大都市中心的银行家们纷纷叫好,但它几乎对所有其他地方都造成了破坏。大都市只顾一己之私,心胸狭隘,自欺欺人。"城市不孕育政治家,只孕育专业人员。专业人员喜欢那些有利于提升自身事业的事情,哪怕这样会损害他人的利益。政治家必须心胸宽广。他必须对全体人民的利益,尤其是对那些贫困阶层的利益,有一个全面的认识。"

书中的漫画,有些是为H. L. 戈达尔(H. L. Godall)的书画的,另一些则是从支持白银的报纸上借用过来的。漫画将这些情感还原为简单而醒目的形象:黄金对着被钢笔刺死的白银的尸体冷笑;被东部设下的金融陷阱所蒙骗的西部和南方,最终团结起来推翻了东部;西部喂养的一只奶牛在纽约被挤奶(这是最常见的平民主义形象之一);一只代表罗斯柴尔德家族的章鱼,以英格兰为中心,用触角抓住了整个世界,章鱼身上标着"大英魔鬼鱼"几个大字;约翰牛对自由女神发起野蛮的攻击,而品德高尚的白银又被铁链锁着,只能眼睁睁地看着这一幕,眼神里满是无助;不列颠之狮被山姆大叔从大炮里轰出;一个极度贪婪的高利贷者坐在那里,手里攥着好几个黄金包。

尽管如此,哈维在讨论金本位拥护者时语言还是相当克制。哈维特别强调认为,保守派媒体对主张自由铸银的人士狂轰滥炸地恶语相向,是对理性争论的一种拙劣替代,因此他更愿意把硬币刻画成比这一切都要高尚的人。他所做的一次罕见的人身攻击,是把劳伦斯·劳克林描绘成"一位政治经济学教授,像银行家一样富有,心智能力只有算计薪水这一块非常发达,其他方面都是一无所知……"。哈维在大部分情况下宁愿把实业家描画为白银的潜在朋友,乐于倾听理性。他说,银行家们本身"通常而言属于一个爱国的阶层,但他们被位于伦敦和纽约的核心势力所控制"。

哈维对同时代大多数人的态度也许是理性、磊落的,因为主张自由铸银的人士的敌对情绪,在这里被引到其他地方——在时间上,往回引到荒谬的"73 罪行"的实施者,在空间上向外引到作为国际金本位制堡垒的英国和作为其金融中枢的罗斯柴尔德家族。然而,哈维对"73 罪行"和英国强权的讨论,全然没有了冷静。在哈维或大多数主张自由铸银的人士眼里,所谓的 1873 年白银去货币化灾难,并非某个可怕的错误导致的后果,而是一个狡诈的阴谋带来的结局。"那些想要通过让货币稀缺来损害经济的人",他们的白银去货币化努力,完全实现了既定目标:白银去货币化制造了一场萧条,造成了无法形容的苦难。国会偷偷摸摸地通过 1873 年法案,而且许多投赞成票的人根本就不知道自己是在做什么。白银"被悄悄地去货币化了,自此之后,一个强大的货币托拉斯就一直在使用蒙骗手法和各种与事实不符的讹言,误导成千上万诚实的头脑陷入歧途"。白银去货币化

> 就是众所周知的 1873 罪行。这是一场犯罪,它无端没收了价值数百万美元的财产!这是一场犯罪,它制造了数万贫民!这是一场犯罪,它让数万人流离失所!这是一场犯罪,它导致数千人自杀!这是一场犯罪,它让强者流下痛苦的泪水,让孤儿寡母饥不择食!这是一场犯罪,它正在摧毁这个国家的支柱——这片土地上诚实正直的自耕农!这是一场犯罪,它把这个曾经伟大的共和国带到了毁灭的边缘,让它处在摇摇欲坠的危险状态![掌声]

这场犯罪阴谋的真正中心当然是伦敦。硬币的论证,几乎每一步都夹杂着对英国的新仇旧恨,时常让人觉得自己又回到了1812年的那种气氛。据说,甚至我们货币制度的基础,也可以追溯到"我们的革命先辈,他们痛恨英国,深知英国对我们国家的各种图谋"。哈维想要利用这种感觉,乃是出于一个重要的策略上的考虑。主张美国单方面自由铸银的人,当时不仅在同金本位制倡导者你来我往,也在同国际双本位制论者争论不休。后者认为,货币本位同时使用这两种金属是可取的,但坚持认为,美国独自维护白银的地位,没有来自国际上的支援,只能给自己带来灾难。国际双本位制论者的这一论点,实际上是反对单方面自由铸银者最令人生畏的论点之一。哈维提出他的论点时所使用的激烈言辞,无疑与处理这一问题时遭遇的某种挫折有关。

《硬币的金融短训班》的高潮出现在硬币第六次也是最后一次讲座上。在这次讲座中,他详细说明了对英国强权的反抗。他在这里敦促尝试货币独立实验,并坚持认为,假若国际主义者的观点果真证明是对的,那么人们就不应该屈从于金本位而应该发动战争:"如果情况果真是这样,那就让我们把英国变成为美国的一部分,把她的名字从世界各国名单中抹掉。"硬币接着说,"同英国开战将是地球上最得人心的战争",同时也是最正义的战争,因为这场战争针对的是"一个可以摆布全世界的货币,从而给全世界带来苦难"的强权。他接着说,但如果美国在货币政策上顶住了英国,实际上就没有必要发动这场战争。指望英国同国际行动保持一致,纯属枉然,因为她是一个委身于黄金的债权国。"每当财产利益和人性发生冲突时,英国始终是人类自由的敌人。"逃避单方面双本位制的斗争,"意味着向英国投降",而且会带来导致美国出现自相残杀的战争,并致使共和国终结的风险。他争辩说,如果当前的政策继续下去,最终的结果将是

> 英国占有我们的肉体和灵魂。她正在通过和平方式征服美国。她在18世纪用枪炮没做到的事,在19世纪正在用金本位来做。〔掌声〕保守的金融界当年替她的英国托利党朋友为虎作伥,如今又在替她的朋友为虎作伥。〔掌声〕1776年,纽约市的商界人士通过了反对《独立宣言》的各项强硬决议,如今他们又在通过反对美国政策的强硬决议。〔掌声〕

七

在为白银辩护的各种说法中,哈维的说法无疑最受欢迎,但他的辩词绝不是最好的。事实上,他的说法比布赖恩和泰勒等支持他的国会议员的发言,以及布朗大学校长 E. 本杰明·安德鲁斯、麻省理工学院校长弗朗西斯·A. 沃克(Francis A. Walker)和通权达变的白银运动鼓吹家 S. 达纳·霍顿(S. Dana Horton)等美国双本位制论者的作品,要逊色得多。这让人们不禁想起,有关货币的广泛讨论中也存在格雷欣法则(Gresham's law):劣币驱逐良币论。哈维的观点缺乏系统性、逻辑性。他对这些问题中究竟哪个地方需要重点把握,几乎令人摸不着头脑。他最大的失败之处在于动不动就离题,总喜欢把那些对他的具体情况来说毫无必要或者根本就无法证实的论断插入论证中,那种不恰当的程度令人吃惊。例如,他认为,全世界所有黄金可以拼成一个棱长为 22 英尺的立方体,并强调这一点极为重要;在他的笔下,这个真相披露出来后,来旁听硬币课程的金本位制主张者顿时炸开了锅,尽管没人极欲否认黄金是一种稀有商品。他坚持认为,每盎司白银的生产成本是 2 美元,结果引起了经济学家们的嘲笑。在活着的人们的记忆中,白银的价格从未超过每盎司 1.36 美元。因此,照哈维这么说,生产白银纯粹就是在做慈善,而且这项慈善事业持续的时间已经超过了整整一代人。论据出现硬伤、歪曲法规和引文、生造令人摸不着头脑的术语"兑换货币"(redemption money)、把枝节问题或不成问题的问题推到关注的中心、编造一部基本上算是虚构的货币史,从各方面来看,同他这本书要处理的问题给他带来的批评相比,哈维自己造成的问题在批评面前要脆弱得多。[①]

事实上,哈维此书除了在社会上大获成功无须商榷之外,几乎所有地方都值得商榷。这本小册子对历史学者的重要性在于它的广受欢迎,它表明哈维对

---

① 同时代最重要的批评是 J. 劳伦斯·劳克林的《货币的真相》(Chicago,1895)和贺拉斯·怀特的《硬币金融小丑》(New York,1895)。这两本书逐条批驳了哈维的论点。前面引用过的威拉德·费雪的文章《"硬币"和他的批评者》,在一些费雪觉得批评者对哈维不公的地方,替哈维("一个未经训练的思考者,能力远远超过一般人的水平")做了公允、严谨的辩护,但同时也就哈维大部分离奇的错误和无谓的错误整理了一份简要的清单(第 190—192 页)。

该件事的理解,接近于一个信念坚定、思维活跃但没有接受过专业训练的普通自由白银派人士的理解。格特鲁德·斯坦因(Gertrude Stein)①曾称另一个在货币方面想法古怪的人埃兹拉·庞德(Ezra Pound)②为"乡村解说员",哈维就是这样一位"乡村解说员"。和其他许多运动一样,自由白银也有其低级文化和高级文化。哈维代表了普通人的思考,其论证的要点再现了当时一种非常普遍的看法。这些要点可以从他杂乱无章的论述中提炼出来,其中包括四个主要是历史性质的论断和四个基本属于纲领性质的经济论断。四个历史论断是:美国货币的最初单位是银元,于1792年采用;这是一直成功运行到1873年的双本位制体系的第一要素;1873年,被连自己都不知道自己在做什么的邪恶黄金利益集团蛊惑和腐蚀的国会,"暗自"偷偷摸摸地将白银去货币化;1873年白银去货币化,将国家主要货币的供应量削去了一半。大体上可以视为经济论断的有:国家遭遇的萧条、遭受的苦难,纯粹就是物价不断下跌和黄金持续升值导致的后果;低价格可以通过注入新货币来补救;新货币的对应来源是以16∶1的比价自由、无限铸银;最后,美国可以在没有任何外国合作的情况下单独采取这一补救办法。

事实上,哈维对美国最初货币体系的记载,与自由铸银作为对19世纪90年代经济状况的一种补救措施的价值,两者之间完全没有关系。如果说1894年自由白银是一项好政策的话,开国元勋们1792年想要铸造什么样的货币,根本就不重要。这一百年来,我们在货币体系方面积累了更多的经验,在经济学知识方面也取得了一定的进展,很难指望开国元勋们在货币问题上的做法,对哈维同时代在货币问题上的任何一方,有多大的理性权威。但是白银派人士和

---

① 格特鲁德·斯坦因(Gertrude Stein,1874—1946),美国小说家、诗人、剧作家、理论家,代表作有《毛小姐与皮女士》等。——译者

② 埃兹拉·庞德(Ezra Pound,1885—1972),美国诗人、文学评论家,意象派诗歌运动重要代表人物,代表作有《地铁站内》《比萨诗章》等。庞德1908年迁居伦敦,1921年迁居巴黎,1924年再度移居意大利热那亚,此后庞德的关注重心逐步由文学创作转向资本主义政治经济问题。庞德自认为一名政治和经济专家,其经济方面最重要的建议是,通过合理控制货币来实现更公平的分配。第二次世界大战期间,庞德为意大利法西斯所用,通过罗马广播电台发表数百次广播讲话,讲话主题涉及经济、历史、政治和文化等各个方面,其中包括对英美两国及其领导人丘吉尔、罗斯福等的抨击,高调赞扬墨索里尼和意大利法西斯。广播讲话时,庞德自称埃兹大叔,改掉上流社会口音,装成乡巴佬的腔调,以吸引普通听众,故被斯坦因称为"乡村解说员"。1944年底,庞德被美军抓获,但后来被大陪审团裁定患有精神病。——译者

他们的对手一样,珍惜他们的历史传说①,自由铸银将恢复"我们国父们的美元"这一美好想法,就是这种传说的重要组成部分。

哈维版的美国货币史,完全就是误导。他千方百计地想向大家表明,最初货币单位是银元,黄金"也是人工货币",但"其价值是用银元定出的"。这种说法既是无稽之谈,也是无谓之谈。最初的货币单位就只有美元一说,以各种金币和银币的方式流通。② 美元的解释就是具有一定重量的白银与具有一定重量的黄金,白银和黄金之间的比例是 15∶1。开国元勋们实际上并不重银轻金。大家普遍更偏好黄金,因为黄金的价值更可靠,也更稳定。但汉密尔顿在 1791 年 5 月向国会所作的关于铸币的报告中建议采用双本位套币,理由是,现有的黄金数量不足以作为支撑货币体系的基础。如果有人想从哈维极力宣称白银的首要地位中打捞出什么事实的话,这个事实肯定就是,黄金太贵了,无法用来铸造普通的硬币,所以只铸造了从 2.5 美元到 10 美元的金雕套币,普通人买的是银币。("黄金被认为是有钱人的钱……穷人难得买它,非常穷的人甚至难得见过它。")

哈维暗指美国在"73 罪行"之前,有一个运行良好的双本位体系,旧的美国银元在这个国度广泛流通。他的这种说法也是误导。正如前文所述,双本位制在法律上确实存在。但事实上,由于国会设定的金银之间的法定比价同与世界市场不相一致,因而本位货币已经从白银变成了黄金。后来,教条的金本位主张者,被本位货币的改变这个事实给说服了,他们极为轻率地坚持认为,事实证明双本位制没有可能。他们没有考虑到这样一个事实,即从汉密尔顿时代到美国内战这一段时间内,任何时候,只要国会有这方面的意愿,设定一个与法国更一致的法定比价,并非不可能。这不由得让人推想:如果国会在 1792 年后不久就决定纠正汉密尔顿的错误估计,并设定与法国相同的法定比价,国际双本位制则将会有多坚挺。

至于美国的旧银元,哈维似乎没有认识到,在国会允许铸造后不久,它就从流通中迅速消失了。个中缘由是,作为美国本位货币的银元,虽然在重量上比

---

① 此处"传说"一词,取"属于传统的、轶事性的或属于某一特殊专题的知识"之义。——译者
② 1792 年的铸币度量单位规定如下:价值分别为 10 美元、5 美元和 2.5 美元三种金币,银币 1 元银元、半元银元、四分之一元银元、1 角银元和半角银元,以及铜币 1 便士和半便士。

西班牙银元轻,但要比后者更新、更亮,磨损也更少,因此在某些特定性质的外贸交易中,更容易为人们所接受。贸易商发现,出口美国银元,用其换回西班牙币有利可图。西班牙币在美国是法定货币,这样也就成了美国白银流通的主要媒介。由于美国银元的流失,杰斐逊总统于 1806 年下令停止铸造银元,禁令有效期 30 年。

哈维的第三个历史论断——《1873 年铸币法案》是应主张金本位的银行老板之请,国会议员被他们收买后秘密通过的——在货币改革的鼓动者中广为流传,而且这种说法获得人们的普遍认可长达 16 年之久。尽管这一指控本身就难以置信,但金本位制代言人还是被迫对其进行了详尽的驳斥。他们指出,任何议案都不可能在国会秘密通过,而且《铸币法案》从 1870 年 4 月递交国会,到 1873 年 2 月获得通过,国会已经审议了将近 3 年。众议院铸币和度量衡委员会(House Committee of Coinage, Weights and Measures)主席将它提交给众议院讨论时,指出该法案在法律上确立了单本位制,并宣称他的这一看法来自参议院下设的一个委员会,"同我所知道的所有委员会一样",这个委员会"对任何一项议案都会给予细心的关注";议案奉国会之命印行了 13 次;法案在参议院辩论了 1 次,在众议院辩论了 2 次,在《国会世界》(Congressional Globe)①中总共出了 144 栏;铸币局两任局长和其他专家都已指出,该法案将旧银元去货币化了;法案在众议院是借来自马萨诸塞州的众议员塞缪尔·胡珀(Samuel Hooper)之手通过的,胡珀当时细心地介绍了法案,称当下正在将金元确立为价值尺度;有些参议员提到终止铸造银元;白银派人士后来为了表明法案是秘密通过的而引述的一些东西,实际上歪曲了国会辩论。②

然而,在人们如此普遍相信"73 罪行"这样一种错觉的情况下,了解它是如何产生的,也许同再来捋一遍足以说明这件事纯属子虚乌有的详尽证据一样重要。毫无疑问,神话的形成与传播,跟经济上的苦难和社会上的怨恨是分不开

---

① 《国会世界》(Congressional Globe)是由私人发行的国会记录,1873 年后被官方出版的《国会记录》(Congressional Record)取代。——译者

② 关于金本位制倡导者的权威反驳,参见 Laughlin: Facts about Money, pp. 57—69 和 The History of Bimetallism in the United States, pp. 95—102; Horace White. Coin's Financial Fool, pp. 44—54; David K. Watson. History of American Coinage (New York, 1899), pp. 125—137。关于 1873 年法案的起因,我到目前为止所看到的最有识、最敏锐的描述是尼尔·卡罗瑟斯的《辅币》第 16 章。我对情况的估计采用的是他的看法。

的。但"73年罪行"这种见解也透出了少许真相,其细微的痕迹就存在于这样一个事实当中:即使是国会中比较有见识的人,在1873年也很难非常敏锐地感觉到他们通过《铸币法案》时此举的全部含义。

这项议案最初旨在编纂铸币法,纠正内战结束时美国辅币的混乱、昂贵状况。19世纪60年代后期,社会上都在议论纷纷,认为有必要采取行动,于是,财政部部长乔治·鲍特韦尔(George Boutwell)要求货币监理署副监理(Deputy Comptroller of the Currency)约翰·杰伊·诺克斯(John Jay Knox)准备一份议案。该议案于1870年首次提交给国会,并在通过前的3年里经过了大量讨论和修正。是否允许继续铸造本位银元的问题,从来就不是问题。任何一位细心的国会议员都不难认识到,本位银元的各类硬币正在被人们放弃。银元只是一种不常见的、大家已经忘得差不多的硬币,它在1806年之前用于出口,1806—1836年间已不再铸造,1836—1873年间已不再流通。之所以没有人反对废止它,不是因为这件事有什么不可告人的秘密,而是因为没人关心这件事、在乎这件事。白银利益集团知道,已经不再使用的银元,其明确规定的白银重量的实际价值,比公开市场上面值1美元的银元要多几美分,因此,他们没有理由要求继续铸造银元。1873年的那部法律提交讨论时,德国还没有实行金本位制,即便到后来通过时,德国在世界市场上出售白银的影响还没有开始压低白银的价格。

《铸币法案》通过7个月后,1873年大恐慌拉开序幕,白银价格也差不多在同一时间开始下跌。将货币作为改革方向的人,自然会把这两件事联系起来。随着通胀需求的增加,那些觉得采取支持白银的立场乃明智之举的国会议员,现在开始解释说,在投票支持《1873年铸币法案》时,他们并不知道自己在做什么——只要记住该法案在技术上的难度,我们就可以明显看出,从某种意义上说,他们大多数人讲的是实话。但是,至少对他们中一小部分人来说,加入普遍哭诉"73罪行"的行列,需要壮着胆子睁眼说瞎话。以宾夕法尼亚州众议员威廉·D. 凯利(William D. Kelley)为例——我前面提到,有人曾向众议院保证,铸币和度量衡委员会对该法案进行了仔细权衡,指的就是他——当时,有少数几个人明确指出了《铸币法案》可能会对白银造成的影响,他就是其中之一。凯利在1872年1月9日告诉众议院:"绝无可能继续实行双本位制。"然而6年后,他却厚着脸皮加入那些坚持认为《1873年铸币法案》是一个骗局的人们的行列,说什么"我虽然是铸币委员会主席,但我不知道这会使银元去货币化,也不知道它会将银元从我们的铸币体系中除名"。

至于哈维所谓《1873年法案》通过白银去货币化"销毁了美国一半的兑换铸币"这种看法,批评人士指出,一种根本不流通的货币,几乎不可能去销毁它,而且可想而知,即便如此,也不可能对1873—1879年的大萧条产生任何影响,因为当时美国还在采用不可兑换的纸币本位。他们还指出,由于1878年和1890年两部白银法案,银元在某种程度上恢复了流通。事实上,到1894年,投入流通的银元或具有法定货币地位的银票,都比1873年多,多到超乎任何人的想象,但这并没有提高总体的价格水平或是白银本身的价格。①

我们的货币史上到处充满了不易察觉的徒劳。1873年的那部法律,也有一个颇具讽刺意味的地方,须在这里指出:在实际操作过程中,不管从何种意义上看,这部法律都根本没有将白银去货币化,实际上反而差一点让这种白色金属重新货币化,尽管其制定者无意如此。虽然这部法律规定不再铸造旧的本位银元,但是它却弄出了一个叫作贸易银元的新银元——此举主要是为了方便同采用银本位的东方国家进行贸易,并与墨西哥元竞争。贸易银元的含银量略高于旧的本位银元,并不打算在美国境内流通。然而,该法又规定,贸易银元不仅可以自由铸造,而且可以作为国内支付5美元以下款项的法定货币。加入这一法定货币条款,是为了通过提高这种美元的国内地位,来加强它在国外的地位。没有人认为这种美元会在国内实际流通,因为它作为白银的溢价甚至高于已经不复存在的重量较轻的本位银元,因而预计不会与当时占主导地位的绿币形成货币流通竞争。但接踵而至的白银价值的突然下跌和绿币价值的上涨,导致贸易银元除出口到东方之外,还在国内大量流通。因此,1876年国会取消了贸易银元的法定货币性质,并于1878年停止铸造贸易银元。在此期间,贸易银元还在市面上继续流通,直到1887年国会最终将其全部兑换赎回为止。但据查尔斯·R.惠特尔西(Charles R. Whittlesey)观察,自由铸造和法定货币两项条款在其同时存在期间,曾短暂导致白银重新货币化。鉴于贸易银元更重,重新货币化的比价定在大约 $16\frac{1}{3}:1$ ——考虑到白银价格的变化,这一比例绝非对白

---

① 到1894年,市场上流通的有银票3.269亿美元,1890年发行的中期国债1.346亿美元以及银元5 250万美元。*Historical Statistics of the United States*, p. 648.

银不利。但是,主张通货膨胀的各派力量没有看到,他们弄出贸易银元而无意间从中获得了好处,因而对阻止废除其法定货币权力没有多大兴趣。之所以出现这种情况,也许是因为他们没能理解白银重新货币化的潜力。在 1876 年这个节点上,调动日益高涨的白银情绪,反对取消贸易银元的法定货币性质,在政治上要比恢复自由铸造本位银元容易得多。惠特尔西教授将这种策略上的失察归因于"白银利益集团在经济方面的无知"。① 但我们强烈地感觉到,总的来说,19 世纪 70 年代所有卷入货币之争的人,都像是在黑暗中摸索前行。

八

现在让我们从哈维在历史方面的论述转向他在纲领方面的论述。看待这个问题有两种可能的方式:第一种方式是把哈维看作一位专业的经济学家,按照严格的专业标准来审视他的论述。这一点如今除了用来确定大众鼓动和专业分析之间的区别,已经没有什么太大的意义。哈维是个业余爱好者,他的书充其量只是对错综复杂的双本位制思想的夸张描述。当然,同时代金本位制的捍卫者们把他当作一位专业人士来对待也并不为过,在这一点上,他们多半是

---

① *Principles and Practices of Money and Banking* (New York, 1954), pp. 206−208. 关于贸易银元,参见 Carothers. op. cit., pp. 233−234,275−280. 称"白银利益集团"在 1876 年已经是一支有组织的力量,这种说法在某种意义上差不多可以说是搞错了时代。此时支持白银的情绪才刚刚开始逐渐转向明确的理性认知,主张通货膨胀的主导理论基础仍然来自绿币党。

保罗·M. 奥利瑞(Paul M. O'Leary)重拾了"73 罪行"概念,但在形式上做了很大调整。他指出,货币监理署监理约翰·杰伊·诺克斯的特别助理亨利·R. 林德尔曼(Henry R. Linderman)当年是积极参与《1873年铸币法案》起草和重新起草的一位活跃人物。这位人士在 1872 年 11 月,也就是该法案通过 3 个月前,已经意识到,左右世界的决定性要素即将带来白银的贬值。林德尔曼是一位坚定的金本位制主张者,他没有提请即将就该议案进行讨论表决的国会议员注意相关事实及其影响,尽管他在给财政部部长的报告中提到了这些情况。因此,至少有一个人——如果财政部部长充分认识到林德尔曼的报告究竟意味着什么的话,那就有两个——意识到白银价值即将下跌,并可能已经意识到停止铸造旧银元对未来的影响。

但不管怎样,有一点依然毋庸置疑:由于采用了贸易银元,随后贸易银元又在美国流通,主张通货膨胀的利益集团在 1873−1878 年间,直至 1878 年不再铸造贸易银元为止,在这个问题上有一次重新再来的机会。主张通货膨胀的势力没有抓住这个机会,因此我们只能得出这样一个结论:虽然奥利瑞提出的考虑因素确实表明金本位制主张者是有预谋的,至少当时有一位重要的参与者就在现场,但至关重要的是,这乃是在一个政策混乱不堪、朝令夕改的时期,贬值货币主张者在捍卫自己利益时表现无能的结果。此外,《1873 年铸币法案》的肇始——可以追溯到 1870 年——绝无可能因有人希望白银价值发生变化故意诱导所致。参见 Paul M. O'Leary. "The Scene of the Crime of 1873 Revisited: A Note", *Journal of Political Economy*, LXVIII(August,1960),388−392。

无懈可击的。毕竟在他的笔下,"硬币"是比专家更权威的专家。J. 劳伦斯·劳克林说出"蓄意编出这么一本书,就是为了逢迎流行的偏见,有意欺骗和误导大众"这么一句话时,也许太过刻薄、粗暴,没有考虑哈维发自内心的天真;但我们肯定同意同时代另一位经济学家威拉德·费雪更为冷静、不带偏见的论断。费雪写道,这本书"对那些在货币问题上接受过专业训练的人来说,毫无价值",因而他觉得很奇怪,"如此粗糙的一部作品竟然能引起这么大的轰动"。①

但也可以说,在民主国家,像货币这样错综复杂的问题确实必须间或成为大众讨论的话题,而且必须以简化的方式讨论。人们也许会问,撇开不合理的技术性细节不谈,要求将通货膨胀作为19世纪90年代经济萧条的补救办法,是否具有实质性的经济价值?要求进一步贬值货币是否也不具备某种道德上的正当性?如果从这些宽泛而又宽厚的角度来看待这个问题,哈维就更站得住脚了——甚至具有某种程度的预见性,因为昨天思想稀奇古怪的人在某些领域的探索,可能比昨天公认的代言人,更接近今天的主流观点。

哈维的纲领性立场的精髓,前面已作扼要描述。他在该处提出了白银重新货币化主张。原话如下:"增加这片土地上货币单位的数量,就增加了所有财产的价值,这样,就可以让债务人清偿债务,让企业东山再起,让国家所有产业复苏。只要白银和其他所有财物的价值都用金本位来衡量,这些就一定会继续处在瘫痪状态。"哈维的整个表述方式谈不上严密,甚至很含混。这一点在两处表现得非常明显:第一处是在原书第147页以下对商业萧条概念的解释。尽管哈维对这一概念进行了生动形象的说明,但还是令人费解。第二处是在原书第203页的这个论断:将金元减半,会"让美国除债务以外所有财产的价值(他指的大概应该是价格)都翻上一倍"②。

---

① Laughlin."'Coin's' Food for the Gullible",*The Forum*,XIX(July,1895),577;Fisher:"'Coin' and His Critics",p. 192.

② 引的是约翰·哈佛图书馆版本的页码。

同时代保守派人士普遍认为这些建议是一种荒唐可笑的激进主义,因此我们很值得在这里简单介绍一下这种一边倒地强调经济萧条中的货币因素所内含的隐性保守主义要素。哈维和他那些主张自由铸币的伙伴们并不打算对工业资本主义进行根本性的批判,他们只是想让它正常运转。他们坚信,只需要一个简单的方法,就可以做到这一点。保守派批评人士没有注意到这一前提,但平民党左翼却没有漏掉这一点,他们的代言人反对自由白银,理由之一是,这样做不会大大缓解美国社会的基本弊病。

也许需要特别指出的是,1933年,美国政府将美元的含金量削减到以前平价的59%,希望可以借此让物价按相应比例上涨,但这种应急做法没有奏效。

当然，哈维用的是初级货币数量理论。根据这种原始的货币数量理论，在货币需求稳定的情况下，货币价值的高低同货币可供数量的多少成反比。因此，价格总水平（the general price level）与货币可供数量直接相关。大量增加货币供应——比如通过自由造银就可以做到这一点——会提高价格总水平，从而让过高的债务回落到合理的水平上，并重振整个经济。

这里可能会出现这么一种情况，即我们的注意力可能会全放在哈维替通货膨胀辩护的缺陷上，尤其是被他不切实际地要求以 16∶1 的比价自由铸银全部吸走目光，而忽略通货膨胀要求的实质性好处。现代经济学观点会比当时教条的专业人士更尊重哈维的总体推理思路，尤其是将其应用于长期的剧烈通货紧缩之后发生的 19 世纪 90 年代的大萧条上时，这种总体推理思路就更值得尊重。令哈维的见解大打折扣的，是他过于痴迷货币供应的金银基础，这反过来反映了他对从美国农业思想中继承下来的老式货币观的坚持。他没有把货币从功能上看成是一种支付手段，而只是将其视为一种记账货币（money of account）（或者用他的话说，是一种价值尺度）。在他的理解中，"真正的"货币属于硬的铸币。他所运用的货币数量理论（原书第 188 页）只适用于"支付货币"（redemption money），也就是金银。他对自己有生之年成长起来的精心设计的信贷工具不屑一顾，认为它无关乎货币本位这一根本问题。在他看来，他所称的"信用货币"（credit money）的扩张并不代表货币供应量的真正增加——对于这种"信用货币"的过度扩张，他只能说这很危险（原书第 141—143 页）。

现代货币数量理论在计算货币供应时会把所有各种可用的支付手段，包括活期存款（demand deposits）[①]，即可以用支票支取的银行存款，都考虑进去。在现代货币数量理论中，货币流通速度也是估算任何一个时期货币供应时必须加以考虑的一个因素。货币流通速度虽然是一个古老的概念，但直到哈维那个时代，才刚刚开始用于经验研究；但对哈维同代人来说，活期存款的使用快速增长，却是一个常见的、显著的事实。到 19 世纪 90 年代，大约 90% 的商业交易都是通过支票进行的。但哈维对这一事实没有兴趣，认为它同货币需求没有关

[①] demand deposit 属于活期存款中的一类，不需要提前通知即可支取，通常没有利息，可以开支票；美国活期存款中还有另一类，称为 savings deposit，可以随时支取，有利息，但不可开支票，属于非交易类储蓄账户。——译者

系,不会对后者产生影响,因而对其不予考虑(原书第145—147页)。按他的说法,虽然"信用货币"在便利交易方面非常实用,但它与价值尺度无关——他所唯一关心的就是价值尺度问题。

哈维的货币观无疑根源于一种商业经验,那种经验直到彼时才刚刚过时,因而仍然影响着许多农民和一些生意人的思维。他的观点反映了这样一种朴实无华的传统看法,即货币除非在非货币用途上具有大致相当的价值,或者可以直接兑换成具有如此价值的货币,否则就不是真正的"好"货币。E. 本杰明·安德鲁斯在1894年说过这么一件事:"几年前,我在新英格兰地区一个繁华的村子看到一家在当地首屈一指的商店,店主人经营了十年,却不知道如何开支票。如果东部都是这个样子,可以想见,在西部和南方,银行业经营方式发挥的作用就更是微不足道了。"[1]来自这种乡村背景的人,自然会完全从原始货币的角度考虑货币问题的解决办法,而对设计更灵活的支票信用工具来解决问题不感兴趣。对他们最严厉的指责,也许莫过于这样一种非难:国家终于走到了力图设计出一种灵活、周密的信用体系这一步,这种信用体系将会对他们以前所一直反对的那种邪恶做出更得心应手的反应,但像哈维这样对银行持有严重偏见、坚决反对银行的人,却不会赞许这一努力,反而会对它嗤之以鼻,认为这不过是又给高利贷者添了一个新的利润和权力来源而已。

不管怎样,哈维的观念——黄金升值是他那个价格低迷席卷西方世界的时代各种苦难的主要根源——同美国和欧洲许多水平更高的同时代人的看法完全相同,只不过更粗略、更通俗而已。这些人当中,不乏杰出的经济学家和政治家。那个时代这些受人尊敬的人,对经济波动和失业现象以及若干国家的农业人口中普遍存在和日益增长的不满情绪深感不安。他们把价格低迷归咎为国际金本位制的形成。在他们看来,1873年之后,每一个新的、好不容易爬上金本位浪头的西方国家,就这样加入了对极其有限的黄金供应的大争抢行列。每多一个这样的国家,就多了一份对黄金的需求,由此导致的结果便是黄金升值和物价下跌。当然,如果价格稳定果真是头等大事,是大家最迫切的需要的话,那么金本位制在这些年以及接下来的岁月里留下的记录,的确都谈不上振奋人心。[2] 更何

---

[1] *An Honest Dollar* (Hartford, Conn., 1894), pp. 26—27.
[2] 关于这一点,参见 D. H. Robertson, *Money* (4th ed., Chicago, 1959), pp. 117—119。

况，双本位制是经济理论中一个很不错的见解。这种理论很容易让大家信服，如果当时的国家，比如说，在19世纪70年代甚至80年代初，成功达成一项协议，将西方贸易界置于双本位的基础上，情况可能会有所好转。

对于黄金升值是价格低迷的罪魁祸首这一用来反对金本位制的惯常理由，外行人看不出其中的优劣。但熟悉宏观经济发展的大多数经济学家，近年来倾向于认为，与工业化和交通运输的改善带来的某些长期变化相比，货币的金银基础对长期价格下跌的影响并不重要。工业的发展带来了许多让成本长久下降的进步。对铁路和航运的大规模投资、交通设施的改善、苏伊士运河的开通，这些变化带来了全世界大片生荒之地的迅速发展，并导致世界迅速压缩为统一市场。农业人口对这些变化的影响感受特别强烈，他们不得不在拥挤的国际市场上竞争，大家都深受国际上农业普遍萧条之苦。更何况，对实际货币供应量的历史研究表明，这一长期价格下跌期间银行业的变化导致实际货币供应量与黄金供应量的增长率之间越来越脱节。根据格利（Gurley）和肖（Shaw）对美国的估算（两人把活期存款和其他增长来源也计算在内），1869—1899年的几十年间，美国实际人均货币供应量稳步增长，其年增长率略高于内战前。[①] 金本位制很有可能加剧了价格的下跌，但也不能将长期价格下跌完全归咎于它。

但接受这些发现，并不意味着就要否定19世纪90年代中期要求通货膨胀的价值。彼时那种对可控的通货膨胀——这种可控的通货膨胀能够刺激企业的发展，并重新调整债务人和债权人之间的平衡——的强烈要求，不管是在经

---

① 参见前文已经引用过的格利和肖的两篇文章。伦迪格斯·费尔斯《美国经济周期研究，1865—1897》叙述了经济学家对货币因素在19世纪90年代大萧条中所起作用的看法，Rendigs Fels, *American Business Cycles*, 1865—1897 (Chapel Hill, N. C., 1959), Chs. 11 and 12。查尔斯·霍夫曼认为，在这场萧条中，货币政策和财政政策产生的影响是次要的，只是导致大萧条恶化的因素，Charles Hoffman, "The Depression of the Nineties", *Journal of Economic History*, XVI (June, 1956), 137—164。李本森总结了运输革命及其带来的国际后果方面的文献，Lee Benson, "The Historical Background of Turner's Frontier Essay", 载 *Turner and Beard* (Glencoe, Ill., 1960), pp. 42 ff.; A. E. 穆森总结了1873—1896年间英国大萧条方面的文献，A. E. Musson, "The Great Depression in Britain, 1873—1896", *Journal of Economic History*, XIX (June, 1959), 199—228。关于金本位制在解释长期价格下跌方面的局限性，参见 J. T. Phinney, "Gold Production and the Price Level", *Quarterly Journal of Economics*, XLVII (August, 1933), 647—679, 以及 E. H. Phelps Brown and S. A. Ozga, "Economic Growth and the Price Level", *Economic Journal*, LXV (March, 1955), 1—18。试比较 J. M. Keynes, *Treatise on Money* (London, 1930), II, 164—170, 以及 W. T. Layton and Geoffrey Crowther, *An Introduction to the Study of Prices* (London, 1938), Ch. 8。

济上还是在道义上，理由都非常充分。困难在于为这种通货膨胀找到一种机制，从而既能实现人们渴望的价格上涨，又不致扰乱对外贸易和投资，动摇企业界的信心，让他们以为预期收益将不复存在。在现代中央银行业务条件下，这些机制是现成的。但在 19 世纪 90 年代，情况并非如此，所以争论的焦点集中在货币本位上。从后世的视角看，在金本位制和白银重新货币化这两种令人昏昏欲睡的教条主义之间的冲突中，似乎存在着某种真正悲剧性的东西，那就是这两派鼓吹者既缺乏对问题的充分理解，也没有合适的方案来纾解经济困境。

正是在这种背景下，我们才能看到哈维故意用业余的方式试图重述人们在白银这件事上的真实辛酸。当然，拿思想稀奇古怪的人开玩笑，也是一种无伤大雅的乐子。但是，当他们像哈维这样获得广泛的拥护时，政治家们即便不去认真考虑他们的想法，至少还是要认真对待他们的鼓动。19 世纪 90 年代发生在美国和欧洲的这场争论，围绕的是一个重大社会问题。这个重大社会问题既涉及道德方面，也涉及技术和经济层面。而在道德方面，金本位制的捍卫者也与最激进的白银派人士一样，往往把自己教条地封闭在自己的预设前提之内，在社会共情方面，通常还不如后者豁达仁厚。那个时代具有正常思维的治国才干，就像其具有正常思维的经济学一样，为自己的正统观念所羁绊，无法采取建设性方式，来同持久而普遍的社会不满达成妥协。在这方面，J. 劳伦斯·劳克林的社会哲学和格罗弗·克利夫兰的治国之道，我们确实不敢恭维。他们认可价格的大幅、长期下跌，说这"符合自然之道"。他们认为债权人的利益是完全合乎道德的，认为任何试图纠正债务增值的行为都是不合自然的、不诚实的，都是对神圣义务的不折不扣的否定——正如劳克林在与哈维辩论时所言，这种做法是企图"把社会上大量精打细算、勤勤恳恳的成功人士的一部分储蓄和收益，转移到那些无所事事、挥霍无度或是厄运缠身的人的口袋里"①。这种自以为是的态度，不啻为挑衅，从中可产生不了高尚的政治风范。艾伦·内文斯（Allan Nevins）尽管对格罗弗·克利夫兰捍卫金本位制的做法大加赞赏，但他也毫不讳言，农民们的抱怨是合情合理的，"我们历史上最具讽刺性的一幕，大概莫过

---

① *Facts about Money*，p. 233；试比较他对"不够幸运的人、不够成功的人、不够聪明的人"和"由于拥有更胜一筹的工业力量而取得成功的人的荣华富贵"的评论，见 "'Coin's' Food for the Gullible"，pp. 574，576。

于这些农民的东部债主一边不厚道地嘲弄、奚落他们,一边却又坚持要求他们用比当时借出的价值高得多的美元来偿还贷款"①。在这件事上,劳克林下面这句话倒是要公正一些:"合同履行结束之际从债务方设法索要的还款的购买力,与合同履行之初债权方给予债务方的借款的购买力完全相同,一点不少,一点不多,国家就实现了最高正义。"②这样我们就完全可以理解,为什么布赖恩觉得,他在反对废除《谢尔曼购银法》的讲话中说的那句话,只不过是把劳克林的话重复了一遍而已。布赖恩的这句话是——"购买力接近于稳定,美元就接近了公正"③。

国际双本位论者的立场似乎一贯都是正确的,他们看到了未来通过超国家层面上的安排解决通货紧缩的方向。这种思路既能让贸易大国维持汇率的稳定,同时又能让它们在国内价格政策上保持一定的自由;而教条的金本位制人士,他们的方向是错误的,他们认为货币是受一成不变的法律约束的,因此不容做进一步安排。绝大多数美国白银派人士当然都不是国际双本位论者,他们和哈维一样,坚决主张采取单方面行动。这个差异至关重要,因为问题的国际性一面构成了美

---

① Nevins, op. cit., p. 594. 货币价值的任何变化都具有在社会各阶层之间重新分配收入的效应。货币价值的变化,除别的因素之外,也是政府各项决策的后果——哪怕政府只是决定不采取行动。在忍受了多年通货紧缩决策之后,通货膨胀主义者还被告知,他们提出的提高价格的建议是没有根据的、是不诚实的,目的就是干预自然的进程,此时他们的愤怒就很容易理解。倡导金本位的人擅自界定了这场争论的各种术语,如此一来,他们就不可能出错。

② 单从内容上讲,劳克林整句话没有问题。只有购买力前后一致,才能做到对债权方和债务方一视同仁、公平公正。通货紧缩政策导致购买力上升,对债务方不公;通货膨胀会导致购买力下降,对债权方不公。同前文为通货紧缩辩护相比,劳克林此处所言无疑公正得多;但劳克林此处是针对通货膨胀主义者说出这番话的,因而其公正度要打上些许折扣。这应该是作者认为"劳克林下面这句话倒是要公正一些"的原因。——译者

③ Laughlin, *The History of Bimetallism in the United States*, p. 70; Bryan, op. cit., p. 80. D. H. 罗伯逊在经典论著《货币》第七章中对作为政策和道德问题之一的整个价格水平问题做了仔细周密的讨论。另见凯恩斯给出结论的依据:"在贫困的世界里,引发失业要比让食利者失望更糟糕。"*Essays in Persuasion* (London, 1931), p. 103.

米尔顿·弗里德曼和安娜·J. 施瓦茨在《美国货币史(1867—1960)》中发现,在几个经济周期中,推动经济增长的力量同价格的长期趋势基本无关。他们认为,虽然物价普遍下跌或上涨对经济增长率影响不大,但"19 世纪 90 年代初货币政策的巨大不确定性,导致其同长期趋势严重偏离"。他们还表示,"与 19 世纪 90 年代普遍低迷的经济状况相比",放弃金本位制"也许更为可取"。但当时对放弃金本位制根本不予考虑,原因仅仅是它"在政治上不可接受"。关于奉行金本位制导致的严重通缩,他们指出:"现在回过头来看,无论是在早期阶段接受银本位制,还是早期坚持奉行金本位制,似乎明显都要比维持不稳定的妥协更可取,因为维持不稳定的妥协,不仅最终结果拿不定,相应地通货所承受的波动幅度也大。"参见 Ch. 3,尤见 pp. 93,111,133—134,特别是原书第 134 页中的拓展性注释。两人在这里解释了为何 1897 年以前银本位制可能比金本位制略胜一筹的原因。

国白银派人士的阿喀琉斯之踵。因此，当哈维在《硬币的金融短训班》接近结尾的地方，面对单独一个国家无望维持双本位制时，他拿掉那副示人以冷静教导和理性争论的面孔，转而对英国展开长篇大论的抨击，绝不是巧合。那种认为美国单独采取行动，就可以在维护白银价值的同时又可以维持双本位制，而不是采用白银单本位制的想法，长期以来一直就非常荒谬怪诞。那种以为在市场比价下降到32∶1时，我们还可以在按16∶1的比价无限铸银的同时仍然坚持双本位制的观念，被对手视为一种经济上的思想错乱，完全可以理解。正基于此，美国和其他地方那些"体面的"双本位论者都看到，货币本位问题是一个国际问题。也就是在这一点上，他们被白银民族主义者视为卑鄙的叛徒。

白银民族主义者不愿面对的一个现实是，自1871年以来，事态的发展已经严重削弱了白银的国际地位，只有国际上采取一致行动，才能恢复白银的本位货币地位。他们中很少有人能够做到坦率承认。由于这两种金属的价值在过去20年里已经毫无关联，他们实际上已经成为白银单本位倡导者。今天，当我们不再抱有金本位制完美无缺，或金本位不可避免这类错误观念时，兴许仍旧可以像1894年少数几位率直的白银派人士那样做出如下猜测：当时通过采用白银单本位来恢复价格要比接受价格继续急剧下跌这种令人沮丧的情形更加合理、更加有益。但改用银本位也可能会弄巧成拙，原因很简单，因为它会打击商界的信心。即使人们不去理会这种无形的影响，这么做对外国投资和对外贸易的打击，也可能产生极其严重的后果，足以耽误而不是加快经济的复苏。美国是一个债务国和资本输入国，银本位制对其清偿债务以及投资市场的影响，很可能就是一场小的灾难。抽象地看，银本位制，就此而言乃至纸本位制，都无不妥之处。但这并不意味着像科克雷尔参议员迷之自信地以为的那样，可以在不引发"我们金融体系的哪怕一丝波动"的情况下实现这种转变。①

---

① 大多数历史学家在讨论本位制之战时带有严重的意识形态色彩。自由派历史学家在处理这个主题时同维切尔·林赛（Vachel Lindsay）虚夸的诗歌《布赖恩，布赖恩，布赖恩，布赖恩》（Bryan, Bryan, Bryan, Bryan）的精神颇有几分相似，仿佛农民的苦难和社会上对白银派人士的广泛同情，便足以代替合理的补救建议。另外，大多数为货币争议本身的价值写下长篇大论的保守派历史学家，会暗自假定，J. 劳伦斯·劳克林的正统理论仍毫发未伤。他们会让我们不加批判地接受格罗弗·克利夫兰的论断，即如果美国放弃金本位制，它"就再也不能在一流国家中占有一席之地"。如果美国采用白银单本位制，并利用这一机会，采取积极主动的手段，以主导用白银进行交易的东方和拉丁美洲的贸易，将会出现什么样的情况。推测一下这个问题，会很有意思。

从历史角度看,可以说,通过签订国际协议,采取国际一致行动来支持白银的地位,良机早已过去。更何况,美国白银运动本身也在拼命削弱国内支持这一协议的势力,破坏他们为达成协议而付出的努力。

这一指控的背后,是国际上以1867年、1878年、1881年和1892年四次国际货币会议为标志,长期就此问题进行讨论和谈判的历史。当时的情况确实是,英国坚决拒绝放弃自己的金本位制,而其他大国则将英国此举解释为——且不问这种解释是对是错——对国际社会就白银问题采取令人满意的行动造成了不可逾越的障碍。但是,由于印度采用的是银本位,英国很担心同印度之间的贸易出现问题,因而越来越关注白银的稳定。部分出于这方面的原因,英国代表其实欢迎美国单独或与其他国家共同采取行动,这样便可以让这种白色金属在国际上一直使用并维持它的价格。在英国,金本位既是一种习惯,也是一种信条,但英国人并不认为这个信条适合输出,让其他国家也皈依于它。

国际双本位运动多年来一直致力于在各国之间就白银的使用达成协议。然而,美国的购银政策以及可能很快就会随之而来的无限铸银的威胁,就像乌云一样笼罩着历次国际会议。欧洲各国政府越有理由期待美国的购银政策会给他们提供倾销白银的场所和巩固黄金地位的机会,就越不可能接受自己国家双本位制论者要求实行双本位制的理由。美国总统从海斯到麦金莱,尽管对国内白银政治力量非常敏感,但都对达成国际货币协定感兴趣。然而,他们的努力却不断遭到破坏。这种破坏不仅来自白银利益集团在1878年和1890年国会上取得的成功,还来自白银派国会议员对货币外交的轻率干预。①

对达成国际协议来说,1881年会议或许是最具战略意义的时刻。当时,美国的黄金地位很稳固,而欧洲各大国则正遭受着严重的黄金危机。整个欧洲掀起了一股要求采用双本位制的强大浪潮,英国在这股浪潮中也丝毫不能幸免。英国代表来到会议现场,尽力想让其他国家——也许就是美国和拉丁货币联

---

① 参见珍妮特·P. 尼科尔斯《白银外交》一文中对这些干预的叙述,Jeannette P. Nichols, "Silver Diplomacy", *Political Science Quarterly*, XLVIII(December, 1933), 565—588。亨利·B. 罗素在其《国际货币会议》一书中详细阐述了美国白银政策对国际货币会议的影响, Henry B. Russell, *International Monetary Conferences*(New York, 1898); 尤见 pp. 192—199, 260, 323—327, 369, 409—410。关于白银派人士的干预及其对双本位制前景的影响,罗素如是评论道(pp. 324—325):"从没有一种学说如此迫切地需要从最爱管闲事的朋友那里获得帮助。"

盟——敞开铸币厂无限铸银。但当时美国政府根据《布兰德—艾利森法案》采取的购银行为,抑制了无限铸银的冲动,其情形同英国拒绝放弃金本位几乎不相上下。

11年后,英国人在英格兰银行董事阿尔弗雷德·德·罗斯柴尔德(Alfred de Rothschild)的带领下,又来到1892年会议。这次英国仍然不愿改变自己的本位制,但同时又对卢比忧心忡忡,对白银念念不忘。① 在这次会议上,他们建议大陆各国与美国一道,实行一项共同的购银计划。英国方面的代表提出,英国以前只认可价值2英镑的白银为法定货币,为支持这项计划,现在愿意把金额提高到5英镑。对英国来说,如能诱使美国对购银做出坚定的承诺,从而缓解自身在东方贸易上的困难,这个代价不值一提。英国的金融家们确实在试图利用美国的资源,但不是像美国主张自由铸银的人士指控的那样强迫美国采用金本位制,而是要它保证继续按照《谢尔曼购银法》规定购买白银。英国的立场当然谈不上公正无私,但它部分揭示了经济世界的复杂性。《硬币的金融短训班》的忠实读者们很难理解,"硬币"哈维、威廉·詹宁斯·布赖恩和阿尔弗雷德·罗斯柴尔德在携手维护美国的白银购买政策!

九

商务金融的真实世界异常复杂,货币鼓动者的心理世界却极为简单。在其视若珍宝的各种传奇中,有一则故事认为,金本位制是由英国银行业巨头偷偷强加给美国人民的。《硬币的金融短训班》中表达的反英情绪和对货币史的阴谋论解读,在宣传小说《两个国家的故事》(*A Tale of Two Nations*)中表现得更为精巧。哈维这部小说出版于1894年9月,距他的代表作品问世仅仅3个月。这部作品可能是历史上唯一一部有关金本位的影射小说,仅凭这一点就值得关注。小说是与《硬币的金融短训班》差不多同时创作的,但某些看法在表达上更充分。作为一部阐明平民党思想的幻想小说,该部作品对平民党思想的反

---

① 我们不禁好奇,"硬币"哈维是否知道阿尔弗雷德·德·罗斯柴尔德在这次会议上的一番预言,以及他会怎样看待这番预言:"先生们,我无须提醒你们,世界上的白银存量估计数以亿计,如果这次会议草草收场,没有取得任何明确的结果,商品就会贬值。商品一旦贬值,将令人不寒而栗,由此产生的货币恐慌将接踵而至,其影响之深远无法预知。"Russell, op. cit., p.385.

映,足以与伊格内修斯·唐纳利(Ignatius Donnelly)的《恺撒纪功柱》(*Caesar's Column*)比肩。哈维对这部小说的重要性从未失去信心,一直重印到1931年。①

《两个国家的故事》开头一幕发生在1869年。是时,一位高大肥胖、聪明无比的银行家罗斯男爵(Baron Rothe)(Rothschild,罗斯柴尔德)正与另一位金融家威廉·T.克莱恩爵士(Sir William. T. Cline)商量他的各项计划。男爵来自一个古老的犹太家族,他此时有一个大胆的计谋:如果白银在美国和欧洲都不再被用作货币,黄金的购买力将会倍增,这对黄金所有者和按照合同规定以黄金兑付的债券持有者极为有利。他说,这是一条人们意想不到的计谋,比英国一千年来的武力征服更管用。这样,美国将非但不会在世界贸易中盖过英国的风头,反而会(不知不觉地)陷入贫困境地,工业力量丝毫无存。当客人提出异议,表示这项去货币化议案无异于金融自杀,国会永远不会批准时,罗斯男爵信心十足地回答说,国会里那帮人几乎全都对货币问题一无所知,法案在措辞上只要欺骗性够强,就会获得通过。它的真正影响要到数年之后才能发现。男爵无情地勾勒出了他的计划:巧妙运用货币的力量,就可以"造出两个阶级:富人阶级和穷人阶级。前者享受世界,后者靠服侍前者为生。我们必须让他们变穷,借此碾垮他们的男子气概,这样他们就会成为能干的仆役和温顺的公民"。

冷血阴谋控制和利用的第一个人是美国参议员约翰·阿诺德(John Arnold)(John Sherman and Benedict Arnold? 也许是以约翰·谢尔曼和本尼迪克特·阿诺德两人为原型?),他现正在伦敦拜访罗斯男爵。阿诺德装出一派高贵的美国政治家风范,但罗斯男爵和他美丽的女儿伊迪丝(Edith)读出了阿诺德的真实性格。这位黑魔女拥有一种堪称玄妙的读心术,她很快发现阿诺德从头到脚都是一个崇拜金钱力量的人。罗斯男爵不费吹灰之力就买通了阿诺德,让他利用自己的影响力推动白银去货币化。3年后,男爵年纪轻轻的侄子维

---

① 据各方面记述,这是他受欢迎度仅次于《硬币的金融短训班》的作品。该部小说售价50美分,购书者一时争先恐后。我们虽然可能不接受他自己所作的发行量50万册的估计,但单是第二版的发行量似乎就至少是这个数字的1/5,而且此后还有更多其他版本。哈维充分利用后来各版《硬币的金融短训班》出版发行这一得天独厚的条件,为该书打广告,称该书是"有史以来最扣人心弦、最引人入胜的美国政治小说"。哈维实际上在后来各版《硬币的金融短训班》后面都附上了《两个国家的故事》前两章,以挑起读者购买、阅读此书的欲望。

克多·罗加斯纳（Victor Rogasner）受命前往华盛顿执行阴谋。罗加斯纳是一个险恶、英俊、骄奢淫逸的世界主义者，其此行任务是推动去货币化议案最后通过。同罗加斯纳一同来华盛顿的还有一名秘书、两名前伦敦警察厅（Scotland Yard）雇员，他们的任务是做国会议员的工作。同来的还有一位热情、漂亮的俄罗斯犹太姑娘。这位姑娘对罗加斯纳一往情深，为了推动任务取得进展，或者说为了她所爱的男人的幸福，她愿意赴汤蹈火，采取一切必要的行动。罗加斯纳无比奸诈，睚眦必报。"我完全就是一个军事指挥官。"他若有所思地说。

我是来毁灭美国的——康沃利斯（Cornwallis）[①]已经尽力了。为了报复美国的不义和侮辱，为了我自己国家的荣耀，我要将刀深深插入这个国家的心脏……我要碾垮他们的男子气概。我要摧毁他们国家的最后一点繁荣，把他们提到革命先辈时那种该死的自豪感踏翻在地。我要让他们互相厮杀，看着他们互相残杀，让他们互相踩蹋对方的家园，我就在那里冷眼旁观，毫发无损。

哈维用草草几笔交代了一下格兰特政府的腐败氛围，说在这样的环境下，即便没有这桩阴谋，也会因为黄金利益集团想通过立法确立有利于自己的货币体系，而完全可能发生另一桩不为人知的丑闻。罗加斯纳在施计的过程中自然会遭遇各种怀疑，出现各种悬念，但不久他的行动计划成功了，白银不再作为货币使用，"73罪行"成为事实。"世界上有史以来的最大犯罪——这比一个世纪以来所有其他犯罪造成的痛苦加起来还要多——就这么悄悄犯下了。"美国国会议员还不知道他们做了什么，他们花了3年时间才发现是怎么回事。后来，罗加斯纳又促成德国（哈维在这里弄错了年代）和法国停止将白银作为货币使用。而后他又返回美国，发动了一场支持金本位制的宣传战，因为支持将白银作为货币的人们如今已是怒气冲冲。事实证明，经济学教授和大部分媒体都很容易收买。人民是"弱小无助的受害者，苟活在一个毫无灵魂的黄金寡头政权的强权之下"。

故事跳转到1894年，新的角色也出场了。腐化堕落的阿诺德参议员有一

[①] 查尔斯·康沃利斯（Charles Cornwallis, 1738—1805），又译康华里、康华利等，1776年前往北美镇压美国独立战争，1778年起出任北美英军副总司令，1781年在约克镇战役大败后率军投降，英军至此在美国独立战争中大势已去。——译者

个女儿,名叫格蕾丝·维维安(Grace Vivian),正值青春年少。罗加斯纳现在已是一位富豪,虽然人到中年,却依旧英俊潇洒。罗加斯纳喜欢上了格蕾丝,但格蕾丝中意的却是约翰·梅尔文(John Melwyn)的殷勤。梅尔文来自内布拉斯加州林肯郡,是主张自由铸银的国会议员。他品格高尚、英俊潇洒、身材匀称,具有雄辩之才,神似威廉·詹宁斯·布赖恩。尽管如此,这场竞争似乎势不均,力不敌:罗加斯纳腰缠万贯,梅尔文则出身贫寒。更重要的是,罗加斯纳诡计多端。在欧洲人的奸诈面前,美国人的天真再次落了下风。"年轻的这位心灵诚实,坦率直接。他是在简单、平凡的环境中长大的,从某种意义上说,这让他拿不出什么手段来对付罗斯男爵那圆滑世故的侄子,毕竟后者手段狡猾、心机诡诈、知识广博,深受阴谋生活的教诲。"最糟糕的是,阿诺德参议员无法忍受梅尔文的自由白银观点。在英国人和美国人之间为争夺一位"靓丽动人,美倾哥伦比亚"①的姑娘而展开的这场竞争中,肆无忌惮的参议员偷偷扣下梅尔文的信件,企图给格蕾丝造成一种印象,即梅尔文已经对她失去了兴趣。

故事在1894年一系列扣人心弦的事件——大恐慌带来的苦难、考克西大军向华盛顿进军引起的恐惧、普尔曼罢工引起的悲痛——的背景下走向高潮。梅尔文的兄弟作为考克西大军中的一员露面了,他的父亲也失业了,梅尔文自己也无力偿还抵押贷款,他还没有意识到,罗加斯纳的长臂,使他的债主们要求更加苛刻。罗加斯纳面对大萧条时期人们的苦难万象,一如既往地铁石心肠,等着70%的美国人陷入危难的那一天到来——他相信,彼时政治紧张局势将骤然爆裂,美国现政权要么被君主专制取代,要么在一场革命中烟消云散。与此同时,由于人们总是在担心种种不重要的问题,因而很难专注于货币这个根本性的问题,"我们是在搞伏击,非常安全。……我要搞垮这个该死的国家,把它撕成碎片,让它血流成河,让它土崩瓦解,哪怕只是为了显示我们金钱的威力"。

《两个国家的故事》有一个颇有意思的段落,罗加斯纳在这里探讨了一种想法,这种想法点明了哈维对金本位制阴谋家的理解。因为事实证明,罗加斯纳这么一位拥有犹太民族古老智慧和历史意识的人("我们民族花了一条命〔耶稣〕,才发现我们文明中的这个错误〔高利贷〕")非常清楚,自米底亚人(Medes)

---

① 此处哥伦比亚应指哥伦比亚特区。——译者

和波斯人(Persians)时代以来,借贷和囤积一直都是文明崩溃的根本原因。他甚至聪明到竟然可以私底下勾勒出一个哈维式的"完美文明"计划——该计划的基石是取消债务,废除高利贷,征收高额财产税。然而,尽管他知道通往完美世界的道路,但他还是选择了邪恶。他是黑暗天使,是摩尼教式的梦魇。①

但失败终究还是在等着他。经过一番苦心经营的大献殷勤之后,他终于按捺不住,垂着涎向格蕾丝求婚("这人眼睛里燃烧着一堆火焰,这是他的种族昔日流传下来的那种欲火,当年大卫眼睛盯着拔示巴不放②时,或者雅各的眼睛第

---

① 与书中其他政治人物一样,罗加斯纳这个角色可能也意在展现一个真实的人。许多白银事业的忠实信徒都相信这么一个传说,伦敦银行家欧内斯特·赛义德(Ernest Seyd)带着50万美元来到美国,用这笔钱贿赂国会议员通过《1873年铸币法案》,这里展现的就是这个传说的部分内容。白银派人士甚至自称从一位丹佛商人手里获得了一份宣誓书,该宣誓书显示,赛义德后来私下承认,他曾扮演过这样的角色。这个版本的"73罪行"的通过在白银运动宣传册中相当常见,哈维漏掉这件事几乎不可能。(我所见过的最充分的表述是在戈登·克拉克的《货币手册》中,pp.189—206。该书由银币骑士出版公司1896年出版,出版地址不详。Gordon Clark, *Handbook of Money*, n. p., published by the Silver Knight Publishing Company, 1896.)

赛义德的确是伦敦的一位银行家,该人出生于德国,在美国居住多年,在旧金山从事商务工作。没有可靠的证据表明他1872年在美国,但众议员塞缪尔·C.胡珀(Samuel C. Hoper)就《1873年铸币法案》征求过他的意见。他于1872年2月17日给胡珀写了一封很长的信,内容涉及的是有关该法案的专业方面的分析。赛义德在信中提了很多建议,其中一项是,以他认为更可行的重量,重新引入长期不再使用的银元,并坚定执行双本位制。参见 *Documentary History of the Coinage Act of February* 12, 1873(Washington, U. S. Government Printing Office, n. d. [1894?]), pp. 95—106;试比较赛义德的 *Suggestions in Reference to the Metallic Coinage of the United States of America*(London, 1871),以及他给1876年货币委员会的信, Senate Report 703, 44th Cong., 2nd sess. (1876), *Documents Accompanying the Report of the U. S. Monetary Commission*, II, 106—135.

赛义德于1881年去世,他是英国皇家统计学会会员(Fellow of the Royal Statistical Society),也是英国著名的双本位制论者之一。大多数讨论双本位制问题的白银派人士知道赛义德毕生倡导双本位制,但在他们看来,即便如此,也绝不排除如下这种可能性,即同他的个人信念相比,他对英国黄金霸权的忠诚更坚定、更强烈。人们难道没有看到像财政部长卡莱尔(Carlisle)这样的人从双本位制的坚定主张者变为金本位制的捍卫者吗?就像罗加斯纳一样,赛义德也可以知善而行恶。正如戈登·克拉克写到赛义德时所言:"罗斯柴尔德夫妇的那个非常能干的熟人,一位同样有着希伯来血统的先生,通常情况下不会行贿,而且是一个真诚的双本位制论者。但他也是'英格兰银行的财务顾问'",由于他干了这个差事,因而"当那条巨大的章鱼在美国突然看到它的肥美猎物时,他便被迫把自己的理论放在第二位"(pp. 195—196)。

在1890年的国会上,还对赛义德的这个故事进行了一番讨论。1893年的国会又就这个故事讨论了一番。有关后一年份的国会讨论情况,参见 Congressional Record, 53rd Cong., 1st sess., pp. 474—476, 584—589, 1059。

② 拔示巴(Bathsheba)原是大卫下属乌利亚的妻子,后被大卫诱奸,丈夫乌利亚则被大卫借故杀死,成为大卫的妃嫔后,为大卫生下了所罗门王。此处所言大卫眼睛盯着拔示巴不放,应是指大卫第一次见到拔示巴时的情形。当时大卫在房顶上行走,结果看到了正在洗澡的拔示巴。——译者

一次落在井边的拉结①身上时,燃起的就是这堆火")。她委婉地拒绝了,说她只想做"好朋友"。绝望之余,他第一次向她透露了自己的真实身份,他根本就不是一名美国投资顾问,只是因为阴谋活动的需要,才伪装成这个身份。据说,几乎所有美国姑娘内心深处都有一颗贪名图利之心,都想将婚姻作为手段,飞上枝头变凤凰。因此,罗加斯纳跟她谈起了自己的贵族家庭,谈起了自己的富可敌国,谈起了自己的辉煌前程,希望能借此打动格蕾丝。"我的家族是欧洲最古老、最荣光、最富有的家族之一。准确地说,我的家族是世界上最古老、最富有的家族。我们有数百万人帮着我家控制世界各国的事务。……我迟早会成为男爵的。"

罗加斯纳做得太过头了。格蕾丝对他企图收买自己极为不悦。"你讥笑美国,你谈到一个更好的文明,说我可以为那种文明增色。但我为自己是一名美国女性自豪,我对你如此轻蔑地谈论的这个文明很满意。这个文明或许野蛮落后,但我已经心满意足。"罗加斯纳现在打出了他的王牌。他去找阿诺德参议员,请他替自己说情。但这位参议员对他女儿的感情倒没有受到侵蚀,觉得自己不能去决定她怎么选丈夫。罗加斯纳又在家里盘算着是否可以使出最后一招,利用自己手上掌握的参议员贪腐的把柄来敲诈他。罗加斯纳的兄弟是白银去货币化阴谋中的一个小人物,他责备罗加斯纳痴迷格蕾丝道:"难道我们的民族当中,我们的信众当中,没有足够标致,可以配得上任何男人的那种身心俱美的女人吗?"但罗加斯纳不为所动:"难道我们的祖先,不也是看上了哪个民族的女人就把她娶回去吗?甚至在阿拉伯平原上,我们也是这样的嘛!"罗加斯纳继续敲诈阿诺德参议员,威胁要暴露他。在罗加斯纳的威胁下,参议员被迫屈服。罗加斯纳像恶魔一样得意扬扬——他那神态"不完全是在微笑——他斜睨着眼睛,就像尼禄在母亲挣扎着死亡时那样愉快"。这位希伯来人又"折磨"起人来了。但格蕾丝无意中听到了他的话,并打断了那两个人的话,责备她的监护人,然后痛斥罗加斯纳:"你太奸诈狡猾了。你是很聪明,只不过是你的那种聪明,你生来就有世代相传的商业头脑。你那种诡计多端、阴险狡诈的政治手段也是

---

① 拉结(Rachel),雅各的表妹,雅各第一位妻子利亚(Leah)的妹妹。雅各在用诡计骗得父亲以撒的祝福后,担心哥哥以扫会害他,故前往母亲利百加的家乡巴旦亚兰,在井边遇到了拉结。拉结和拔示巴都是绝世美女。——译者

生来就有、代代相传的。你令我厌恶至极!"当罗加斯纳站起来走近她——天知道他想干什么——时,一个人突然闯了进来,把他掀翻在地。这个人不是别人,正是"那个典型的美国人"——约翰·梅尔文。

接下来没什么好说的了。约翰·梅尔文和格蕾丝终于走到了一起,罗加斯纳回到了真爱无私的珍妮·苏特莱夫斯基(Jeanne Soutleffsky)身边。"为了满足他的野心,这位美丽的犹太女人曾多次出手替他做事",如今又欣然接纳了他,"就像丽贝卡对艾凡赫那样殷勤。"①她一直默默忍受着罗加斯纳对格蕾丝·维维安的追求,现在,"她的脸庞写满了诗,那是一首伟大的古老犹太民族的史诗"。罗加斯纳需要她:他整个人都垮了,成了一个生活不能自理的老病号,幸好有她的关爱,才得以度过余生。该书的结尾肯定让哈维那些主张自由铸银的读者不寒而栗:"1894年9月29日,一家外国辛迪加的代表在利物浦登上了'巴黎号'轮船,去接替罗加斯纳的位置。"

那些熟悉货币狂热和反犹情绪之间传统联系的人,对哈维书中温和的反犹调门,不会感到惊讶。这种反犹偏见是美国白银运动中更深切的反英情绪的一个侧面,还只停留在粗野的言论层面,因为人们还没有敦促采取任何有计划的措施,像这样反对犹太人。像他同时代的平民党人伊格内修斯·唐纳利一样,哈维对他自己的偏见感情复杂,甚至为此感到有些羞耻,这导致他在反犹言论中混入了一些反而令人尴尬的亲犹(philo-Semitic)言辞,以作修正和补救。在《硬币的最新金融短训班》(Coin's Financial School Up to Date)中,哈维否认自己对犹太人存在偏见,说他们是

> 地球上最聪明的种族,他们以最大的公平对待彼此,把这作为一项规则。……你不应该对任何一个种族抱有偏见。……犹太人中有许多人做了钱商,这对他们来说似乎是很自然的事,可能是由于他们太过精明才这样子的。他们看到,这一行的优势是其他行业所没有的。②

不得不说,许多犹太人也许已经发现,哈维对犹太人的接纳比对他们的诋

---

① 司各特历史小说《艾凡赫》中的两位人物。——译者
② 第68页。关于伊格内修斯·唐纳利类似的矛盾心理,参见 Martin Ridge, *Ignatius Donnelly* (Chicago, 1962), pp. 263—264, 266n., 305, 321—323, 336—337, 395—396。C. 范·伍德沃德曾指出,19世纪90年代,在反犹太主义方面,并不是平民党人在唱独角戏。参见他在《南方史的重任》中所作的评论, *The Burden of Southern History* (Baton Rouge, La., 1960), pp. 154—155。

毁更加令人难以忍受。

哈维终归还是无法摆脱自己心目中犹太人的夏洛克形象。从绿币党人到考夫林神父和埃兹拉·庞德,这些在货币问题上看法怪诞的人,脑海里全都充斥着夏洛克形象,哈维也不例外。在他后来的作品中,尽是反复引述基督教思想家针对高利贷的各种禁律。在《常识：论政治体大脑中的血块》(*Common Sense, or the Clot on the Brain of the Body Politic*)一书中①,哈维借用了雷德帕斯(Redpath)《世界史》(*History of the World*)中使用的一句引文,说这个犹太人不像大多数人那样干活,对人类工业毫无贡献,而是"获得了对货币市场的控制权,并用它来为自己和他的民族谋取特殊利益"。哈维说,尽管历代基督教会一再禁止高利贷,但教会统治者"总是有一个如影随形的敌人跟着他们,千方百计贷款给他们,拿走他们用作抵押的东西,迫使借款人保密,就这样不断堆金积玉,到17世纪,他们持有的财产足以扼住文明的咽喉,迫使对方作出对自己有利的让步"。在这里,他引用了《申命记》(*Deuteronomy*)第23章第19—20节论高利贷的中心段落,其中包括禁止在部落内放高利贷,但也包括一个他称之为"致命的例外"——"借给外邦人可以取利"②。哈维断言,这样就"使犹太人成了放债人。由于他们把非犹太人看作是'外邦人'、看作是他们的敌人,他们就力图用高利贷作为武器,来惩罚他们……。"但犹太人若肯动怜悯之心,改头换面就仍有指望：

> 备受煎熬的世界呼吁他们公开宣布放弃高利贷,并踊跃走进反对这种罪恶的改革者队伍前列,以作补偿！犹太人出身于一个高贵的种族,他们睿智、精明,对事业无比执着,一旦认识到对非犹太人挥舞"高利贷"利剑不符合"人类兄弟情谊",他们将融入生产文明活动,成为他们畜牧祖先的优秀后代,并找到合适的职业,耕作他们古老的土地,重建他们古老的家园。

十

在作为白银派作家名流期间,哈维也曾短暂活跃于政界。1894年,他忙于

---

① Monte Ne, Ark., 1920, p. 18.
② 关于《申命记》中禁律的历史解释,参见 Benjamin F. Nelson, *The Idea of Usury* (Princeton, 1949)。

处理伊利诺伊州平民党事务。与其他大多数州的平民党不同,伊利诺伊州有一个强大的劳工—社会主义派别,有意在该党的纲领中写入集体主义准则。哈维同情党内比较保守的农业派,他们否定集体主义,把希望寄托在货币改革上。当伊利诺伊州平民党两大派别最终闹翻时,哈维与禁酒党领导人霍华德·S. 泰勒(Howard S. Taylor)联手,遏制激进分子。1895 年,哈维出版了《硬币的最新金融短训班》。在这本书里,硬币又回来阐述了哈维的金融观点。该部作品的特点是,对贪婪和无知作为历史进程中的破坏力量进行了长时间的讨论,并攻击了在美国占有土地的英国地主。同年,哈维与 J. 劳伦斯·劳克林就白银问题进行了辩论,并与前国会议员罗斯威尔·H. 霍尔(Roswell H. Horr)进行了 9 次辩论。哈维还试图组织一种政治兄弟会,向所有现存政党的成员开放,希望借此洗涤他们的思想。该组织计划起名为"美国爱国者"(Patriots of America),地方分会各有自己的仪规,有点类似全国性兄弟会的方式。与该团体配套的还有一种妇女辅助组织——"共和国之女"(Daughters of the Republic)。哈维的《美国爱国者》(*The Patriots of America*)一书,很大程度上就是想专门为该团体拟定一部章程。他建议,在还没有举行正式选举之前,由他来代行该团体首席全国爱国者(First National Patriot)职务。《美国爱国者》一书中充斥着太多的前后不一之处——哈维后期作品全都如此,而且带有强烈的夸张、浮夸和猜疑色彩。他坚持认为,善恶在争夺对世界的控制权,事情已经到了极其糟糕的地步,"为了世界文明,我们自由人必须背水一战"。谋杀、自杀、犯罪、精神错乱,以及英国和铁路用地全都被串在一起,作为这样一个失控状态的社会已经来临的证据:"美国已经被外国势力弄得千疮百孔,我们的财产正在迅速落入他们的手中。"[1]

哈维提议的"美国爱国者"所具有的某些特征,尤其是其半秘密性质,让布赖恩和他的支持者颇为担忧。他们从中看到,这将可能成为派系斗争的源头。哈维解释说,这个组织可以"为我们提供资金",帮我们开展一场反对货币强权的"全国性运动"。它的秘密性质以及要求团体成员保证必须按照多数人的决定投票,是为了制止"狡猾、无耻的"敌人在组织内部从事破坏活动。"我爱戴你",哈维在给布赖恩的信中写道,"我会永远为你着想,因为我相信,你将进入

---

[1] *The Patriots of America*(Chicago,1895),pp. 12,28,39—40.

这个国家的头号爱国者行列。"①

整个 1896 年期间,哈维都在热情地为布赖恩工作,做报告、开讲座、做演讲、分发银质徽章。哈维(他最初更倾向于来自密苏里州的"白银迪克"布兰德)当时是国家白银党执行委员会成员。该委员会购买了 100 万本沃尔什大主教的《双本位制和单本位制》——其中一半是英文版,一半是德译本——以及 12.5 万本《硬币的金融短训班》。②竞选结束后,哈维花了几个月的时间到处做讲座,为民主党筹款。他和布赖恩之间依旧保持着真诚友好的关系,直到 1913 年,布赖恩还在为他争取到伍德罗·威尔逊政府农业部谋一份工作。③

1896 年是白银事业的顶峰。次年,萧条浪潮开始转向。新的黄金矿床和新的开采方法如今加速了物价的上涨——白银派人士以前认为,物价的上涨只可能同白银这种白金属相关。人们很快就发现,白银事业已告失败,那些把全部思想和政治生活都寄托在货币鼓动上的人,他们的计划已经被上述状况给拆了台。芝加哥这座哈维曾经在此取得巨大成功的城市,如今开始让他感到厌倦。1899 年,哈维出版了《硬币论货币、托拉斯和帝国主义》(*Coin on Money, Trusts and Imperialism*)——这是硬币出版公司资助出版他的最后一部著作。

硬币据说现在已是一位 16 岁的少年。在这本书里,他回来是为阻止反动浪潮做最后一次努力。他将人类历史描绘成两类人之间的斗争场所——一类是充满人性光辉的人,他们乐于造福人类,同时又不忘自我;另一类则是自私自利的人,他们只顾自抬身价,只顾追求自己的名利权势。第一股势力当前正在推动民主与改革运动,第二股势力则在拼命追求君主专制和帝国主义。书中自然有相当一部分内容是硬币对货币和银行业的看法,但全书关注的不是一个主题。在讲完对货币和银行业的看法后,该书转而攻击在美英国投资者和持有美国土地的英国人,然后又谴责英国政府允许放债人制定法律。硬币接着又谈到了托拉斯问题。托拉斯问题在当时是一个日益受到公众关注的问题,但哈维对这个问题远不如对货币问题来得熟悉。他的基本看法是,所有产业的托拉斯都

---

① Nichols,"Bryan's Benefactor",pp. 321—322.
② Bryan,op. cit. ,p. 292.
③ 农业部长 D. F. 休斯顿(D. F. Houston)对此非常恼火。休斯顿一直认为,哈维和他那本家喻户晓的著作就是"天大的笑话"。D. F. Houston,*Eight Years with Wilson's Cabinet* (New York,1926),I,43.

是由金融托拉斯滋养的,如果能够摧毁金融托拉斯,其他托拉斯就会随之一道消失。

硬币接下来转向谈论当时的重大问题帝国主义。在思考为何会走向帝国主义时,硬币使用的是非常含混的道德语言:一个盘踞在国家货币和工业体系里的恶魔自然会想办法扩大自己的影响。"一股自私自利的势力掠夺完自己的人民之后,又去寻找其他可以掠夺的人民。在劫掠了自己的人民之后,它胃口大增,四处寻找、捕食其他民族——这就叫作征服。"硬币现在开始援引直白的摩尼教措辞"大魔头",来解释美西战争为何发展成为一项帝国的冒险事业。硬币和许多美国人一样认为,作为一种代表受害的古巴人民反对道德沦丧的西班牙君主专制的行动,这场战争是正义的。但特权阶层利用了这场战争,他们通过进入菲律宾和让美国留在古巴,朝着在美国建立君主专制的方向迈出了第一步。哈维认为,许多人喜欢扩张,因为他们认为扩张对生意会有所帮助。事实上,美国国内拥有可供无限扩张的广阔空间,改进国内状况可以刺激繁荣。为此,他建议,修建一条连接密歇根湖(Lake Michigan)和伊利湖(Lake Erie)的运河,并开辟一套良好的道路和水利沟渠系统。

该书的高潮发生在硬币把美国占领菲律宾同英国对布尔人的战争关联在一起,控告麦金莱总统对英国表示支持,并以她为榜样的时候。硬币在这里高喊道:

> 我控告总统犯了叛国罪,他在没有按照宪法要求由国会先行宣战的情况下发动了一场战争!我控告他犯了叛国罪,他与英国秘密结盟,反对为自由斗争的共和国!我控告国会中的多数派,他们甘于充当怂恿总统的那个大魔头的傀儡!

这一番发言让书里的观众全都起身站立,欢呼鼓掌。

哈维最急切的担心之一是,扩张主义会导致美国的常备军增至10万人。像开国元勋们一样,他信任公民军,信任州武装。国家控制下的常备军很可能成为"君主专制"的工具。而且扩张主义肯定也会造就一支雇佣军,这就对本国政府构成了危险,并可能导致征服的欲望越来越强烈。与雇佣兵不同,公民军人会拒绝参加征服战争。"任何战争,只要是我们公民军人不愿打的,都是非正义战争!"要求建立一支常备军,只是即将到来的斗争的枝节。"君主专制已准备好扑向共和国的咽喉!"享有特权的少数人,为了达到征服人民的目的,才开始要求建立常备军。"如果他们在1900年赢得总统大选,再过四年,他们就会公开表露他们对君主专制的渴望!……我们正在与之战斗的邪恶势力是有组织的,而且他们决心奴役美国!"对受他们控制、利用的究竟是哪些人,哈维说得清清楚楚:他们未能控制民主党,但已经在共和党中确立了牢固地位。代表他们意图的马克·汉纳(Mark Hanna)①,"在白宫有一张床。……这张床是按照英国女王睡的床的样式设计的。"②当前迫切需要保持民主党的纯洁性,加强组织建设,团结起来争取胜利。

十一

早在1900年布赖恩第二次失败之前哈维就应该已经清楚地认识到,对胜利不要抱任何指望。是年3月,信心满满的共和党人轻轻松松就让《金本位法案》(Gold Standard Act)获得了通过,尽管这在很大程度上只不过是正式宣布一个既成事实而已,但它看似是在给白银运动的棺材上钉上最后一根钉子。两个月后,哈维打点行装,准备离开芝加哥。1900年5月,他出现在阿肯色州罗杰斯市的奥扎克(Ozark)山镇。哈维在白银运动期间于1894年和1896年到过这个小镇两次,这次来颇有些唐突地在一处舒适宜人、水源丰沛的地方购买了325英亩的土地,这个地方当时叫银泉(Silver Springs)。是年秋,他带着家人一起回到了这里,并宣布计划在罗杰斯郊外开一家奥扎克避暑胜地。不久,他将自己的不动产更名为蒙特内(Monte Ne,他误以为这在西班牙语中是"水乡泽国"的意思),并与他从自己在芝加哥的企业带过来的两位助理一道组建了蒙特内投资公司。次年春,蒙特内旅馆开业。没过多久,旅馆里便响起了旧时小提琴手的曲调。哈维之所以引进这些人,是希望老式乡村娱乐活动的复兴能够活跃这处度假胜地的气氛。抵达度假胜地的游客由威尼斯贡多拉摆渡过湖。

其他企业紧接着也纷纷创办起来。1902年,一条通往洛韦尔(Lowell)的长

---

① 马克·汉纳(Mark Hanna,1837—1904),美国著名实业家,操纵竞选运动的重量级人物、金本位制坚定主张者。在1896年总统大选期间,汉纳为麦金莱战胜布赖恩立下首功。汉纳对麦金莱影响极大,当时人们给麦金莱起了个外号"汉纳的孩子"。——译者

② *Coin on Money, Trusts, and Imperialism* (Chicago, 1899), pp. 5—6,9,31—41,78,107,135,142—143,157,160—161,171.

4英里的铁路支线建成,游客从此就可以乘火车前往这个与世隔绝的度假胜地。威廉·詹宁斯·布赖恩赶来在开业典礼上作了发言。在弗里斯科铁路公司(Frisco Railroad)的帮助下,哈维办起了短途旅游,客源来自乔普林(Joplin)、史密斯堡(Fort Smith)和斯普林菲尔德(Springfield)。哈维还和当地一些企业家一起创办了蒙特内银行,注资2.5万美元,并盖了一幢白色盒状建筑作为银行的经营场所。他又着手建了一个大型宾馆,里面全是各种各样的木屋,错落不齐。此外,他还组建了一家商业公司,把物资运到蒙特内。

有那么几年,哈维似乎本可以用当年白银运动时期存下来的钱,在度假村生意上闯出一片新的天地。但不幸似乎总是困扰着他,如影随形。这些不幸既有个人的私事,也有生意上的不顺。一家人刚在蒙特内住了没多久,连同银泉那一大片土地一道买下来的家宅就毁于大火,哈维的图书室、家里的钢琴、银器以及从芝加哥带来的其他家用物品全都烧毁殆尽。1903年,他正在攻读法律的23岁儿子哈利迪,在一次铁路事故中丧生。哈维本计划参加1904年的国会议员竞选,但遭到当地人的冷眼相待,很快便放弃了这个打算。随着时间的推移,弗里斯科铁路公司厌倦了运营无利可图的短途旅游列车,要吸引游客到蒙特内这个与世隔绝的地方也越来越难。哈维自己的小铁路荒废了,银行则在全额支付所有储户的存款之后于1914年关门大吉。规划中的大酒店有一部分已经完工,而且还比较成功地运营了几年,但按照当地一位记录者的说法,

> 大酒店的奠基工作进行得很顺利。但之后哈维和工会劳工组织者之间龃龉不断,于是放弃了酒店项目,留下这座砖石结构让后人去琢磨它的来历和意图。那次劳资纠纷严重损害了哈维先生对人生的看法,并影响了他整个晚年在蒙特内的生活。……从那时起,直到他去世,哈维先生的生活塞满了经济上的困窘、法律上的财产纠纷以及事业上的心猿意马。[1]

蒙特内与世隔绝所造成的障碍,激发哈维做出了自己一生中最后一次卓有成效的努力——创建奥扎克小径协会(Ozark Trails Association),规划和发起修筑连

---

[1] *Rogers Daily News*,July 1,1950,当地一份纪念刊物是我了解哈维生命最后阶段生活的主要资料来源,里面有新闻故事,有照片,有人们对他的回忆。在他1920年和1925年不时出版的期刊《守护神》(*The Palladium*)和约瑟夫·E.里夫(Joseph E. Reeve)的《货币改革运动》(*Monetary Reform Movements*)(Washington,1943)中也可以找到一些零星资料。

接阿肯色州、密苏里州、堪萨斯州和俄克拉何马州的四个城镇、500万人口,长达1 500英里的公路。哈维目睹了铁路作为当地交通工具的失败,到1910年他第一次构想奥扎克小径协会时,任何有远见的人都清楚地看到,汽车很快将成为美国的出行方式。哈维写道:"我个人对奥扎克小径的兴趣在于这些小径都通往蒙特内,在那里我们有一个宜人的度假胜地。"1913年,哈维在蒙特内召开的一次会议上成立了奥扎克小径协会。之后许多年里,他把精力全都投入好路运动(good-roads movement)①上,而且没有期望马上获利。为了把他一贯所谓的"庞大的现代汽车公路网引入阿肯色州",哈维投入了大量时间来绘制公路图,切切实实地规划公路,并努力争取邻近城市的商人的支持。15年来,哈维毫不吝惜自己的时间,把大量钱财都投在往来奔波、道路标记和宣传推广活动上。他剩下的那部分酒店生意,经营也出了问题,显然是因为精力发生转移的缘故,但对蓬勃发展的事业的认同,似乎又一次调动了他身上一贯强烈高涨的宣传推广热情。他在好路运动中的一位同事写道:"他一旦积极投入日常工作,身体就好像从来没有出现过不适或者疲劳。他具有不屈不挠的意志、坚定不移的奋斗精神和无比充沛的体力。只要有重要的活动,他的双眼就会充满神秘主义者那种火一般的热情。"②这项工作到1920年已经基本完成,哈维又可以把他的精力投入鼓动中去了。

哈维一直都没有褪去对社会问题的那种深深的十字军情结。他从未放弃过这样的希望:全世界都能被他吸引过来,倾听他的声音;《硬币的金融短训班》那种洛阳纸贵的场面,能以某种方式再度复现。1915年,他又开始出书了,这次带来的是一部叫作《补救》(The Remedy)的作品,书名暗示他仍然抱有希望。《补救》阐述了他的如下见解:通过学校教育,培养人们的系统品格,这样便可以加强善的力量,同恶进行坚决斗争。打开该书,我们可以看到具体的学生品格教育指导手册。在1920年出版的《常识:论政治体大脑中的血块》③中,哈维又

---

① 一场致力于改善美国道路状况,特别是美国农村地区道路状况的运动,持续时间大约为1880—1916年。——译者

② 转引自 Clara B. Kennan,"The Ozark Trails and Arkansas's Pathfinder, Coin Harvey", *Arkansas Historical Quarterly*, VII(Winter, 1948), 312—313。

③ 哈维将货币喻为"文明(政治体)的血液"。货币作为一种交换媒介,通过自身的流动让交换得以维持,并由此保持文明的活力。货币一旦不流动,就会形成货币血块(即货币囤积),这样就会失去其作为交换媒介的功能,文明将紊乱崩溃。其中最生死攸关的血块出自纯粹自私自利的贷款活动,尤其是高利贷活动,作者将其称为"政治体大脑中的血块"(the clot on the brain of the body politic)。——译者

重拾针对自私和高利贷的论战。该书回顾了美国货币和银行业的历史,并对美国联邦储备系统(Federal Reserve System)下的银行业利润展开了猛烈抨击。他认为,美国联邦储备系统"比英格兰银行有过之而无不及,给予放债人的好处比杰克逊将军干掉的那个老美国银行[①]还要多。银行系统这个放债人组织如今可以说是完美无比。"哈维不分青红皂白地反对一切银行,其中包括目下正在做的事——反对创建信用工具,而这些信用工具的设立,恰恰旨在减轻当初激起他成为改革者的那些弊病。这部作品中,偏妄和末日的调子比以往更加强烈。哈维越来越关心的,不仅仅是基督教对高利贷的禁令,更有战胜高利贷盘剥早期反对者的那可怕的、间或神秘的天意。他反复比较了美国和罗马在迫害基督徒期间的情况:

> 这些高利贷者,这股纽约、芝加哥以及其他大型放贷城市的货币势力,就像他们在罗马的所作所为那样,编造、歪曲改革者的教导,然后大肆鼓吹宣传,毒害公众的思想,造成他们的偏见,最终也就没有了公正的审判。他们通过压制言论自由、出版自由、和平集会,通过监禁和流放,让人们听不到真理的声音!

他对罗马帝国的暴力和折磨越来越心神不宁,并警告说这种情况很有可能会重演。("在这第二次危机中,殉道的基督徒用鲜血向世人发出呼吁!")他把迫害早期基督徒看作是政治事件,认为这件事从根本上说是对他们反对高利贷的回应,并引用塔西佗的话提醒人们注意这种反对可能招致的命运:"有的被钉在十字架上;有的被缝入野兽皮里,让狗疯狂地撕咬;还有的被涂上油脂,用来当作火把照亮黑夜。"[②]这么一位老人,在奥扎克小村的宁静中度过自己的最后岁月,却要经受这样的噩梦折磨,这种情景令人不禁生出一股莫名的惆怅。

1924年,受战后萧条和美国农业新一轮崩盘的激发,哈维通过他自己的曼杜斯出版公司(Mundus Publishing Company)出版了一本小书,书名叫《保罗的

[①] 指美国第二银行。1791年,亚历山大·汉密尔顿设立美国第一银行,以整顿联邦政府财政。该行联邦特许状在1811年失效后,詹姆斯·麦迪逊在1816年授权成立美国第二银行,时效20年。杰克逊担任总统后,收回了该行的联邦特许状,并抽走了该行的国家基金,该行被迫关闭中央银行职能。此后70多年里,美国政府没有再试图建立一个类似中央银行的机构,直到1913年成立美联储。——译者

[②] 殉道的主题以及他自己心理上对基督的认同,早在1895年的《硬币的金融短训班》及其审查者》中就已经很明显,上文已引用。

治国之道短训班》(*Paul's School of Statesmanship*)。书中大体按照硬币的模样仿造了另一个神奇的男孩,就像硬币现身芝加哥一样,这个男孩现身蒙特内,也开设了一个短训班。哈维说这本书"揭示了人类历史上最重要的发现,这个发现与文明和人类休戚相关",但出版后并没有得到应有的重视。保罗的这个短训班在很大程度上是一个品格培训班。在这本书里,哈维描画了一个新社会,这个新社会的政府没有税收、不发行债券,尤其是,这个新社会采用的竟然偏偏是金本位,但成功的真正源头是自由发行纸币!哈维再次提出,正确理解货币的功能是文明的关键,但尽管他一再保证,货币问题一旦解决,就会诞生一个新的文明,这本书给大家看到的却是,哈维比以往任何时候都更加坚信,拒绝他的观点将导致文明的彻底崩溃。6 年之后,又一部作品问世,哈维带着大先知那种单纯、真诚的自信,将其定名为《书中之书》(*The Book*)。该书复述了哈维以往的许多看法,复用了他以往的许多引证,照搬了历史上基督教对高利贷的反对,警告了独裁的危险,重印了《两个国家的故事》的部分内容,又讲了一遍"73 罪行"的故事,并呼吁建立一个新的政党。

哈维如今对社会改革的前景越来越没有信心。且容我再次引用当地那位记录者对其命运的记录:"随着年龄的增长,哈维对现行法律和各方面状况的谴责愈益强烈。因此他与那些先前在蒙特内一道进行(商业)实验的有钱朋友不再往来,转而到较穷的人那里去寻个一角或两角五分的硬币。"60 多岁时,哈维又回到了他初到芝加哥时那种总想着鼓动人心的思想状态,只是已然全无早年的那份乐观。一个没有能力解决货币问题的文明,几乎肯定会走向灾难。早在1920 年,哈维就宣称他有一个新的梦想。随着岁月的推移,这个梦想开始在他的大脑中逐渐成形,并让他越来越痴迷。哈维确信,20 世纪文明必将走向毁灭。因此,他打算在自己的度假胜地蒙特内建造一座巨大的金字塔,把自己的书和各种代表 20 世纪文明的文物,全都保存在里面。这样,"从废墟上崛起"的未来文明,便能够偶然发现由"硬币"哈维保存下来的历史遗物。随着时间的流逝,他对金字塔的迷恋与日俱增。按照哈维的设计,金字塔底座边长 40 英尺,高130 英尺,顶部有一个匾牌——想必淹没在几百年的积土之中,塔顶还会露出地面——上面写着:"如果您还可以读到这句话,请从这里走下去,寻找一个过往文明的毁灭之因。"在下面,未来人们可以找到《保罗的治国之道短训班》《书中之书》和《圣经》。这些书籍都经过了化学处理，足以经得起岁月的打磨。摆在一起的还有一卷卷书籍，这些书籍纷纷展现了20世纪文明所取得的科学技术成就。此外，作为一项深思熟虑的预防措施，金字塔里还留有一部英语学习要诀，如果发现这些书籍的人，说的是不同语言，他们判读起来就可以更便利。

为了筹集资金建造这样一座金字塔，哈维向他的读者募集捐款。他指出，这座金字塔对下一个千年非常有用，"其中不会掺杂任何人的自我或虚荣的成分，因此它的外墙上不会出现任何人的名字"。金字塔开始建造的时候确实是按哈维定的规格来的。为了给金字塔打下一个稳固的基脚，他挖空了自家附近的小山，并建了一座他喜欢称之为金字塔的"休息厅"的东西——"一堆用混凝土和石头建造起来的、座位形状的不对称建筑""但整个布局没有任何规则"。当地一位记者如是描述道。从现存的照片上看，"休息厅"就像是由一个奇特的、精神失常的、袖珍型普韦布洛人（Pueblo）建起的村落。在总计花了大约10万美元之后，这个项目也像哈维的酒店、银行和铁路一样，最终被他放弃了。但这次他终于碰上了一个意想不到的好运气。"休息厅"本身成了一个稀罕的东西，成了古遗迹的替身，吸引了成千上万的游客买票参观，来这里端详哈维那没有实现的梦想的碎片。他们在这里聆听有关金融改革的讲座，有机会购买哈维的新旧书籍，这些书都近便放在那里，顺手就可以取到。

到20世纪20年代中期，哈维已经放弃了所有商业活动，全身心投入他的豪壮梦想。他试图按照后期作品中的设计组建一个新的全国性政党。该党先是取名自由党（Liberty Party），后改称繁荣党（Prosperity Party）。也许他征求过雅各布·考克西"将军"（"General" Jacob Coxey）的意见，后者偶尔会来拜访他，与他聊聊过去的时光，一道悲叹世界的现状。20世纪30年代的大萧条，给了他最后一次引起公众注意的机会。1932年，他参选总统，在没有开展竞选活动的情况下，获得了800张选票。3年后，他再次露面，谴责罗斯福的白银收购政策，认为这项政策谨慎得可笑，是对白银的"嘲弄"。

1936年2月，本位制之战40年后，哈维去世，享年84岁。直到最后，他都始终没有丢掉自负自傲和那种自己对世界很重要的感觉。这种感觉使他能够不顾一切地去吸引全世界对他的注意。在他晚年所拍的一张照片中，我们可以看到一个长着鹰钩鼻的瘦削男子依然身材挺拔、目光机警，脸上蓄着庄严的白胡子，眉头微皱，神态中透着一丝忧虑和烦恼，看上去很像小镇上的商人或银行老板。尽管他只是中等身材，但一位熟人说："他无论是站着的时候还是走路的时候，身子都挺得笔直，给人的感觉比他真实的身材要高。"那情形仿佛他仅凭意志的力量，就能够让自己的身材多高一肘。

致　谢

感谢赫伯特·斯宾塞讲座项目主持人赫伯特·G. 尼古拉斯（Herbert G. Nicholas）及其他许多朋友，他们在我修改这些文章的过程中，为我提供了各种帮助。感谢阿尔弗雷德·A. 克诺普夫（Alfred A. Knopf）二十多年来对我的鼓励，并将我这部论文集列入克诺普夫出版社成立五十周年之际的出版计划。感谢大学优等生荣誉学会把《伪保守主义者的反抗》的版权转让给我；感谢约翰·威利父子出版公司（John Wiley & Sons）允许我使用《反托拉斯运动究竟是怎么回事？》修订版；感谢哈佛大学董事会（President and Fellows of Harvard College）①允许我重印《自由白银和"硬币"哈维的思想》。

---

① President and Fellows of Harvard College，又称 Harvard Corporation，哈佛大学校董委员会（或称哈佛理事会）。哈佛大学两大校务领导机构之一，另一个是校务监督委员会（Harvard Board of Overseers）。